汉语文字学通论

杨怀源 孙银琼 著

西南师范大学出版社
国家一级出版社 全国百佳图书出版单位

图书在版编目(CIP)数据

汉语文字学通论 / 杨怀源，孙银琼著. — 重庆 ：
西南师范大学出版社，2014.8
ISBN 978-7-5621-6999-4

Ⅰ. ①汉… Ⅱ. ①杨… ②孙… Ⅲ. ①汉字－文字学
－教材 Ⅳ. ①H12

中国版本图书馆 CIP 数据核字(2014)第 171740 号

HANYU WENZIXUE TONGLUN
汉语文字学通论
杨怀源　孙银琼　著

责任编辑:雷　刚
封面设计:仅仅视觉
排　　版:吴秀琴
出版发行:西南师范大学出版社
地址:重庆市北碚区天生路 1 号
邮编:400715　市场营销部电话:023-68868624
http://www.xscbs.com
经　　销:全国新华书店
印　　刷:重庆荟文印务有限公司
幅面尺寸:170mm×230mm
印　　张:17
字　　数:335 千字
版　　次:2014 年 10 月　第 1 版
印　　次:2022 年 1 月　第 3 次
书　　号:ISBN 978-7-5621-6999-4
定　　价:48.00 元

序

文字的发明和使用，是人类文明社会的主要标志。各种不同的文字，是各民族所创造的不同文明的核心。汉字是世界上最古老的文字系统之一，是中华文明的核心。汉字从殷商甲骨文、西周金文直至现在，一脉相承，中间没有断缺，这就为汉字的整理和研究提供了良好的条件。自古至今，致力于此的学者甚多，名家辈出，在汉字的整理和研究方面取得了丰硕的成果。

汉字的研究成果，专题论著是学者潜心于学，长期积累所得，目标是要解决某个特定的学术问题。阅读这一类著述，对学术水平要求较高，非初学者或一般读者所能读懂，其读者范围往往是相关研究领域的专家。适应面相对较宽，且能较为全面地介绍汉字整理研究成果的，是通论性著作。

民国以来，汉字学通论著作不下百种，或为覃思精研之著，或为祖述前贤之作，对于普通高校全日制本科生、函授本(专)科生、远程教育本科生或相当文化程度的读者而言，这些著作或内容繁复，或过于艰深，不适于初学。杨怀源、孙银琼伉俪致力于汉字的整理和研究有年，先后在四川大学攻读博士学位，多有论著刊布于世，得到学人的关注。他们有鉴于此，着手编写了这部通俗简单、便于初学的教材，为初学者提供了很大的方便，这是很有意义的。通观全书，这一目标已基本达到。约略言之，主要表现在以下五点：

一、精选数百文字进行形体、本义的分析。选择甲骨文、金文、小篆中能反映字形演变的形体，分析其结构，并引《说文解字》与训诂材料为证，结合文献书证分析其本义，这样的做法符合文字研究溯本复形、探求本义的规范，能够让初学者通过学习获得正确分析汉字形体的方法，避免走上古人“马头人为长”、“人持十为斗”，今人“悲为心中长满韭菜”一类荒谬分析的歧路。

二、书中字形准确规范。该书字形，绝大多数为著者从古文字拓片和照片上剪切、经过图片软件处理得来，小部分取自当前各种文字编中经文字学家精心摹写的字形。这样的字形准确而规范，保持了各种文字因书写材料和书写方法不同而形成的不同风貌，甚便于初学。

三、注重基础知识。该书不纠缠于汉字学中有争议的问题，而是简要叙述最基础的知识，以使初学者避免"茫然不知所从"之患。

四、资料丰富，便于感性知识的获取。书中二百多单字的分析，均编制了字形表。文字学学习最为基础的是字形摹写。当前，虽然有各类古文字字形的文字编，但是对于初学者来说一是不容易得到，二是内容太过庞杂。有鉴于此，该书中精选的字形，定位于适合初学者摹写。书中还有大量的图片资料，便于初学者"见图得意"，获取感性知识。

五、注重学术规范。该书字形、图片的选择、字形的说解等，均注明了出处。这种做法在教材编写中往往是重视不够的。其实，教材作为教学的要件，对培养学生的学术规范意识、知识产权意识等，都具有重要作用。该书的做法意在提倡严谨的学风，这对培养学生的正确价值观、杜绝不端的学术行为是很有现实意义的。

总之，该书是一部定位准确、内容简洁全面的好书。好书不必多作介绍，相信读完该书后，读者会有很多的收获。

彭裕商

2014 年 6 月于四川大学江安花园

目 录

序(彭裕商) …… 1

第一章 绪论 …… 1
　第一节 文字 …… 1
　第二节 文字学 …… 15

第二章 汉字的性质 …… 19

第三章 汉字的起源 …… 29
　第一节 汉字起源的推测 …… 29
　第二节 汉字起源于图画与契刻 …… 34

第四章 汉字构形的基础理论:六书 …… 44
　第一节 "六书"概说 …… 44
　第二节 "六书"例释 …… 45

第五章 汉字分析:象形与指事 …… 65

第六章 汉字分析:会意 …… 108

第七章 形声字 …… 139
　第一节 形声字的结构 …… 139
　第二节 形符和声符的功能 …… 142
　第三节 形声字的来源 …… 147

第八章 《说文解字》 …… 151
第一节 《说文解字》的内容与评价 …… 151
第二节 《说文解字》的体例 …… 158
第三节 《说文解字》部首今读 …… 164
附:《说文解字·叙》及今译 …… 173

第九章 古文字 …… 180
第一节 甲骨文 …… 180
第二节 金文 …… 188
第三节 战国文字 …… 203
第四节 小篆 …… 219

第十章 今文字 …… 225
第一节 汉隶 …… 225
第二节 草书 …… 229
第三节 行书 …… 231
第四节 楷书 …… 235

第十一章 现代汉字 …… 237
第一节 汉字规范简史 …… 237
第二节 现代汉字的规范与整理 …… 240

第十二章 汉字字际关系 …… 246
第一节 古今字 …… 246
第二节 通假字 …… 250
第三节 异体字 …… 253
第四节 繁简字 …… 255

参考文献 …… 258

后记 …… 264

第一章

绪论

第一节 文字

语言是人类区别于动物的区别性特征。目前地球上发现的最早的古人类大概是非洲的早期直立人，据今 300 多万年，那时也许就有了原始的语言，那么语言的历史就有了三百万年之久，保守一点说，语言有了两百多万年历史则是没有问题的。而文字的产生则要晚得多，大约在一万年前才产生了文字，从此人类由野蛮时代进入了文明时代。

一、文字产生的年代

世界上目前发现的最古老的文字是古苏美尔（Sumer）人使用的钉头字，距今已有 5500 多年历史；其次是古埃及人使用的圣书字，也有 5000 多年的历史；另有中国商周时代使用的甲骨文，最早的距今 3300 多年，学术界合称这三种文字为“三大古典文字”，这“三大古典文字”都是非常成熟的成体系的文字，是逐渐萌芽发展起来的自源文字，在成熟之前有一个长达两千多年的发展期。因而一般认为钉头字已有 8000 多年的历史。有学者推断说：“语言可能始于 300 万年前的早期‘直立人’，成熟于 30 万年前的早期‘智人’。”作为语言的记录符号，“文字萌芽于一万年前的‘农业化’（畜牧和耕种）开始之后，世界许多地方遗留下来新石器时期的刻符和岩画。文字成熟于 5500 年前农业和手工业的初步上升时期，最早的文化摇篮（两河流域和埃及）这时候有了能够按照语词次序书写语言的文字。”①

① 周有光，《世界文字发展史》，上海教育出版社，1997 年第 1 版，第 1 页。

钉头字又称为楔形文字(图 1-1),现在发现的钉头字是公元前 3500 年以前的遗留物,使用于西亚的两河流域(现在伊拉克境内),使用者是苏美尔人,是用小树枝在软泥板上压刻而成。钉头字起初为象形符号,后来笔画变成一头粗,一头细,像丁(钉)形,或楔子形,从而得名。钉头字在西亚和北非使用 3000 多年后失传,1500 多年后被发现,在 19 世纪被成功释读出来。

图 1-1 古巴比伦楔形文字①

① 录自(俄)B.A.伊斯特林著,左少兴译,《文字的产生和发展》,北京大学出版社,2002 年第 2 版,第 173 页。

圣书字(图 1-2)是北非尼罗河流域古埃及人使用的文字，产生时间比钉头字略晚。起初为象形符号，后来变成草书笔画形式，在使用 3000 多年后失传，1500 多年后被重新发现，在 19 世纪得以成功释读。圣书字往南传播，是后来创造字母文字的主要源泉。

图 1-2 古埃及圣书字铭文①

目前发现的甲骨文(图 1-3)最早的是公元前 1300 年前的遗物，是中国古代生活在黄河流域(以河南安阳为中心)的商部落和生活在陕西一带以周原遗址(位于陕西省关中西部，岐山、扶风两县之间，距西安约 100 公里)为中心的周部落所使用的文字。甲骨文起初为象形符号，后来变成笔画形式，经历了多次字体演变后成为现代汉字，是世界上唯一没有中断的文字体系，并曾传到朝鲜、韩国、越南、日本等地。

现在一些发展比较滞后的民族还拥有一些比较原始的文字，处于从原始文字向成熟文字的发展过程之中，观察这些文字的历史、现状与发展，有助于我们了解文字的演进过程。

① 录自(俄)B.A.伊斯特林著，左少兴译，《文字的产生和发展》，北京大学出版社，2002 年第 2 版，第 97 页。

图 1-3　甲骨文(《合集》584 正)

二、文字的定义

文字的历史相对于人类个体的有限生命来说，是如此的悠久，那么文字到底是什么呢？或者说，什么样的事物才能称之为文字呢？

我国古代，文字有“文”、“字”、“名”、“书”、“文字”等名称。

“文”甲骨文写作“(《合》27695)”，本指花纹。近代学者朱芳圃《殷周文字释丛》说：“文，即文身之文，象人正立形……文训错画，引申之义也。”[①]《说文解字·文部》：“文，错画也，象交文。”清代学者王筠的《说文解字句读》“文”字下解释说：“错者，交错也。错而画之，乃成文也。”段玉裁认为《说文解字》所说的“文”即指花纹，他在《说文解字注》“文”字条说：“错当作逪，逪画者，交逪之画也。”“文”引申可指文字。许慎《说文解字·叙》：“仓颉之初作书，盖依类象形，故谓之文。”《左传·宣公十二年》：“夫文，止戈为武。”杜预注：“文，字。”《左传·昭公元年》：“于文，皿虫为蛊。”杜预注：“文，字也。”《孟子·万章上》：“故说《诗》者，不以文害辞，不以辞害

① 朱芳圃，《殷周文字释丛》，中华书局，1962 年，第 67 页。

志。”朱熹注：“文，字也。”上引文献中的“文”，都是“文字”之义。

“字”本指生育。《说文解字·子部》：“字，乳也，从子在宀下，子亦声。”段玉裁《说文解字注》：“人及鸟生子曰乳，兽曰犍，引申之为抚字，亦引申之为文字。”《说文解字·叙》：“其后形声相益，即谓之字，字者，言孳乳而浸多也。”汉代高诱《〈吕氏春秋〉序》：“暴之咸阳市门，悬千金其上，有能增损一字者与千金。”南朝梁代刘勰《文心雕龙·物色》：“‘皎日’‘嘒星’，一言穷理；‘参差’‘沃若’，两字穷形。”这里的“字”，就是指文字。

根据《说文》，“文”和“字”最初表示文字时是有区别的，胡朴安《中国文字学史》：“何谓文，独体之谓；何谓字，合体之谓。”①意思是说“文”指的是独体字，“字”指的是合体字。

“名”也可以指称“文字”。《仪礼·聘礼》：“百名以上书于策，不及百名书于方。”郑玄注：“名，书文也，今谓之字。”《周礼·秋官·大行人》：“九岁属瞽史，谕书名，听声音。”《管子·君臣上》：“书同名，车同轨。”

“书”本指书写。《说文·聿部》：“书，箸也。”《说文解字句读》：“书写，其本义也，因而所写之字谓之书。”《周易·系辞下》：“上古结绳而治，后世圣人易之以书契。”《荀子·解蔽》：“故好书者众矣，而仓颉独传者，壹也。”

“文”“字”连用指称文字最早见于《史记·秦始皇本纪》所记秦始皇二十八年（公元前 219 年）所立的琅琊台刻石：“器械一量，同书文字。”②

文字广义上是指“用来传递信息的、表示一定意义的图画和符号”；狭义上是指“记录语言的符号”。③

我们采取狭义的定义，因为如果采用广义的定义，一是文字学的研究对象就是异质的，且范围过于宽泛，对研究和学科发展不利；二是从我们的传统来看，历来是用文字指称记录语言的符号。那么我们给出一个具体的定义：“文字是语言的书写符号系统，是人类最重要的辅助交际工具。”

需要指出的是，汉语里“文字”有时是指某一文字体系里一个一个的单字，有时是指某一文字体系所有书写符号的整体。

三、文字的作用

文字的核心作用是记录语言，它是最重要的辅助交际系统。我们说的语言是

---

① 胡朴安，《中国文字学史》，商务印书馆，1937 年，1998 年影印第 1 版，第 1 页。
② 残石藏中国历史博物馆，秦始皇原刻已经泯灭不存，仅存秦二世诏文，故宫博物院藏有拓本。
③ 裘锡圭，《文字学概要》，商务印书馆，1988 年，第 1 页。

指有声语言。在现代传声、留声设备发明之前，用有声语言交际依赖于人的听觉，人的听力会受到时间和空间的限制，因此，利用有声语言进行交际是有局限的。清代学者陈澧曾经说过："声不能传于异地，留于异时，于是乎书之为文字。文字者，所以为意与声之迹也。"（《东塾读书记》卷十一）因此，随着社会发展的需要，文字应运而生，语言就可以凭借它突破时空的限制。

文字和语言是表达与被表达的关系，文字是语言的记录符号，语言是文字记录的内容。正如索绪尔所说："语言和文字是两种不同的符号系统，后者唯一的存在理由在于表现前者。"①汉字则主要是汉语的书写符号系统，汉字不等于汉语。汉字是汉语的记录符号，汉语是汉字的记录内容。语素、词、短语、句子等是汉语的结构单位，而字是汉字系统的基本单位。有学者以字为汉语的基本结构单位，但是我们发现这位学者所说的"字"有时候相当于汉语语言学中所说的"语素"，有时候他又说"字"是形、音、义三位一体的，则与汉字系统的基本单位"字"相当，这是理论体系本身存在矛盾的表现。由于古代汉字往往一个字记录一个词，现代汉字一个字记录一个语素，所以有学者用字来指称词，这虽然是术语采用方面的问题，但严格来说是不科学的。至于有的学者认为汉字也是一种语言，则是缺乏常识的。

文字由于记录了语言，因而成为人类文明的主要载体(间接性的)，文字的使用是人类社会由野蛮时代进入文明时代的标志。我国东汉大学者、伟大的文字学家许慎曾经陈述过文字的这一重要作用。他在《说文解字·叙》中说："文字者，经艺之本，王政之始，前人所以垂后，后人所以识古。"美国考古人类学家摩尔根说："标音字母的发明和使用文字来写文章，到这个时候，文明就开始了……刻在石头上的象形文字可以视为与标音字母相等的标准。"②这一观点曾被恩格斯接受，写进了《家庭、私有制和国家的起源》中。

人类社会在漫长的历史进程中，创造了极其灿烂丰富的文化。对于没有文字的时期，我们只能通过考古实物材料来进行推断，了解到一些当时的情形。自有了文字，当时的文化就可以记录下来，对文化的继承与发展起到了无比重要的作用。从这个意义上我们可以说，文字是学习和了解文化的重要工具。

文字是学习语言的重要工具。文字是语言的记录符号，古代的语言我们只有通过文字来了解和学习；现代语言的学习特别是书面语言的学习在很大程度上也

---

① (瑞士)索绪尔著，高名凯译，岑麟祥，叶蜚声校注，《普通语言学教程》，商务印书馆，1980年第1版，第47页。

② (美)摩尔根著，杨东莼，马雍，马巨译，《古代社会》，商务印书馆，1977年第1版，第11页。

依赖于文字。

四、世界上的文字

目前使用地域最广，记录语言最多的文字是拉丁字母。大半个地球，包括欧洲的大部分、美洲和大洋洲的全部、非洲的大部分、亚洲的小部分都使用拉丁字母。我国的汉语拼音使用的也是拉丁字母。

阿拉伯字母是另一种使用地域甚广的文字，是通行于北非和西亚二十来个阿拉伯国家以及中亚和南亚信奉伊斯兰教的国家和地区的文字，我国新疆维吾尔自治区也使用阿拉伯字母。

使用斯拉夫字母的国家有俄罗斯、白俄罗斯、乌克兰、保加利亚、塞尔维亚、蒙古国等。

印度字母通行于印度、斯里兰卡、孟加拉国、尼泊尔、不丹、缅甸、泰国、柬埔寨等国，我国的藏文也属于这个文字系统。

汉字是中国的法定文字，日本、韩国、新加坡等国也使用汉字。

世界上还有不少其他文字，比较重要的还有希腊字母、希伯来字母（以色列）、阿姆哈拉字母（埃塞俄比亚）、谚文字母（朝鲜、韩国）、假名字母（日本）等等。[①] 见图 1-4。

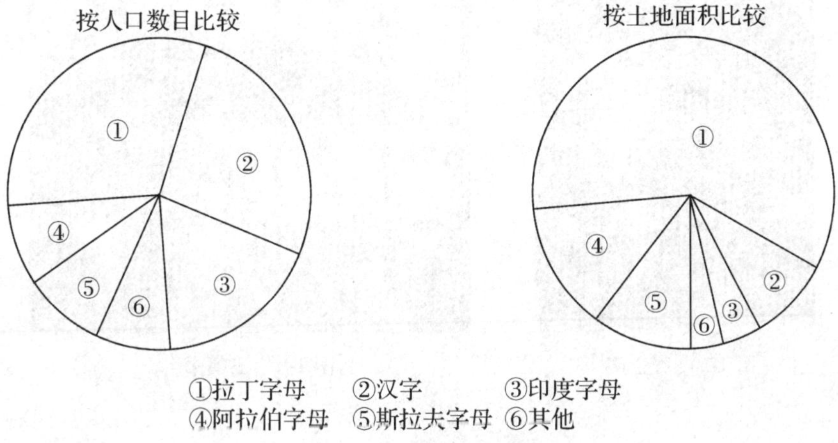

图 1-4 世界文字分布示意统计图[②]

① 参见周有光，《世界文字发展史》，上海教育出版社，2003 年第 1 版。

② 据周有光《世界文字发展史》（上海教育出版社，2003 年第 1 版，第 3 页）改制。

五、中国的文字

中国是一个多民族的国家，现有 56 个民族，使用 129 种语言，[①]除汉族的汉字外，不少民族先民在漫长的文明史上曾创制了文字，著名语言学家傅懋勣《中国诸民族文字》统计认为中国现存文字 40 种，历史上使用过的文字，如突厥文（图 1-5）等，有 17 种。[②] 还有一些文字如女书（图 1-6）、方块壮字（图 1-7）、方块哈尼字，以及新疆佉卢文（图 1-8）、传教士创制的文字和 20 世纪 40 年代以后设计的使用时间较短的拼音文字未能统计在内。这数十种文字属于不同的文字系统。

图 1-5　翁金碑[③]

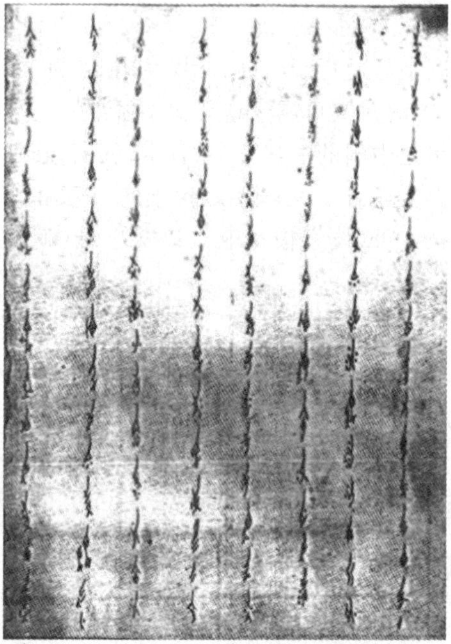

图 1-6　三朝书[④]

① 据孙宏开，胡增益，黄行主编，《中国的语言》，商务印书馆，2007 年第 1 版。

② 傅懋勣，《中国诸民族文字》，《中国大百科全书·语言文字》，中国大百科全书出版社，1988 年。

③ 录自傅懋勣主编，《中国民族古文字图录》，中国社会科学出版社，1990 年，第 43 页。

④ 录自赵丽明，《女书与女书文化》，新华出版社，1995 年，第 184 页。

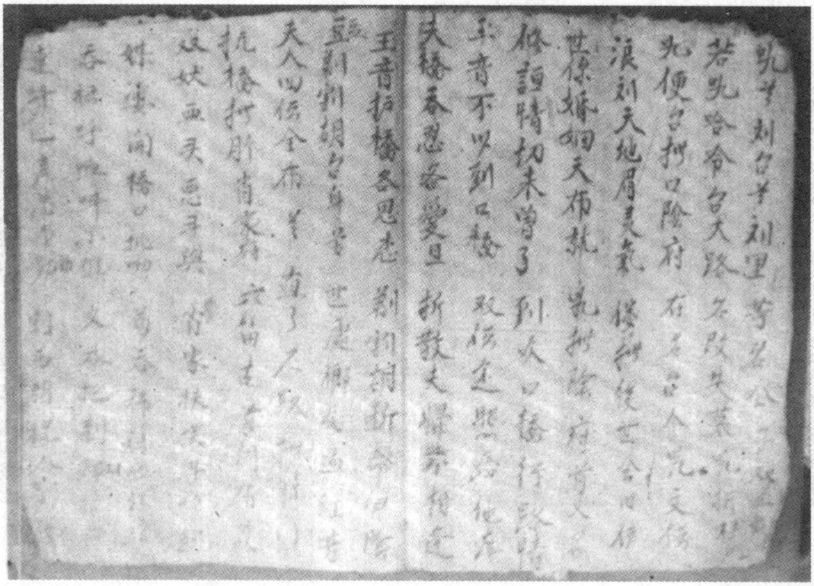

图 1-7　毛洪①

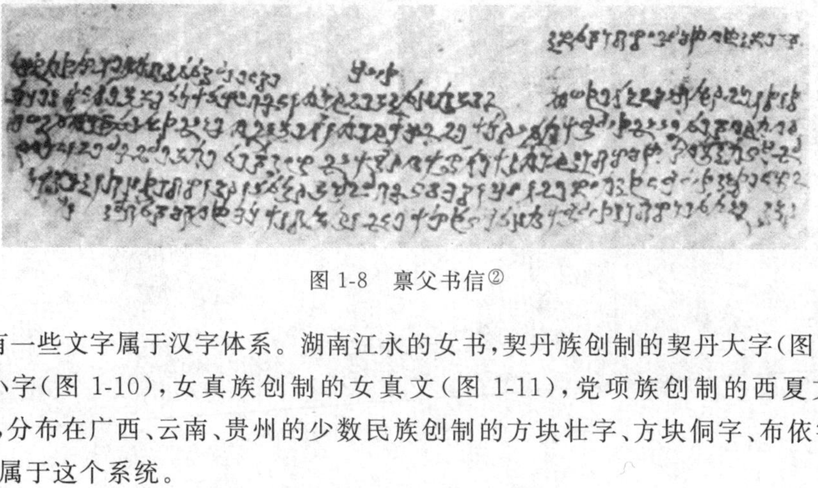

图 1-8　稟父书信②

有一些文字属于汉字体系。湖南江永的女书，契丹族创制的契丹大字（图 1-9）、契丹小字（图 1-10），女真族创制的女真文（图 1-11），党项族创制的西夏文（图 1-12），分布在广西、云南、贵州的少数民族创制的方块壮字、方块侗字、布依字、白文，都属于这个系统。

① 录自傅懋勣主编，《中国民族古文字图录》，中国社会科学出版社，1990 年，第 231 页。
② 录自傅懋勣主编，《中国民族古文字图录》，中国社会科学出版社，1990 年，第 11 页。

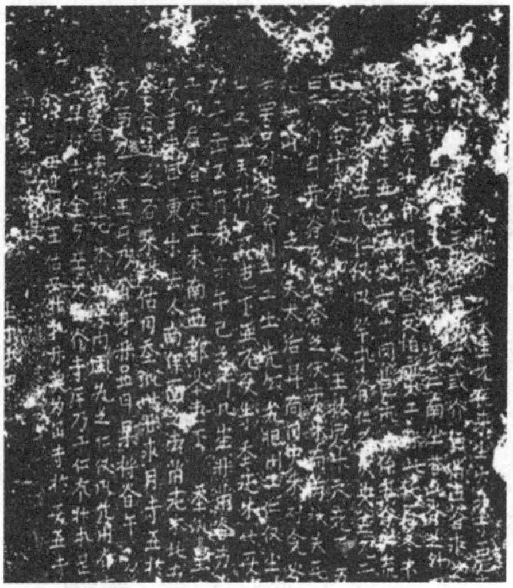

图 1-9　北大王墓志(局部)①

图 1-10　宣懿皇后哀册盖②

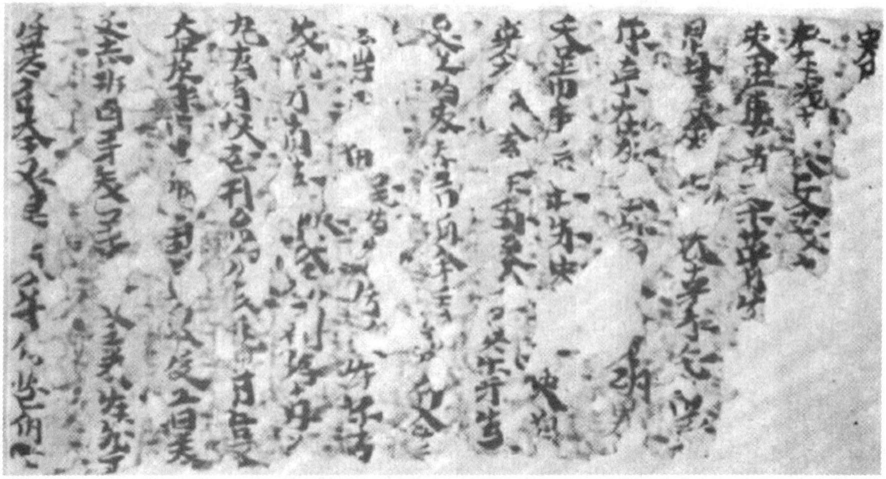

图 1-11　碑林女真文书残页③

① 录自傅懋勣主编,《中国民族古文字图录》,中国社会科学出版社,1990 年,第 253 页。
② 录自傅懋勣主编,《中国民族古文字图录》,中国社会科学出版社,1990 年,第 263 页。
③ 录自傅懋勣主编,《中国民族古文字图录》,中国社会科学出版社,1990 年,第 290 页。

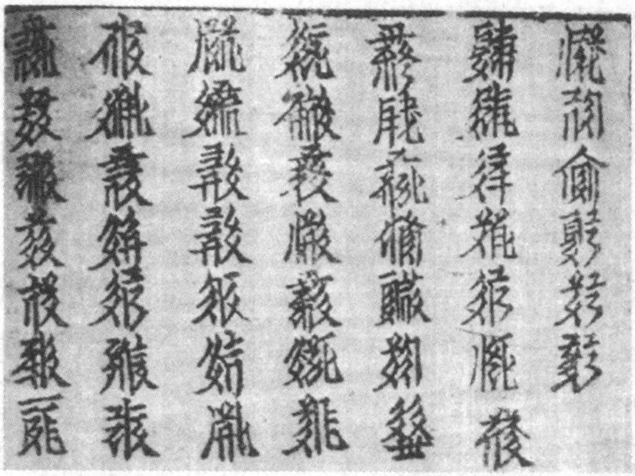

图 1-12　新集锦合辞(局部)①

新疆和田、鄯善地区古代曾使用过佉卢文，新疆和田、吐鲁番、库车等地曾使用过于阗文(图 1-13)、焉耆-龟兹文(图 1-14)，西藏自公元七世纪创制的藏文(图 1-15)一直使用至今，元朝时期曾在藏文基础上创制了八思巴字(图 1-16)，这些文字都属于印度字母系统。

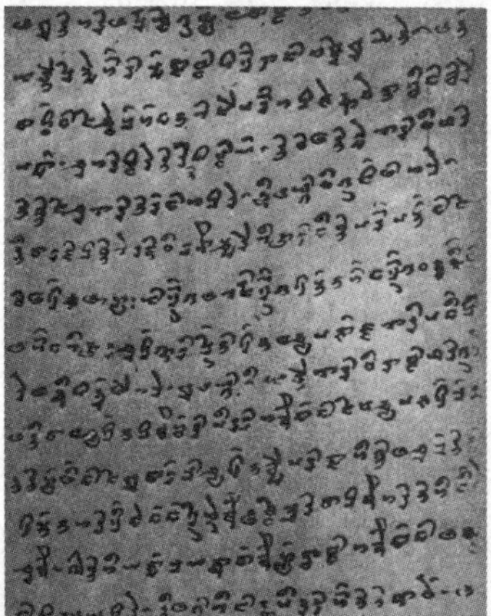

图 1-13　于阗伴送使致于阗王奏报②

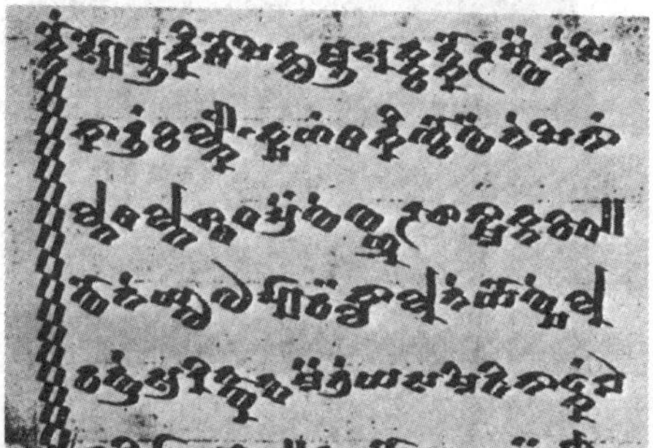

图 1-14　新发现经卷③

① 录自傅懋勣主编，《中国民族古文字图录》，中国社会科学出版社，1990 年，第 111 页。
② 录自傅懋勣主编，《中国民族古文字图录》，中国社会科学出版社，1990 年，第 32 页。
③ 录自傅懋勣主编，《中国民族古文字图录》，中国社会科学出版社，1990 年，第 28 页。

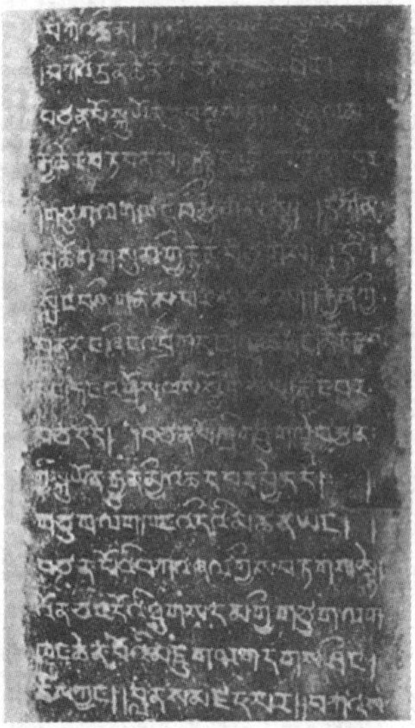

图 1-15 唐蕃会盟碑①

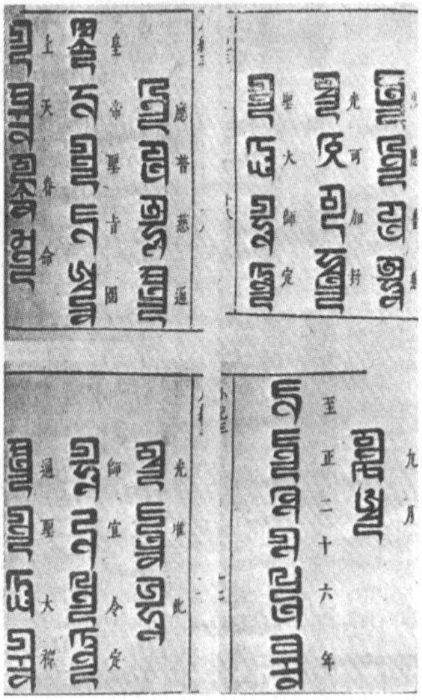

图 1-16 元世祖敕书②

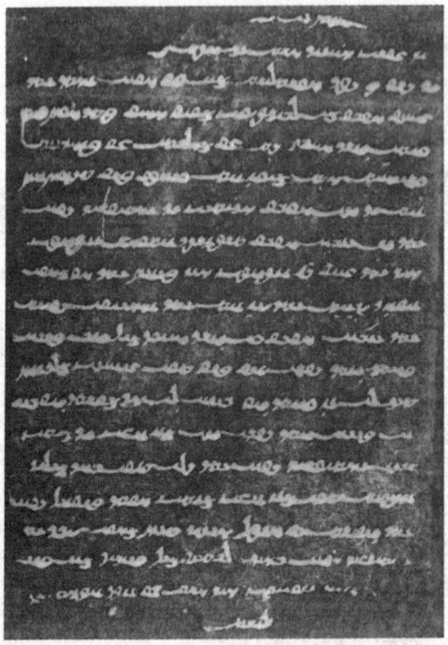

图 1-17 鲟鱼故事③

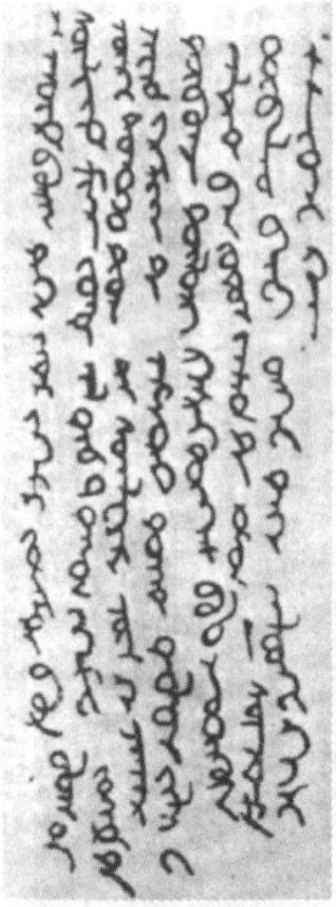

图 1-18 乌兰浩木牌④

---

① 录自傅懋勣主编,《中国民族古文字图录》,中国社会科学出版社,1990 年,第 141 页。

② 录自傅懋勣主编,《中国民族古文字图录》,中国社会科学出版社,1990 年,第 320 页。

③ 录自傅懋勣主编,《中国民族古文字图录》,中国社会科学出版社,1990 年,第 62 页。

④ 录自傅懋勣主编,《中国民族古文字图录》,中国社会科学出版社,1990 年,第 67 页。

我国新疆地区历史上曾使用过粟特文(见上页,图 1-17),后来变成回鹘文(见上页,图 1-18)。蒙古族又在回鹘文的基础上创制了蒙古文,一直使用至今。满族又在蒙古文的基础上创制了满文(图 1-19)。锡伯族又据以创制了锡伯文。

中国新疆又曾使用以阿拉伯字母为始祖的察合台文(图 1-20),今天的维吾尔文、哈萨克文、柯尔克孜文则是其后裔。

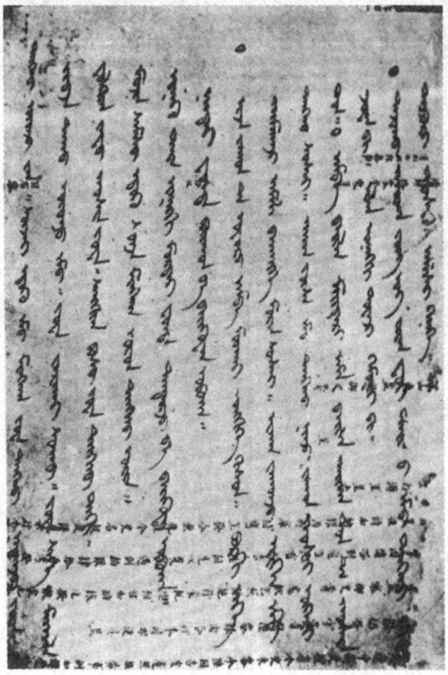

图 1-19　满文老档[1]

图 1-20　先知的故事[2]

19 世纪西方传教士曾为中国少数民族设计过一些以拉丁字母为基础的文字,如载瓦文、景颇文、拉祜文、撒喇文、傈僳文。20 世纪下半叶中国政府曾给一些没有文字的民族制定过文字,如新壮文、布依文、黔东苗文、湘西苗文、川黔滇苗文、滇东北苗文、傈僳文、哈尼文、佤文、拉祜文、纳西文、景颇文、载瓦文、侗文、土文等等。这些都属于拉丁字母体系。

---

① 录自傅懋勣主编,《中国民族古文字图录》,中国社会科学出版社,1990 年,第 333 页。

② 录自傅懋勣主编,《中国民族古文字图录》,中国社会科学出版社,1990 年,第 89 页。

六、文字的分类

根据文字的来源可以把文字分为自源文字和他源文字。

自源文字是自发萌芽，发生演变，逐渐成熟的文字，如汉字、纳西族的东巴文(图 1-21)等。自源文字是在漫长的历史时期内，在相对广袤的地区创制的，有一个漫长的由萌芽到发展成熟的过程。

图 1-21　开坛经[①]

他源文字是借鉴其他文字由专家学者创制的，在创制之初，就相对成熟了。例如我国历史上使用的西夏文、契丹文、女真文就是借鉴汉字创制的他源文字。

"口头语言有两个要素——音和义，记录语言的文字，只能从中选择一个要素来作为构形的依据；所以文字形体直接显示的信息只能或是语义，或是语音。"[②]根据文字构形的特点，现用的文字可以分为表音文字和表意文字两大类。

表音文字根据文字记录的语音单位的不同，可以分为音位文字和音节文字两类。"音位文字是用字母拼写词语读音的书写符号体系，又叫拼音文字。"[③]世界上大多数语言都采用音位文字。"音节文字是指一个字母代表一个音节的书写符号系统。"[④]阿姆哈拉字母(埃塞俄比亚)是真正的音节文字，日本的假名字母绝大多数是表示音节的。

汉字是表意文字的杰出代表，也是现在还在使用的少有的成熟的表意文字。纳西东巴文也是一种表意文字，但是直到今天仍未发展成熟。

---

① 录自傅懋勣主编，《中国民族古文字图录》，中国社会科学出版社，1990 年，第 210 页。

② 王宁，《汉字构形学讲座》，上海教育出版社，2002 年第 1 版，第 3 页。

③ 伍铁平主编，《普通语言学概要》，高等教育出版社，1993 年，第 276 页。

④ 伍铁平主编，《普通语言学概要》，高等教育出版社，1993 年，第 275 页。

七、文字的发展方向

一些文字学家和语言学家认为，文字的演变一般都是由象形文字发展为表意文字，再由表意文字发展到表音文字，这就是“文字发展三阶段说”。根据这种理论，汉字处于文字演变的第二个阶段，比表音文字落后，今后必然会演变为表音文字。这种理论就成了汉字简化和汉字拼音化的理论基础。

从文字演变的实际来看，汉字是表意文字的代表，从汉字萌芽到今天已经五六千年了，就是从成熟的甲骨文算起，到现在也已经3300多年了，这么多年来汉字都没有发展为表音文字，这不能不引起我们对“文字发展三阶段说”的质疑。从近一百多年来汉字改革和简化的实践来看，汉字似乎也没有表音化的趋势。由于信息化技术的发展，文字使用方式发生了一些变化，在极大范围内计算机输入汉字代替了手写汉字的方式，这就使汉字进一步简化的社会需求也不复存在了，因而一些学者提出了新的理论思考。“有些理论认为，世界文字发展要经历表形、表意、表音三个阶段。这个说法不符合世界文字发展的事实。世界文字大都起源于图画文字，但是并不一定都经历三个阶段，表音和表意是图画文字发展的两大趋势。”①

我们把这种新的理论称之为“文字发展的两条途径说”，从文字发展的实际来看，这种学说比“文字发展三阶段说”更为合理。根据这种理论，汉字和表音文字都处于文字发展的第二个阶段，没有哪一个更优越的问题，这也说明清末以来否定汉字的思潮并没有合理的理论基础。

根据这种理论，我们既不能神化汉字，如“二十一世纪是汉字的世纪”、“汉字将统一世界”等观点，其荒谬是不言而喻的；我们也不能否定汉字，矮化汉字，认为汉字低级落后，这种认识既不符合文字演变规律，也是缺乏文化自信的表现。

第二节　文字学

一、文字学

文字学是以文字为研究对象的一门学科。具体来说，它要研究文字的发生、发展、演变和应用及其规律。胡朴安《中国文字学史》说：“何谓文字学，研究文字之制

① 王宁，《汉字构形学讲座》，上海教育出版社，2002年第1版，第4页。

造与文字运用之谓。”[①]这是很有道理的，具体到中国汉字来说，文字学研究的是汉字的发生、发展、演变和应用及其规律，可称之为“汉字学”。

从目前的学科分类来说，我们需要分清汉字学与汉语古文字学两个相关概念。汉字学研究的对象是汉字，具体的研究内容为汉字的起源、发展、应用及其相关规律，而汉语古文字学是以古文字（秦隶、小篆及其之前的文字）材料为研究对象，据汉语古文字材料做历史、考古、语言、文字、文献、思想史、美术史、科技史等多方面的研究。由此我们可以看出，汉字学与汉语古文字学不是两个上下位的概念，而是外延有交叉的两个相关概念。

二、文字学史

胡朴安说：“文字学者，研究文字之条例，所以指示人研究文字之方法。”又说：“文字学史者，叙述研究文字之条例之著作，与其人，所以指示人知文字学说之源流。”“文字学史之任务，在于求文字学之演进，则凡过去学说，虽在今日无甚价值，在某时代确成为一种学说者，则不能一笔抹杀，求真求实，为历史的。”[②]这些论述是有道理的。文字学史属于学术史的研究，要探究文字学由萌芽到正式诞生及其发展的过程，要对文字学学科历史做一历史的阐述，要评骘文字学家、文字学论著、文字学理论的功过是非，其研究对象是文字学而非文字。

三、汉字学的范围

1906年以前，我国的文字学称为“小学”。文字的学习是古时小学里文化知识学习的两大重要内容之一（另一内容是算术），所以称有关文字的学问为“小学”。《说文解字·叙》说：“周礼：八岁入小学，保氏教国子先以六书。”《大戴礼记·保傅篇》：“古者年八岁而出就外舍，学小艺焉。”卢景宣注：“外舍，小学，谓虎门师保之学也。”《周礼·地官·保氏》：“保氏掌谏王恶，而养国子以道，乃教之六艺：一曰五礼，二曰六乐，三曰五射，四曰五驭，五曰六书，六曰九数。”根据郑玄引郑众的注，“六书”就是我国传统文字学所讲的六种造字和用字方法。《礼记·内则》：“六年教之数与方名，七年男女不同席，不共食，八年出入门户，及即席饮食，必后长者，始教之让，九年教之数日，十年出就外傅，居宿于外，学书计。”《周礼·秋官·大行人》：“七岁属象胥，谕言语，协辞命；九岁属瞽史，谕书名，听声音。”从这些文献记载也可看

① 胡朴安，《中国文字学史》，商务印书馆，1998年，第1页。
② 胡朴安，《中国文字学史》，商务印书馆，1998年，第9页。

出，语言文字学习是古代小学教育的重要内容。

从汉代起，“小学”就用来指称文字学。《汉书·谷永杜邺传》：“初，邺从张吉学，吉子竦又幼孤，从邺学问，亦著于世，尤长小学。”唐颜师古注：“小学谓文字之学也。”《汉书·谷永杜邺传》说杜林“其正文字，过于邺、竦。故世言小学者由杜公”。

这时的“小学”包括中国传统语言文字学中的文字学、音韵学、训诂学。《新唐书·艺文志》小学类包括文字、音韵、训诂、书法四类，《四库全书》经部下的小学类分训诂、字书、韵书三类。

到1906年，章太炎《论语言文字之学》正式提出“语言文字学”的名称，[①]汉字学的名称才慢慢由“小学”变成“文字学”，但是仍然包括形、音、义三部分。1917年，北京大学的文字学课程分为《文字学形义篇》和《文字学音篇》两套讲义，分别由朱宗莱和钱玄同讲授，这说明音韵学已从汉字学中慢慢独立出去了。

1934年，时年33岁的唐兰在北大讲授文字学，其讲义后来石印出版，即名著《古文字学导论》。他明确主张：“语言的主体是声音，文字的主体是形体，我们可以把文字的声音归到语言学里去，但是形体却是独立的。我们对于音符字可以认为语言，但是形符字、意符字和半音符字的非音部分，却不是语言所能解释的。文字固然是语言的符号，但是语言只构成文字的声音部分，我们要研究符号的起源和演变，我们要研究出一种适当的符号，那都是文字学的范围。”后来，他在《中国文字学》里说：“我的文字学研究对象，只限于形体，我不但不想把音韵学找回来，实际上，还得把训诂学送出去。”至此，训诂学也从汉字学中独立出去，汉字学只研究汉字的形体，不专论汉字的音与义。汉字学就成了“研究汉字的形体和形体与声音、语义之间的关系的一门学科。”[②]

到了20世纪50年代，为求术语的准确性，学界把“中国文字学”改称“汉字学”。如蒋善国先生、王凤阳先生的文字学著作就名为《汉字学》。有的学者又称之为“汉语文字学”。

汉字学的研究范围比较广，唐兰先生在《中国文字学》里把自《说文解字》、《字林》以后的汉字学分为五个分支：俗文字学、字样学、说文学、古文字学、六书学。

王宁先生在《汉字构形学讲座》中提出，汉字学可以分为四个分支：

(1)汉字构形学。“探讨汉字的形体依一定的理据构成和演变的规律。包括个体字符的构成方式和汉字构形的总体系统中所包含的规律。”

---

① 章太炎，《论语言文字之学》，《国粹学报》第2卷，第12、13号，1906年。

② 周祖谟为1988年出版的《中国大百科全书》“语言文字”卷写的“汉语文字学”条的定义。

(2)汉字字体学。“研究汉字字体风格特征和演变规律,探讨变异字体——行书和草书结构的变异规律。”

(3)汉字字源学。“尽量找出汉字的最早字形,寻找每个字构字初期的造字意图,也就是探讨汉字的形源,也叫字源……研究探讨形源的规律和汉字最初构形方式。”

(4)汉字文化学。宏观上,“把汉字看成一种文化事象,然后把它的整体放在人类文化的大背景、巨系统下,来观察它与其他文化事象的关系”;微观上,“研究汉字个体字符构形和总体构形系统所携带的文化信息,对这些文化信息进行分析、加以揭示”。

我们认为王宁先生的划分符合现代学术精神和现当代汉字学的发展实际,是比较合理的。

第二章

汉字的性质

汉字的性质是二十世纪汉字研究中的热门话题之一。[①] 学者们对汉字的性质的看法一直没有统一。粗略归纳一下，大致有以下几种说法：一、象形文字说；二、表意文字说；三、意音文字说；四、表音文字说；五、语素—音节文字说。此外，还有“记号文字”、“过渡文字”[②]等说法。[③] 通过分析上述诸说的研究对象[④]、研究角度、主要观点，可以明了各家说法不一的原因，对评判各家说法的合理性、探讨如何给汉字分类是有益的。

一、象形文字说

吴玉章先生说：“欧洲各国的文字，都是由图画文字进到声音符号（字母）来表示词的声音。凡是写出来的词，都是由一个或几个声音符号来造成的，这种叫作拼音文字系统。中国的文字注重形体，表示一个物体的词，就是这个物体的图形。比方‘’、‘’、‘’等，就像马儿、太阳、月亮的样子……这种就叫作象形文字

① 参见王蕴智，《六十年来关于汉字性质问题的探讨》，《河南大学学报》，1993 年第 2 期；郑振峰，《20 世纪关于汉字性质问题的研究》，《河北师范大学学报》，2002 年第 3 期；詹鄞鑫，《20 世纪汉字性质问题研究评述》，《华东师范大学学报》，2004 年第 3 期；李运富，张素凤，《北京师范大学学报》，2006 年第 1 期；胡志明，《汉字性质研究》，福建师范大学硕士论文，2007 年；魏亮珍，《汉字性质研究之研究》，南昌大学硕士论文，2008 年；田笑霞，《汉字性质研究述评》，吉林大学硕士论文，2008 年。

② “记号文字”和“过渡文字”分别出现于王蕴智《六十年来关于汉字性质问题的探讨》和裘锡圭《汉字的性质》中，未下定义，本书对“记号文字”、“过渡文字”阙而不论。

③ 这只是大致的归类，其实每一说中又包含一些不同的说法，至于具体的名称，则不下十种。

④ 汉字有古今问题，学者们研究的取向是不一致的。即使同是研究古文字，有的以全体汉字为对象，有的只研究其中的一种。

系统。"[1]

吴先生认为中国的文字(实际上是指汉字,下同)是象形文字的理由是中国文字用"物体的图形"(字形)记录"表示该物体的词"(词义)。可见,吴先生在探讨汉字的性质时,是从记录汉语的方式入手的。文字记录语言的方式有三种:记义传音、记音传义、记音标义。[2] 显然,吴先生认为汉字是记义传音的,而欧洲各国的文字是记音传义的。

吴先生举""、""、""为例证,说明他考察的对象是古汉字中的象形字(六书之一)。这些的确是象形字,古汉字中的指事字和会意字(偏旁连读成文的会意字如"劣"[3]除外)也可算是象形字,但是这三类字在甲骨文中便是少数,而且有些又被借去成了假借字,如"(我,《甲骨文合集》21249)"。随着汉字的发展演变,这类字的数目越来越少,到了隶楷阶段,这类字已不再象形。楷书中,上述三字分别写作"馬"、"日"、"月",已是纯粹的记号字。由上可以看出,无论是把古汉字还是今汉字称作"象形文字"都是不合理的。

二、表意文字说

学者们对"表意文字"的理解不尽相同,[4]但这一说法在通行的语言教材[5]和语文工具书中的认识是较为统一的。

《辞海》给"表意文字"下的定义是:"用一定体系的象征性符号来表示词或词素的文字,不直接或不单纯表示语音,通常把古埃及文字、楔形文字和汉字看作表意文字,是汉字发展中在表形文字和表音文字中间的阶段。"

这个定义是不够严谨的。其实,一定的象征性符号表示的不是整个词或词素(因为词、词素是音义结合体),如:"日"这个字符直接记录的是"日"这个词的义;"(我)"这个字符记录的是"我"这个词的音,""这个字符中""与""这个词的义有关,""表音。这个定义也不能解释下面的情况:一、单纯表示语音的汉字是很多

① 吴玉章,《新文字与新文化运动》,《文字改革文集》,中国人民大学出版社,1978年。

② 王伯熙,《文字的分类和汉字的性质——兼与姚孝遂先生商榷》,《中国语文》,1984年第2期。

③ 《说文解字》:"劣,弱也,从力少声。"裘锡圭《文字学概要》引作:"劣,弱也,从力少。"

④ 唐兰《古文字学导论》把指事字与会意字归为象意字,并代表一个时期。岑麒祥《普通语言学》称会意、指事为表意文字,同样代表一个时期。姚孝遂把甲骨文以前的文字称为表意文字阶段,属于文字的前期阶段。

⑤ 如王宁主编的《汉字汉语基础》,胡裕树主编的《现代汉语》,邢福义主编的《现代汉语》,吴启主主编的《现代汉语教程》,邢公畹主编的《语言学概论》,伍铁平主编的《普通语言学概要》,叶蜚声、徐通锵合著的《语言学纲要》。

的，如假借字和记写音译词的字（实际上也是假借字）；二、汉字中有“一”、“二”、“三”之类的记号字，特别是进入隶楷阶段后，记号字的数目是相当大的，这类字的字符既不直接记义，也不直接记音。

由以上分析我们可以看出，《辞海》的这个定义中的归类忽略了汉字中为数不少的假借字和记号字。

后来，丁晓红先生根据符号学理论，结合汉字发展的阶段性，认为“汉字的能指（文字符号）与所指（词）之间既有诱导关系，又有任意关系，‘既包括非常宽泛的诱导，又包括渗透到第二位的非诱导的诱导’，是一种具有混杂性的符号系统”。因而，她提出了以下观点：一、“商、周时期的文字绝大多数不论其是何种结构类型，在感官上都是象形的”，所以“商、周文字（甲骨文、金文）是以图形文字为主体的表意字”；二、“图形文字的衰微乃至嬗变，使得商周时期的非主要的汉字结构类型——形声造字法得到了彰扬”，“表意偏旁成了诱发文字的根源”，“在代表着秦代文字的《说文解字》中形声字已占了总字数的80%，可谓蔚为大观。从春秋中期到秦这段历史时期里，形声字成了决定汉字面貌的主要因素了”，所以，这个阶段的汉字（大篆、小篆）“是以形声字为主体的表意字”；三、“在隶楷阶段不论是文字状况还是文字观念都发生了变化。经历了悠久的历史发展，汉字不但完全消失了图画的痕迹，也很难体会偏旁使用的有理性，在大篆、小篆中曾经存在过的以部首为组合依据的若干子系统也分解了、散乱了”，“质言之，汉字是一个个具体词的记号”，但是“汉字系统的形成仍然离不开象形意识的辅佐”，所以，“从汉代一直到现在的文字（隶书、楷书）是以记号字为主体的表意字”。[①]

丁先生分阶段地论述汉字的性质，自然比笼统地称汉字为表意文字更为科学，理论上更为严密。但是我们可以看出，丁先生仍然强调汉字的符号与词义的某种联系，她是以各个时期汉字的主流来说明整个汉字系统的面貌。由于汉字数量众多（从甲骨文到现代通俗汉字，常用汉字的数量在各个历史时期大致是相当的），甲骨文有四千多个，秦代文字更多，若以五千计算是不为过分的。按丁文所述，秦时文字形声字约占百分之八十，其他类型也有约百分之二十，就是一千个。这么大的数量，在考察汉字的性质时，是不容忽视的。

另外，形声字、记号字是表意字的说法也值得商榷。实际上，形声字中，不只是形符的使用是有理的，其声符的使用也具有有理性，单纯地注重形符或声符而忽略另一端是难以恰如其分地说明汉字的性质的，记号字的字符既不能直接表音，也不

---

① 丁晓红，《论汉字发展的阶段性》，《浙江师范大学学报》，1991年第2期。

能直接表意，我们没有理由说记号字是表意字。

曹先擢先生则从汉字的功能入手，综合考虑汉字记音、记义的层次性，认为汉字是表意文字，"文字是既表音又表意的，但是不同体系的文字，表音表意的方法不同，特点不同"，汉字的表音表意是不相等的，"汉字的表意、表音并不在相同的层次上"，"'人'在表示'rén'这个音节时，不具有排他性，而具有兼容性，而'人'在表示'能制造工具并能使用工具进行劳动的动物'这样的意义时，则是具有排他性的，即别的字不能表示这样的意义。这样我们就可以说汉字表意具有特殊的价值，正是在这一点上，我们称汉字为表意文字"，"如果汉字表音也具有排他性，这样汉字便成为音节文字或音素文字，就谈不上表意性的特点了"。[①]

的确，大部分汉字表意具有排他性，因为汉语中的不同的词、语素通常用不同的形体来记写，但是，相同的词、语素有时也用不同的形体来记写。这种情况可以分为五类：

(一)同义字(实际上是同义词)，如："爸"与"爹"。

(二)异体字，如："泪"与"淚"，"村"与"邨"。

(三)假借字，如："蚤"与"早"。

(四)古今字，如："说"与"悦"。

(五)音译字，如："巧克力"与"朱古力"。

如果说同义字之间在语义、语法上还有某种细微的差别，异体字、假借字的本字与借字、古今字、音译词的书写文字在表意时则是完全兼容的，而这种类型的字又为数甚多，可见曹先生的理论同样不是无懈可击的。综上所述，我们可以看出，表意文字的说法概括不了全体汉字的性质。

三、意音文字说

较早提出这种说法的主要有周有光和曹伯韩二位先生。周有光先生认为世界文字发展的一般规律是从形意制度到意音制度，汉字意音制度的完备基本上是由表意又表音的形声字来实现的。直到今天，汉字的体系还维持在意音制度上。[②]曹伯韩先生把世界文字划分为拼音文字类型和意音文字类型，汉字属于意音文字。[③]

---

① 曹先擢，《汉字的表意性和汉字的简化》，中国社会科学院语言文学应用研究所编，《汉字问题学术讨论会论文集》，语文出版社，1988年。

② 周有光，《文字演进的一般规律》，《中国语文》，1957年第7期。

③ 曹伯韩，《文字和文字学》，《中国语文》，1958年第5、6期。

王蕴智先生根据汉字的构造方式和文字的普遍发展规律，认为形声字是汉字的主流，是既有音符又有意符的文字，从而得出汉字是意音文字的结论。[1]

周、王两位先生考察的对象是汉字中占主体地位的形声字。

裘锡圭先生在论述汉字性质的时候，不限于汉字的主体，而是将全体汉字纳入视野范围，既注意汉字中的各种类型，又注意到汉字的阶段性，因而得出了科学、严谨的结论。他在《汉字的性质》一文中认为："一种文字的性质是由这种文字所使用的符号的性质决定的……文字是语言的符号，作为语言的符号的文字，跟文字本身所使用的符号是不同层次上的东西。例如汉字'花'是汉语里花草之{花}这个词的符号，'艹'、'化'则是"花"这个字所使用的符号……例如古汉字里的'⊙'作为{日}这个词的符号来看，是一个有音有义的字，作为'日'字所使用的符号来看则仅仅是象太阳之形的一个象形符号。"他把各种文字的符号分为意符、音符和记号三种，认为"汉字在象形程度较高的早期阶段（大体上可以说是西周以前），基本上是使用意符和音符（严格说应该称为借音符）的一种文字体系，后来随着字形和语音、语义等方面的变化，逐渐演变成为使用意符（主要是义符）、音符和记号的一种文字体系（隶书的形成可以看作这种演变完成的标志）"，同时，他也注意到在"汉字象形呈递较高的阶段"也有"×"、"∧"、"十"、")("等记号字，但是为数极少，所以他说："如果一定要为两个阶段的汉字分别安上名称的话，前者似乎可以称为意符音符文字，或者像有些文字学者那样把它简称为意音文字；后者似乎可以称为意符音符记号文字，考虑到后一阶段里汉字里的记号都是由意符和音符变来，以及大部分汉字仍然由意符、音符构成等情况，也可以称这个阶段里的汉字为后期意符音符文字或意音文字。"[2]

裘先生的观点不偏执一端，较之其他学者更为严谨，其关键在于首先区分了"作为语言的符号的文字"与"文字本身所使用的符号"，指出它们"是不同层次上的东西"（见上面引述），这样，在"讨论汉字的性质的时候"才避免了"逻辑上的混乱"。[3]

四、表音说

唐兰先生首倡表音说。他把汉字分成象形文字、象意文字和形声字三个时期，把本是由形符和声符相结合，既表形又表音的形声字看作意符文字的一种，或又叫

① 王蕴智，《汉字为意音文字证说》，《许昌师专学报》，1986 年第 1 期。
② 裘锡圭，《汉字的性质》，《中国语文》，1985 年第 1 期。
③ 裘锡圭，《汉字的性质》，《中国语文》，1985 年第 1 期。

作注音文字，他认为形声字“只有半个字代表语声。这都是中国语的特点，也就是中国音符文字的特点，因语言的单简，所以在文字里面能尽量地把形符保存下来，成为只要念半个字的注音文字，而不变成纯音符的拼音文字”①，从而把近古期到现代的汉字叫作“形声文字期”。

唐先生以形声字为考察对象，揭示了形声字的特点，但是把形声字当作表意文字，并把由近古到现在的汉字叫作“表意字时期”(形声文字期)，则是值得讨论的。且不说形声字的形符的表意功能是有限的，单是形声字的声符的表音功能也是有限的。“据统计，现代形声字的有效表音率为 39%。”②

姚孝遂先生以甲骨文中的假借字为考察对象，举了大量例证，说明甲骨文中的假借字估计为百分之七十多一点，从而认为“就甲骨文的整个体系来看，就它的发展阶段来说，就它的根本功能和作用来说……完全属于表音文字体系，已经发展到了表音文字的阶段。”又认为形声字的“形符部分并不表音”，“不能起到表音的作用”，“要通过汉字形体本身去求得它的字义是行不通的，固然，这些字形来源于象形符号，但是发展的结果，它的性质和作用已经改变了，只是一个单纯的语音符号。”③

周大璞和崇冈先生分别撰文支持姚先生的观点。④ 不过，他们着眼的对象始终是假借字。假借字确是纯粹的表音字，但是即使在甲骨文中，假借字的使用频率也只有百分之七十多一点。另有百分之二十以上的字是不容忽视的，用假借字来代表整个汉字体系未免有以偏概全之嫌。否认形声字的形符的表义作用是不符合现实的。就是在中小学汉字教学中，形符的作用也是很大的。

五、语素一音节文字说

这种学说萌芽于 20 世纪 30 年代，美国语言学家布龙菲尔德在《语言论》中称汉字符号的类型为“Word-writing”(词文字)。1952 年，美国学者 Gelb 又提出“Word-Syllabic Writing”(词—音节文字)的说法。1959 年，赵元任在演讲中说：“用一个文字单位写一个词素，中国文字是一个典型的最重要的例子。”⑤

---

① 唐兰，《古文字学导论》，齐鲁书社，1981 年，第 112～113 页。

② 丁晓红，《论汉字发展的阶段性》，《浙江师范大学学报》，1991 年第 2 期。

③ 姚孝遂，《古文字的形体结构及其发展阶段》，《古文字研究》第四辑，中华书局，1980 年。

④ 周大璞，《假借质疑》，《武汉大学学报》，1982 年第 2 期；崇冈，《汉语音韵学的回顾与前瞻》，《语文研究》，1982 年第 2 期。

⑤ 赵元任，《语言问题》，商务印书馆，1980 年，第 144 页。

20世纪80年代初，国内学者开始倡导语素文字或表词文字说。郑林曦先生认为，汉字是记写汉语单音节的词或词素的文字。[①] 尹斌庸先生认为，“一个汉字基本上代表一个语素，从语言来说，一个汉字又代表一个音节”，从而把汉字定名为“音节—语素文字”。[②] 高明先生认为，“汉字不仅每字各代表一个音节，而且还具备独立的词义，所以应该把它区别于一般的音节文字，而称之为‘音节词字’”。[③] 文武先生则称现代汉字为“语素文字”，古汉字为“词文字”。[④]

这些说法名称不一，但实际上观点大致相同，都是从汉字与汉语语言单位的关系来看汉字的性质。他们立足于这样一个语言事实：汉字的一个文字单位一般对应于一个语素（现代汉字）或一个词（古代汉字）；一般对应于一个音节。但是有例外情况：有几个文字单位对应于一个词或语素的，如联绵词、音译词等多音节单纯词。这些说法从一个全新的角度来揭示汉字的性质、特点，丰富了汉字研究，但是由于汉字中表现出来的例外情况，这些说法便不够严谨。

裘锡圭先生从汉字的实际情况出发，在《汉字的性质》一文中对这种学说又有新的阐发，使这种学说更加严谨。他说：“撇开字符的性质，仅仅根据文字书写的基本单位所代表的语言成分的性质，来给汉字体系定名，也是不妥当的……音素、音节、语素，是语言结构系统里由低到高的不同层次。”“汉字的意符和记号都不表示语音，前者只能与文字所代表的语素的意义有联系，后者只能起到把代表不同语素的文字区别开来的作用……汉字使用的音符，却应该看作表示音节的符号。”从而，他把语素文字定义为“字符属于语素这个层次，也就是说字符、语素这个层次发生关系，而跟音素、音节这两个层次没有关系的文字”，或为“能够表示语言的语素结构（即能够表示词由什么构成）而不能表示语言的音素或音节结构的文字”。把“语素—音节文字”定义为“既使用属于语素这个层次的字符，又使用表示音节的字符的文字”。他认为“汉字既使用表示音节的符号也使用表示语素这个层次的符号，所以汉字应该成为语素—音节文字”。[⑤]

裘先生的定义能够合理地解释前文所述的汉字与音节、语素、词之间一一对应的例外情况，因而显得更为严谨。

上面我们考察了有关汉字性质的各种学说，现在我们来列表（见下页）比较一

---

① 郑林曦，《汉字是什么性质的文字》，《河南教育》，1981年第9期。

② 尹斌庸，《给汉字正名》，《中国语文通讯》，1983年第6期。

③ 高明，《中国古文字学通论》，文物出版社，1987年，第48页。

④ 文武，《关于汉字评价的几个问题》，《语文建设》，1987年第2期。

⑤ 裘锡圭，《汉字的性质》，《中国语文》，1985年第1期。

下，以便清楚地看出各说的分歧所在。

汉字性质诸家学说表

研究角度	代表	研究对象	理由	名称	类型
汉字记录汉语的方式	吴玉章	古象形字、指事字、会意字	以形象物、以形表意	象形文字	象形文字说
	唐兰	形声字	声符表音，形符不能表义	表音文字（注音文字）	表音文字
	姚孝遂	假借字、形声字	甲骨文中假借字是主流，形声字中形符不表义		
	王蕴智	形声字	形声字是主流，兼用意符和音符	表意文字	表意文字说
	裘锡圭	西周及西周以前的文字	使用意符、音符	意符音符文字	
		西周以后的文字	使用意符、音符、记号	意符音符记号文字	
汉字记录汉语的方式	《辞海》	不包括假借字、记号字	以象征性符号表示词或词素	表意文字	表意文字说
	丁晓红	甲骨文、金文中的图形式文字	感观上象形，以形象意	表意字	
		大篆、小篆中的形声字	表意偏旁成了诱发文字的根源，形声字占 80%		
		隶楷阶段的记号字	汉字系统仍然离不开象形意识的辅佐		
汉字的功能	曹先擢	不包括假借字	汉字表意具有排他性	表意字	

续表

研究角度	代表	研究对象	理由	名称	类型
汉字与汉语语言单位的关系	尹斌庸	不包括例外字[1]	字⇌语素[2]，字⇌音节	音节—语素文字	语素—音节文字说
	文　武	古汉字，不包括例外字	字⇌词	音节—语素文字	
		今汉字，不包括例外字	字⇌语素	词文字	
	高　明	不包括例外字	字⇌音节，字有义	音节词字	
	裘锡圭	全体汉字	使用与语素有联系的音符，还使用表音节的音符	语素—音节文字	

由上述分析我们可以看出，之所以学者们在汉字性质问题上见仁见智，其原因在于研究对象的范围和研究的角度不同。要弥合分歧，需要注意以下两点：

(一)在探讨汉字的性质时，不应被汉字的外部特征所迷惑

“汉字在观感上是象形的。”[3]绝大部分汉字是由象形的字符或由象形字演变而来的字符构成的。例如[4]：

1.象形：(日，商：婦闖甗，03314)、(月，商：宰椃角，08794)，整个字符就像太阳、月亮的样子，楷书作“日”、“月”。

2.指事：(亦，商：亦戈，16100)、(刃，商：冬刃鼎，00618)，字符“”、“”象人、刀之形，楷书作“大”、“刀”。

3.会意：(取，商：取父癸卣，12816)、(林，西中：尹姞鬲，03040)，字符“”、“”、“”分别象耳朵、手、树木之形，楷书作“耳”、“又”、“木”。

4.形声：(唯，西中：吕鼎，02400)、(裘，西晚：㸚戒鼎，02279)，字符“”、“”、“”、“”分别象口、鸟、皮毛上衣、手之形，楷书作“口”、“隹”、“衣”、“又”。

由于汉字字符在外形上具有很浓的象形性，即使没有文字学知识的人也能一

---

① 例外字指不与音节或词或语素形成一一对应的汉字。

② “⇌”表示一一对应关系。

③ 丁晓红，《论汉字发展的阶段性》，《浙江师范大学学报》，1991年第2期。

④ 本书字形，甲骨文字形后附著录书名简称及该书编号。未注明书名简称者，均采自《甲骨文合集》。有简称者详见参考文献。金文字形采自《商周青铜器铭文暨图像集成》，字形后注明时代、器名和器号(据《商周青铜器铭文暨图像集成》)。所有甲骨文、金文拓本字形均为著者剪切，部分拓本利用图片工具做过处理和调整，甲骨文摹本字形若未注明则采自《新甲骨文编》。小篆字形取自日本藏同治十二年刊刻陈昌治一篆一行本《说文解字》。

眼把汉字和拼音文字区别开来。但是,在分析汉字性质的时候切不可被这种表面现象所迷惑。如果拘泥于汉字的外形特征,我们就很容易认为汉字是象形文字或是表意文字。我们应该分清这些形象性很强的字符是音符还是意符,或是记号,然后从一定的角度去研究。

(二)在探讨汉字的性质时,应该理清两种层次

一是裘锡圭先生强调的"作为语言的符号的文字"与"文字本身所使用的符号"的层次关系。如果我们混淆了这一层次,就容易把汉字的社会功能当作汉字的性质,也就无法把汉字与其他文字区别开来。作为记录语言的符号的文字是形、音、义的结合体。[①] 汉字也是这样,记录的是汉语的语音和语义。注重汉字的表义功能的就说汉字是表意文字,注重表音功能的就说汉字是表音文字。如果这样,我们就无法从汉字本身的字符的性质入手来探求其性质,真正把汉字与其他文字区别开来。

二是记录汉语的符号与汉字所记录的语言单位之间的层次关系。汉语的语言单位有音素、音节、语素、词、短语、句子、段、篇等,汉字不是语言单位,它具有假定性,是约定俗成的符号系统,功能是记录汉语,是汉语的最主要的辅助交际工具。一个汉字所具有的音、义实际上是这个字所记录的语言单位(词或语素)的音、义,本身没有音、义(有造字理据)。这一点在表音文字里很容易看清楚。单独的表音符号"s"、"h"、"i"、"p"是有自己的音的,但没有义,而当它们组合为"ship",表示"ship"这个词时才获得了词"ship"的音与义。汉字也是如此,如"人"这个字符当它不表示"人"这个词或语素时,只是一个空洞无物的符号。只有当它记录了语言中的"人"时,才有了"rén"这个音和"能够制造并能够使用工具的动物"这个义。

理清这个层次,就会把语言单位的性质与汉字的性质区分开来。

尽管语言文字学界对"什么是汉字的性质"这一问题仍未得出一致的答案,但是通过从多角度入手的分析研究,汉字的社会功能、汉字的外部特征、汉字记录语言的方式,以及汉字与汉语语言单位的关系已经大致清楚了。"至于给汉字这种性质的文字体系安一个什么名称,那只是一个次要的问题。"[②]因为给汉字定名、探讨汉字的性质实质上是一个如何在世界文字体系中给汉字归类的问题。如果硬要给汉字定名的话,则以裘锡圭先生的两种命名最为精当贴切。如果采用二分法把世界文字分为表音文字和表意文字,则将汉字命名为"表意文字"也无不可。

---

① 裘锡圭,《汉字的性质》,《中国语文》,1985 年第 1 期。

② 裘锡圭,《汉字的性质》,《中国语文》,1985 年第 1 期。

第三章

汉字的起源

汉字是一种自发萌芽、发展成熟的自源文字,历史悠久,从产生起一直使用到现在,未曾中断。汉字是如何产生的呢?我国历史上对此有一些说法,影响较大的有三种:结绳记事说、八卦说、仓颉造字说。传说不等于历史,现在根据民族古文字材料和相关汉字考古发掘资料,能大致对汉字的起源做出一个推断。

第一节 汉字起源的推测

一、结绳记事说

结绳记事(图 3-1)是原始民族在没有文字之前曾采用的一种记事方法。“中国云南的独龙族、怒族等,在中华人民共和国成立前,也仍用结绳记事的方法记日子。古代埃及、波斯、秘鲁也有以结绳记事的。古秘鲁印加印第安人打结的绳名为‘魁普’,表示的数目完备清楚,他们用来登录账目、人口数及税收数。大洋洲的波利尼西亚人等也曾用结绳来记事。”①

我国古代文献对此也有过记载。

(1)《易经·系辞》:“上古结绳而治,后世圣人易之以书契。百官以治,万民以察,盖取诸夬。”

① 姜洪波,《结绳记事》,《黑龙江民族丛刊》,1994 年第 3 期。

(2)《庄子·胠箧篇》:"昔者容成氏、大庭氏、伯皇氏、中央氏、栗陆氏、骊畜氏、轩辕氏、赫胥氏、尊卢氏、祝融氏、伏牺氏、神农氏,当是时也,民结绳而用之。"

(3)《说文解字·叙》:"古者庖牺氏之王天下也,仰则观象于天,俯则观法于地,视鸟兽之文与地之宜,近取诸身,远取诸物,于是始作易八卦,以垂宪象,及神农氏结绳为治而统其事,庶业其繁,饰伪萌生,黄帝之史仓颉,见鸟兽蹄迒之迹,知分理之可相别异也,初造书契,百工以乂,万品以察。"

(4)伪《〈尚书〉序》:"古者伏羲氏之王天下也,始画八卦,造书契,以代结绳之政,由是文籍生焉。"

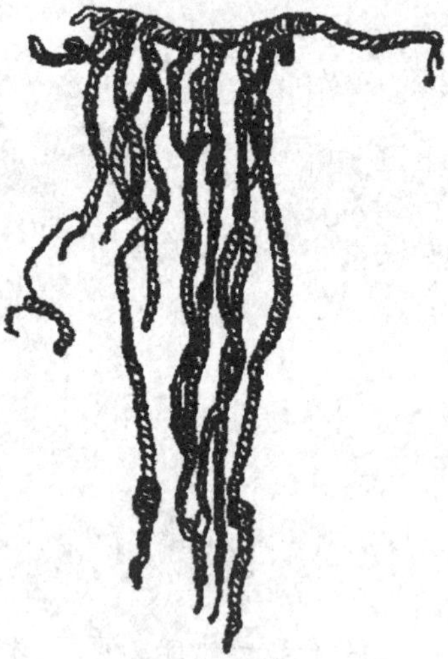

图 3-1 结绳[①]

至于如何结绳记事,《周易正义》引《虞郑九家易》曾有解释:"古者无文字,其有约誓之事,事大大结其绳,事小小结其绳,结之多少,随物众寡;各执以相考,亦足以相治也。"

我国其他民族也曾用结绳记事。文献资料记载,苗族、彝族、黎族、高山族都曾用过结绳记事。[②]

结绳记事在近现代仍有发现。傈僳族用结绳记载月数,哈尼族用结绳记载价格,[③]独龙族用结绳记日,景颇族出行在所配长刀穗子上打结记日程,西藏僜人用结绳记时间,广西瑶族用结绳表示道理数量,哈尼族用结绳记录土地买卖,佤族用结绳记债务。[④]

从文献记载和各民族结绳记事的实际来看,结绳记事是一种利用实物辅助记忆的方法,其使用方法和表达意义(记录事件)需要使用社团约定俗成,对比较复杂的结绳的意义,需要有专职人员进行解释。作为辅助记忆的方法与用符号记录语言的文字相比较,区别非常明显。西晋文学家潘岳《为贾谧作赠陆机》诗中有两句:"结绳阐化,八象成文。"文字学者将结绳记事附会为汉字之起源,[⑤]大约由此而来。但结绳记事与汉字至多在功能上有相似之处,即记录功能,二者在源流上并无关

---

① 录自伍铁平主编,《普通语言学概要》,高等教育出版社,2006 年第 2 版,第 266 页。

② 吴永章,《南方民族原始记事方法论略》,《中央民族学院学报》,1990 年第 4 期。

③ 参见李家瑞,《云南几个民族记事和表意的方法》,《文物》,1962 年第 1 期。

④ 参见汪宁生,《从原始记事到文字发明》,《考古学报》,1981 年第 1 期。

⑤ 朱宗莱曾说:"文字之作,肇始结绳。"见其讲义《文字学形义篇》,台湾学生书局影印,1978 年。

系，不存在衍生关系。

二、八卦说

八卦本指《周易》中的八个基本卦：乾、坤、震、巽、坎、离、艮、兑。其卦形为用三个“⚊”(阳爻)或“⚋”(阴爻)组成的图形(《周易》八卦表)，分别象征八种自然物：天、地、雷、风、水、火、山、泽。其中乾与坤、震与巽、坎与离、艮与兑属于四组矛盾对立的形态。古代文献传说八卦是伏羲所创，后来周文王被商纣王囚禁在羑里(在今河南汤阴)时，将八卦两两组合，形成六十四卦，每卦六爻，共三百八十四爻。利用各卦、卦与卦之间的关系，各爻、爻与爻之间的关系来象征客观世界中的事物及事物之间的关系和变化。《周易》卦爻辞本是古人占卜吉凶的一些记录，体现了我国先民对客观世界的认知，是一种成体系的符号系统。

《周易》八卦表

卦名	乾	坤	震	巽	坎	离	艮	兑
卦形	☰	☷	☳	☴	☵	☲	☶	☱
象征物	天	地	雷	风	水	火	山	泽

战国时期形成的《周易·系辞》说：“古者包牺氏之王天下也，仰则观象于天，俯则观法于地，观鸟兽之文与地之宜，近取诸身，远取诸物，于是始作八卦，以通神明之德，以类万物之情。”东汉文字学家许慎《说文解字·叙》承此将八卦和文字联系起来，认为八卦是结绳记事之前的用来治理政事的重要工具(见上节“结绳记事说”所引文)。后来西晋文学家潘岳《为贾谧作赠陆机》诗中有“结绳阐化，八象成文”两句，据李善注，“八象”即“八卦”。[1] 潘岳将“八卦”作为文字的起源，本诗赋之言，不可为据。

到了宋代，有人进一步将八卦与汉字比附起来。宋代郑樵《通志·六书略·论便纵》说：“文字便纵不便衡，坎、离、坤，衡卦也，以之为字则必纵，故☵必纵而后能成水，☲必纵而后能成火，☷必纵而后能成巛。”宋时所出纬书《乾坤凿度》在《古文八卦》中则把八卦直接认为是天、地、水、火、雷、山、风、泽八个字的古文：“☰，古文天字……☷，古墬[2](地)字……☴，古风字……☶，古山字……☵，古坎(依文例，此为“水”字之误)字……☲，古火字……☳，古雷字……☱，古泽之(依文例，此为

① 萧统编，李善注，《文选》第三册，上海古籍出版社，1986年，第1152页。

② 《字汇补》：“墬，古地字。”

"字"字之误)。"[1]

大约郑樵虽然将文字与八卦联系起来,但并没有把八卦看作汉字的起源,因为他在《通志·六书略》中有"起一成文图",他说:"衡为'一',纵为'丨',邪'丨'为'丿',反'丿'为'㇏',至'㇏'而穷;折'一'为'㇕',反'㇕'为'┌',转'┌'为'└',反'└'为'┘',至'┘'而穷;折'一'为'㇕'者,侧也,有侧有正。正折为'∧',转'∧'为'∨',侧'∨'为'<',反'<'为'>',至泉(指'>'字)而穷;'一'再折为'ㄇ',转'ㄇ'为'凵',侧'凵'为'匚',反'匚'为'コ',至'コ'而穷;引'一'而绕合之,方则为'□',圆则为'○',至'○'则环转异势,'一'之道尽矣。"[2]郑樵这个说法来源于两个方面:一是道家"一生二,二生三,三生万物"的哲学思想;二是许慎《说文解字》540 个部首"始一终亥"的编排方式。这当然是不正确的。

清代乾嘉时期著名学者段玉裁在《说文解字注》中说:"庖牺作八卦,虽即文字之肇端,但八卦尚非文字。"[3]虽指出八卦不是文字,但已视八卦为文字之起源。

近代国学大师刘师培在《小学发微补》中认为:"大约《易经》六十四卦,为文字之祖。"[4]

今人罗君惕在《六书说》一文中认为:"结绳与文字没有什么关系,而八卦与文字的关系则很密切。如,八卦的阳爻作"—",即演为'一'字,两个阳爻作"═",即演为'二'字,乾卦作'☰',即演为'三'字;坎卦作'☵',即演为巛(水)字。"[5]

"八卦"并非汉字的起源,虽然从上引文来看,有一些汉字似乎与卦形有比较密切的联系,但是汉字的起源时代较早,而早期八卦未必就是用"—"、"--"来表示阳爻与阴爻。青铜器和甲骨上曾发现用五、六、七、八四个数字组成的卦(见图 3-2)。

图 3-2 数字卦[6]

---

[1] 《文渊阁四库全书·第五十三册·乾坤凿度》,台湾商务印书馆,1986 年影印。
[2] 《文渊阁四库全书·第三百七十三册·通志》,台湾商务印书馆,1986 年影印。
[3] (清)段玉裁,《说文解字注》,上海古籍出版社影印经韵楼版,1981 年,第 753 页。
[4] 刘光汉(刘师培),《小学发微补》,《国粹学报》第七期,1905 年。
[5] 罗君惕,《六书说》,《语文论丛》第一辑,上海教育出版社,1981 年。
[6] 录自高明,《中国古文字学通论》,北京大学出版社,1996 年,第 32 页。

若“—”、“--”组成的卦形的产生晚于和卦形近似的汉字，则把八卦当作汉字起源的错误就非常明显了。

近代国学大师黄侃对以八卦为汉字的起源是比较谨慎的，他在《说文略说》中认为：“八卦为有限之符号，文字则为无限之符号，以八卦为文字的起源，似也。”①

“八卦”和“汉字”是两套完全不一样的符号体系，“八卦”本身是我国先民对客观世界的认知的一种表述，而汉字是用来记录语言的，本身并不包含什么哲学认识。虽然自《周易·系辞》和《说文解字》以来，常常有人把八卦和文字联系在一起表述，但只不过是表明八卦、结绳与书契（文字）在不同的历史阶段是治理政事的重要工具而已。

三、仓颉造字说

在民族史诗或是英雄传说中，各民族文明史上的重大发明创造往往归功于神或是某一重要先祖。从现有文献来看，自战国时期，就有仓颉造字的说法。《吕氏春秋·审分览·君守》：“奚仲作车，仓颉作书，后稷作稼，皋陶作刑，昆吾作陶，夏鲧作城。”《韩非子·五蠹》：“古者苍颉之作书也，自环者谓之私（当作‘厶’），背私（当作‘厶’）谓之公，公私（当作‘厶’）之相背也，乃苍颉固以知之矣。”李斯《仓颉篇》：“仓颉作书，以教后诣。”

其实，战国文献里最早提到仓颉的是《荀子》。《荀子·解蔽》：“故好书者众矣，而仓颉独传者，一也。”从荀子的记载来看，仓颉只是众多专一于文字，做出了很大成绩的一个代表，并没有谈到他是汉字的唯一的创造者。而这以后的文献不但将造字的功劳加在他身上，并且不断神化他。《淮南子·本经》：“昔者仓颉作书，而天雨粟，鬼夜哭。”《论衡·骨相篇》：“仓颉四目，为皇帝史。”罗泌《路史》：“龙颜侈侈，四目灵光。”许慎更是在我国古代文字学奠基之作《说文解字》中将此肯定下来：“黄帝之史仓颉，见鸟兽蹄迒之迹，知分理之可相别异也，初造书契，百工以乂，万品以察。”又说：“仓颉之初作书也，盖依类象形，故谓之文，其后形声相益，即谓之字。”

按照文献记载来看，仓颉是黄帝的史官，黄帝时代据今大约5000年，而按照现在考古资料中的文字资料来看，汉字应该6000年前就产生了，由此而论，仓颉也是不可能造字的。而且，汉字是自发产生的自源文字，是在广大地域由一代又一代先民创造并逐渐发展成熟的，不可能由某一个人创造，再推广使用。仓颉在汉字发展史上，从《荀子》的记载看可能是有重大贡献的。黄侃对此曾有精辟的论述：“文字

① 黄延祖辑，《黄侃文集·黄侃国学文集·说文略说》，中华书局，2006年，第1页。

之生，必以寖渐，约定俗成，众所公认，然后行之而无阂。窃意邃古之初，已有文字，时代绵邈，滤镜变更，复难齐一。至黄帝代炎，始一方夏；史官制定文字，亦如周之有史籀，秦之有李斯。然则仓颉作书云者，宜同鲧作城郭之例，非必前之所无，忽然创造，乃名为作也。”①

汉字6000年前萌芽，发展到5000年前时需要整理与规范，这是很容易理解的，因而黄侃先生对仓颉如同史籀、李斯一样对汉字有整理规范之功的论断是比较合理的。

第二节　汉字起源于图画与契刻

文字产生之前，人类往往采用实物记事和图画记事的方式。世界各地都曾发现过一些原始图画（见图3-3、图3-4）。

图3-3　新石器时代仰韶文化陶器花纹②

图3-4　美国亚利桑那岩画③

这些图画，是仅有美术的因素，还是另具有独特的固定的意义，我们不得而知。但是人类使用图画记事和实物记事，仍有迹可寻。

景颇族的树叶信（见图3-5及其下方表格）和送火柴其实都属于一类，都是用实物记事。前面谈到的结绳记事，其实也是实物记事的一种。用实物记事还可以采用契刻的方法。

《列子·说符》中记载了一则故事。“宋人有游于道，得人遗契者，归而藏之，密

① 黄延祖辑，《黄侃文集·黄侃国学文集·说文略说》，中华书局，2006年，第2页。

② 录自高明，《中国古文字学通论》，北京大学出版社，1996年，第33页。

③ 录自周有光，《世界文字发展史》，上海教育出版社，1997年，第28页。

数其齿，告邻人曰：‘吾富可待矣。’”这里的“遗契”就是别人丢失的有契约性质的刻符，契上齿的数目代表着财富或是债权的数目。独龙族人向别人借钱，要“打木刻”，借出多少钱，就刻多少缺口，还了多少，再削去多少缺口。契刻还可以用来记日。景颇族人外出旅行，计算日子也可以用在刀柄上刻划的方法，一天一道。独龙族人若约定几天后会面，就各取一块木片，几天就刻几道缺口，每过一天，就削去一道，全部削完，就是相会之期。西藏僜人、红河哈尼族、西盟莫阿寨佤族、贡山拉宛夺村独龙族亦有木刻记事的情况。

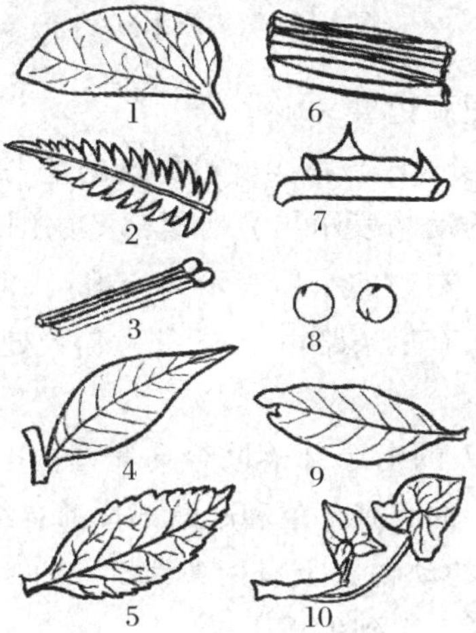

图 3-5　景颇族树叶信①

编号	汉语名称	景颇名称	表达的意思	流行地区
1	药用豆科叶	拔叶	我真心地爱你	梁河
2	蕨叶	德滥	挂念你	潞西；瑞丽
3	火柴	洋火	寻找人(我要找你)	梁河
4	草叶	杰胡	我俩见面吧	梁河
5	麻栗叶	家哈	我一定要找着你	梁河
6	树枝皮	蒲谢	你藏着，我也要拉你去玩	梁河
7	椒枝刺	浪诺	我诚心诚意的	潞西；瑞丽
8	莞豆	豆坐	我要来找你谈谈	潞西；瑞丽
9	小柿子叶	司哈	我很苦闷	梁河
10	慈菇科叶	额芒	希望相爱到老	潞西；瑞丽

① 录自李家瑞，《云南几个民族记事和表意的方法》，《文物》，1962 年第 1 期。

据李家瑞《云南几个民族记事和表意的方法》一文的介绍，中央访问团的同志曾在福贡收到了一件木刻。该木刻（见图 3-6）长约 6.6 厘米，宽约 1.7 厘米。它表达的意思是，来了三个人（|||），月亮圆时（○）和我们会面了（×），现在送上大、中、小三包土特产，分别送给大、中、小三个领导（|'|）。

图 3-6　傈僳族木刻①

实物记事之外，又有图画记事。

图 3-7 为加拿大印第安人欧吉蓓少女给男友的情书。左上角的动物表示少女所属部落的图腾，左下角的动物表示男方所属部落的图腾。中间的三个十字架表示信仰基督教的三个女人，右边的小屋表示约会地点，再右边表示三个湖泊，为幽会小屋所在地，从湖泊而来有三条路，一条通往发信人处，一条通往收信人处，一条通往约会地点。②

图 3-8 为北美印第安人的七个部落联合向美国国会递交的请愿书，七个动物表示七个部落的图腾，它们的心脏部位和眼睛部位都有线条连接在第一个动物上，表示他们一心一意。为首的动物头上有两条线，一条向上，表示向国会请愿；一条通到左下角湖泊处，表示要迁徙到那里去。③

图 3-9 为西伯利亚一位女子的爱情故事。“凸”字形表示房子，右边屋内大伞有辫子，表示女子，屋外大伞表示男子；左边屋内大伞为夫妻俩，生了两个孩子（两柄小伞）。屋内大伞间有网状物相连，表示已经结婚；右边屋内的女子有线条通往左边屋内的男子，且左边屋内的男子有网状物伸向右边屋内女子，但未相连，表示两人相恋而不得；右边屋外男子有线条伸向右边屋内女子，但未相连，表示单相思。大致意为右边屋外男子恋着右屋内女子，而该女子恋着另一已婚已有子女之男子。④

上述三图均为有记事功能的图画，其中的单个形体并没有和语言中的一定片段联系起来，可以用不同的语言来解释，说不同语言的人也能大致理解。

---

① 录自李家瑞，《云南几个民族记事和表意的方法》，《文物》，1962 年第 1 期。

② 参见周有光，《世界文字发展史》，上海教育出版社，1997 年，第 30 页。

③ 参见周有光，《世界文字发展史》，上海教育出版社，1997 年，第 32～33 页；（俄）B.A.伊斯特林著，左少兴译，《文字的产生和发展》，北京大学出版社，2002 年第 2 版，第 52 页。

④ 参见周有光，《世界文字发展史》，上海教育出版社，1997 年，第 33～34 页；（俄）B.A.伊斯特林著，左少兴译，《文字的产生和发展》，北京大学出版社，2002 年第 2 版，第 54 页。

图 3-10 中“”表明这一天属狗，狗身上涂了红色，表示一天五行属火；左下角“”表示这一天早晨有雾（若在右下角，则表示晚上有雾）；“”为带柄的陶罐，染成了红色，陶罐为盛酒器，说明这一天可能有酒喝，是好日子；左上角“”为三颗星星，两颗黑色的表示死了，预示天气可能不好；右上角“”为太阳，中间画了“X”表示太阳带上了枷锁，也预示天气可能不好；“”为宝刀，“”为法器，皆为镇妖之物，表示这一天不会有大意外。①

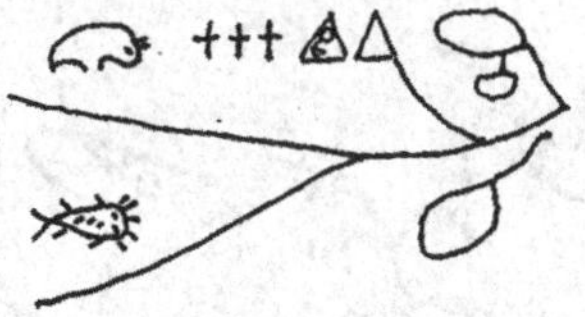

图 3-7　欧吉蓓少女幽会信②

图 3-8　赤培瓦部落请愿书③

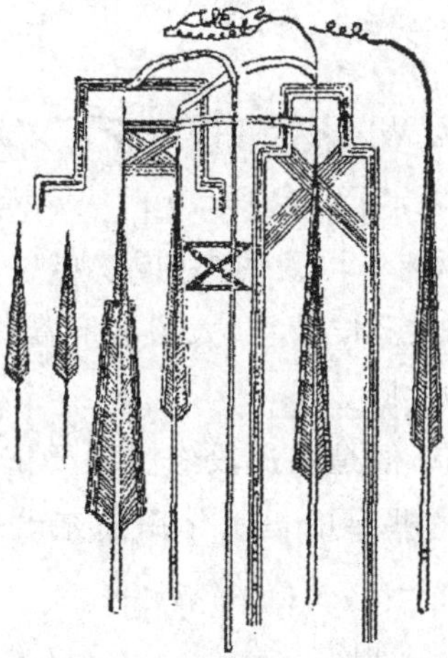

图 3-9　峪家集孤女失恋记④

图 3-10　沙巴文经书《虐曼史答》第 9 幅⑤

此图中有单体符号、、、、、、七个，均有固定读音，已经是文字，

---

① 参见孙宏开，《尔苏沙巴图画文字》，《民族语文》，1982 年第 6 期。

② 录自周有光，《世界文字发展史》，上海教育出版社，1997 年，第 33 页。

③ 录自（俄）B.A.伊斯特林著，左少兴译，《文字的产生和发展》，北京大学出版社，2002 年第 2 版，第 52 页。

④ 录自（俄）B.A.伊斯特林著，左少兴译，《文字的产生和发展》，北京大学出版社，2002 年第 2 版，第 54 页。

⑤ 录自孙宏开，《尔苏沙巴图画文字》，《民族语文》，1982 年第 6 期。

但是这幅图所表达的内容远远超过七个单体符号本身所表达的，多余的内容需要解经和读经的人来补充，说明沙巴文虽然已经是文字，但是还不能完整地记录语言，还不够成熟。

比沙巴文成熟的是东巴文，东巴文正处于从图画文字到成熟文字的发展过程之中，从东巴文的情况我们可以推测汉字的起源和发展情况。据方国瑜《纳西象形文字谱》研究，东巴文记录语言有成熟程度不同的三种情况。一种情况和上举沙巴文类似，“以字记忆，启发音读”。如图 3-11。

图 3-11 《人类迁徙记》(节选)①

“”为杉；“”表示羊叫，“”表示羊，“”表示羊在叫；“”表示不，“”表示小草；“”表示金；“”表示乳，“”象乳，“”象桶；“”表示鸡或鸡鸣，“”表示白；“”表示米。整段意思为：大杉树下可爱的小山羊“咩咩”地叫不休。“你呀为啥这样叫？”“我叫不是为好玩，小时给我吃青草，大了吃不着。大地青草呀，不知丢埋到哪儿；丢草又寻草，我叫就是为此呀。”

这段经文有 13 个字，均有读音，每字 1 个音节，但是在这段经文中要记录 27 句话，183 个音节。多余的音节是根据经文中的这些字的提示作用补充出来的。这种经文根本没有完整地记录语言。②

东巴经的第二种情况是“以字代句，帮助音读”。如图 3-12。

图 3-12 《人类迁徙记》(节选)③

① 录自方国瑜，《纳西象形文字谱》，云南人民出版社，1981 年，第 497 页。

② 参见方国瑜，《纳西象形文字谱》，云南人民出版社，1981 年，第 497～501 页。

③ 录自方国瑜，《纳西象形文字谱》，云南人民出版社，1981 年，第 521 页。

“”表示天；“”表示星星；“”表示金银背子，“”为背子，“”为银，“”为金；“”表示不；“”表示塔；“”表示地；“”表示草；“”表示赶；“”表示牛；“”表示绵羊。整段意思为：天高星密布，不能背着金银来，地大路遥远，不能赶着牛羊来。

该段经文共 12 字，但有 4 句话，33 个音节。① 在解经或读经时均需要补充。这与第一种情况类似，不过是需要补充的音节大量减少。

东巴经的第三种情况是“以字代词，逐词标音”。如图 3-13。

图 3-13　东巴经《送情死者》(节选)②

“表示男；“”表示稻；“”为阿，亲属称谓词头；“”为父；“”为腿；“”为牙齿；“”为岩羊。“”为标音字，意为“说是”；“”为铁；“”为牛虱；“”为壁虎；“”为数目字五。整段意思为：养育男儿的父亲，说是男儿逃亡，又回来寻找男儿。这段经文共 14 个字，记录了 15 个音节，基本上一字一音节。这已经基本上属于完整记录语言了。

从图 3-3 到图 3-13 大致体现了文字从原始图画发展为成熟的文字的过程。

殷商晚期的甲骨文，距今 3300 多年，能够逐词完整记录语言，有形声字、假借字，已经相当成熟，因而汉字起源的时代远在商代之前。从现有考古资料来看，汉字从萌芽到成熟的过程还不太清楚，只能有一个大致的推断。

西安半坡遗址和临潼姜寨遗址距今大约 6000 多年，其出土陶器上有一些刻画符号，半坡出土 133 件，有单个符号 27 种，见图 3-14；姜寨出土 129 件，有单个符号 38 种，见图 3-15。

这些刻画符号中部分与甲骨文中的字形相近。甲骨文距今 3000 多年，是已经发展成熟了的文字，如果按照一般自源文字需要 2000 多年才能成熟的规律看，汉字

① 参见方国瑜，《纳西象形文字谱》，云南人民出版社，1981 年，第 521～522 页。

② 录自方国瑜，《纳西象形文字谱》，云南人民出版社，1981 年，第 543 页。

萌芽当在6000年前，这与半坡和姜寨陶器上的刻画符号时代比较接近。因而，有学者倾向于这些符号和汉字的起源有关，是早期的文字，但也有学者认为这些刻画符号并非文字。但是20世纪50年代在山东大汶口文化遗址中反复发现的几个陶器符号，且在其他玉器上也发现了与它们构形相同的符号，[1]多倾向于已经是文字。[2]

图 3-14　西安半坡仰韶陶文[3]

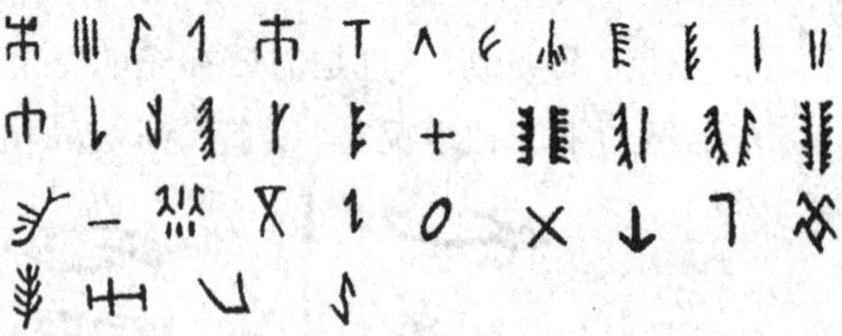

图 3-15　临潼姜寨陶文[4]

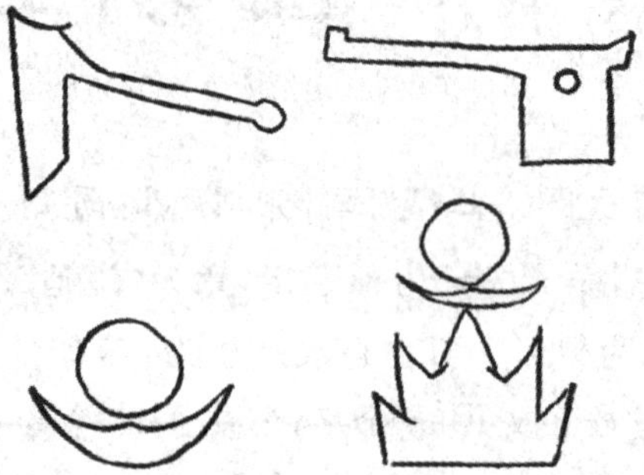

图 3-16　大汶口文化陶器符号[5]

唐兰释“”为“斤”，释“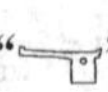”为戉(钺)，释“”为“炅”；[6]于省吾释“”为“昷”是“旦”的初文。[7] 这四个字(见图 3-16)是图画式的，但这种字在甲骨文之前的文字资料中比较少见。

古代的一些刻画符号应该也进入了汉字，主要是一些数目字(见下表)。

① 参见李学勤，《古文字学初阶》，中华书局，1985年，第20～21页。

② 高明有不同意见。参见《略谈古代陶器符号、陶器图像和陶器文字》，《学术集林》卷二，上海远东出版社，1994年。

③ 录自徐锡台，《汉字探源》，三秦出版社，1994年，第20页。

④ 录自高明，《中国古文字学通论》，北京大学出版社，1996年，第28页。

⑤ 录自李学勤，《古文字学初阶》，中华书局，1985年，第20页。

⑥ 唐兰，《关于江西吴城文化遗址与文字的初步探索》，《文物》，1975年第7期。

⑦ 于省吾，《关于古文字研究中的若干问题》，《文物》，1973年第2期。

数目字字形表

楷书	甲骨文	金文	小篆
一	4531	商:肆簋,05140	
二	93正 16770	西中:师眉簋,05089 战:襄安君壶,12253	
三	14	西早:德鼎,02266 西晚:兮甲盘,14539	
四	33042	西早:大盂鼎,02514 春晚:徐王子旃钟,15532	
五	15662 20702	西早:御正卫簋,04994 战晚:鄂君启车节,19178	
十	10514 903	商:鬳徽簋,04812 西中:免簋,05268 西中:柞伯簋,05301 西中:大鼎,02466 西晚:郑虢仲簋,04995 战早:者汈钟,15332 战早:赵令邯郸[illegible]戈,17313 战中:杜虎符,19177	
廿	333 21249	商:宰椃角,0874 西早:商卣,13313 西中:番生簋盖,05383 西晚:颂鼎,02492 战晚:高都令陈鶬戈,17173	
卅	10459 34097	西早:宜侯夨簋,05357 西晚:毛公鼎,02518 战晚:平安君鼎,02389	
卌	——	西中:曶鼎,02515 战晚:宜陽鼎,02422	——

上表中的数目字，应该来源于契刻。没有文字时记数，刻一道横线表示数目“一”，反映到文字中来就是“”字；刻两道横线表示“二”，反映到文字中就是“”字，以此类推有文字“”、“”、“”等字，后来可能觉得刻五道横线表示数目“五”太繁琐，遂改刻“”形表示；刻一道竖线表示数目“十”，反映到文字中则有“”字；刻两道竖线表示数目“二十”，三道竖线表示“三十”，四道竖线表示“四十”，反映到文字则有“”、“”、“”等字。或以为十、廿、卅、卌等来自于结绳记事，但是从文字来看，这几个字有的竖笔有绳结样的，都是后期的字形。如：（西晚：郑虢仲簋，04995）、（西中：番生簋盖，05383）、（西晚：毛公鼎，02518）。并且，竖笔中的绳结样的圆点本是饰笔，为装饰性笔画，只有美术意义，并非客观世界中的实物的象形。

除了这些数目字，绝大部分的汉字都是由原始图画慢慢发展而来的。至于什么时候开始由原始图画变成文字符号的，从理论上说，当一个符号具有了语言中的固定的读音，我们就说这个符号具有了文字的性质。这个固定的读音，既可以是语流中的一个音素，也可以是一个音节，还可以是几个音节。但是考古发现的一些符号大多没有语境，我们没有办法判别它们是否具有语言中的固定的读音。

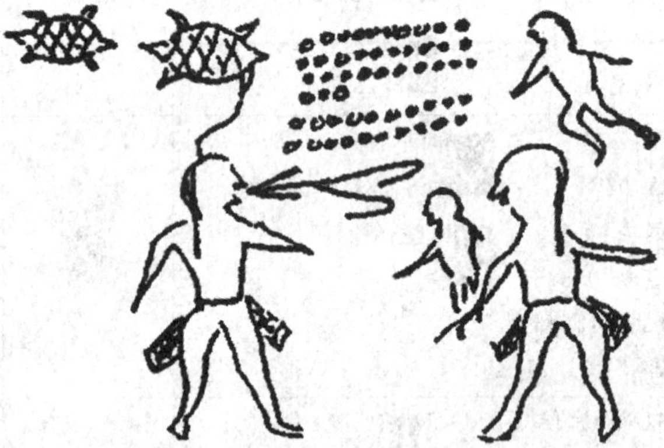

图 3-17　车偃部落父子汇款信①

客观事物	原始图画	文字
大人		
大鱼		
大刀		
大车		
大山		

图 3-18　图画与文字比较图

图 3-17 中，大的人形表示父亲，小的人形表示儿子，这当然属于图画。图 3-18 中，用图形表示大人，当然要画一个大大的“”形，如果是文字，则应当是“”；用

① 录自周有光，《世界文字发展史》，上海教育出版社，1997 年，第 31 页。

图形表示大鱼，当然要画一个大大的“”形，但若用文字表示，则应当是“”，其他与此相类似。①

一种自发产生的文字从原始图画变成文字后，需要经历漫长的历程才能成熟。汉字的成熟过程根据现有资料来看还不是很清楚。有人以为文字中出现了形声字和假借字，就说明了该文字已经成熟，现在看来并不正确。纳西族的东巴文已经具有形声字和假借字，但是东巴文并没有发展成熟，从前文所引述的东巴文资料来看，还不能完整地记录语言。一种语言是否成熟，其标准应该是能否完整地记录语言。要完整地记录语言，就需要形成文字体系。甲骨文已经是非常成熟的文字，汉字的成熟时间应该远远早于甲骨文时期，估计在夏代早期应该已经成熟，距今大约4000年。

① 参见裘锡圭，《文字学概要》（修订本），商务印书馆，2013年，第3页。

第四章

汉字构形的基础理论：六书

“六书”是汉字构形的基础理论，对汉字学的研究产生了深远影响，直到今天，仍有其存在的价值，本章将结合具体古文字字形对“六书”作一简单介绍。

第一节 “六书”概说

“六书”是汉字学最早的构形理论，是中国古代学者通过分析汉字构形提出来的六种造字和用字的方法。先秦时期，人们已经开始分析汉字的形体结构。《左传·宣公十二年》：“‘臣闻克敌，必示子孙以无忘武功。’楚子曰：‘非尔所知也。夫文，止戈为武。’”《左传·宣公十五年》：“天反时为灾，地反物为妖，民反德为乱，乱则妖灾生，故文反正为乏。”《左传·昭公元年》：“于文，皿虫为蛊。”杜注：“文，字也，皿，器也，器受虫害者为蛊。”《韩非子·五蠹》：“古者苍颉之作书也，自环者谓之私（当作‘厶’），背私（当作‘厶’）谓之公，公私（当作‘厶’）之相背也，乃苍颉固以知之矣。”至于“六书”这一名称，最早是在《周礼》中出现的。《周礼·地官·保氏》：“保氏掌谏王恶，而养国子之道，乃教六艺，一曰五礼，二曰六乐，三曰五射，四曰五驭，五曰六书，六曰九数。”“六书”的具体内容，最早是东汉学者郑众提出来的。郑玄在给《周礼》做注时引用郑众的观点：“六书，象形、会意、转注、处事、假借、谐声也。”后来班固在《汉书·艺文志》中说：“古者八岁入小学，故周官保氏掌养国子，教之六书，谓象形、象事、象意、象声、转注、假借，造字之本也。”首次明确提出“六书”是汉字造字的根本法则。至于什么是“六书”的具体内涵，则是东汉伟大的文字学家许慎提出来的。他在《说文解字·叙》中对“六书”分别下了定义，并举了例字。他说：

"八岁入小学，保氏教国子，先以六书。一曰指事，指事者，视而可识，察而可见，上、下是也。二曰象形，象形者，画成其物，随体诘诎，日、月是也。三曰形声，形声者，以事为名，取譬相成，江、河是也。四曰会意，会意者，比类合谊，以见指撝，武、信是也。五曰转注，转注者，建类一首，同意相受，考、老是也。六曰假借，假借者，本无其字，依声托事，令、长是也。"

三人关于"六书"的名称和顺序如下：

郑众：象形　会意　转注　处事　假借　谐声

班固：象形　象事　象意　象声　转注　假借

许慎：指事　象形　形声　会意　转注　假借

这三种说法中的顺序和名称都有所差异，后来学者们研究发现，三人的说法实是同出一源。郑众是郑兴的儿子，郑兴又是刘歆的学生，而许慎的老师是贾逵，贾逵是贾徽的儿子，贾徽又是刘歆的学生，而班固的《汉书・艺文志》是根据刘歆的《七略》编写的，他们的说法有可能都来自于刘歆。[①] 后世学者觉得班固讲的"六书"的顺序和许慎所定的名称比较合理，将二者综合后便是：象形、指事、会意、形声、转注、假借。

"六书"比较合理地概括了汉字构形和用字的基本方法，一直受到汉字学者的重视，可以说"六书"是我国古代汉字学的核心理论，其对汉字研究的影响从许慎的《说文解字》诞生起一直延续到今天。

具体来说，我国先民是如何利用"六书"来造字和用字的呢？下面，我们结合古文字字形来看看许慎所定义的"六书"。

第二节　"六书"例释

一、象形

（一）表达客观事物的象形

许慎的定义是"画成其物，随体诘诎"，举的例字是"日"、"月"。许慎的意思是象形就是根据客观世界中的实物的形体特征画出一个图形符号来造字。下面是"日"、"月"两字的字形表。

① 参见唐兰《中国文字学》，上海古籍出版社，2001年，第59页。

(1)日

甲骨文	金文	小篆
26571 33694	商:妇闆甗,03314 西早:戁簋,04409 战中:好蚉壶,12454	

(2)月

甲骨文	金文	小篆
137 正 14295	商:宰椃角,08794 西中:尹姞鬲,03039 春中:栾书缶,14094 战:禾簋,04811	

“日”的本义是太阳。《说文解字·日部》:“日,实也,太阳之精不亏,从囗、一,象形。”用“实”来解释“日”在训诂学上叫作“声训”,就是用同音字或音近字来作解释。《诗经·卫风·伯兮》:“其雨其雨,杲杲出日。”这个“日”就是指太阳。太阳发光发热,外形是圆的,且没有圆缺的变化,因而体现在文字上,就由一个圆形“”来表示。至于甲骨文中为方形“”,是因为甲骨文主要是刻写的,刻方形比刻圆形容易、简便,这是书写材料和方法造成的。中间的一点(或是一横)是装饰性的笔画,文字学上称作“饰笔”,只有美化意义,没有文字构形上的意义,后来这一点变长,就是今天“日”字中间的一横。

“月”的本义是指自然界的“月球”。《说文解字·月部》:“月,阙也,大阴之精,象形。”“阙”是“缺”的假借字,用来解释“月”,也是声训。《诗经·小雅·十月之交》:“彼月而食,则维其常。”这个“月”就是指月亮。先民对月球的认识是月亮有圆缺变化,而且其常态是缺的,反映到文字上,便用一个圆形的一部分“”来表现。至于甲骨文“”、金文“”中间有一点,也是装饰性笔画,到了春秋中期金文“”已经具有今天“月”字中间两横的雏形。至于小篆“”已经不再象形。

象形字有时候只有一部分是客观事物的形体,另一部分是起提示作用的相关事物的形体,如“果”、“眉”、“血”。

（3）果

甲骨文	金文	小篆
——	西中：果簋，04221 春晚：蔡公子果戈，16900 战中：大市量，18815	

“果”的本义是木本植物的果实。《说文解字·木部》：“果，木实也。象果形，在木之上。”《易经·说卦传》：“艮为山，为径路，为小石，为门阙，为果蓏。”孔颖达疏：“木实为果，草实为蓏。”这里“果”用的是本义。“”字中象果实形的只是“”，但是象“”形的不一定是果实，还可能是其他东西，因而再画出象树木形的“（木）”，树木上的“”，只能是果实。

（4）眉

甲骨文	金文	小篆
3421 19165	商：眉鼎，00003 西早：小臣謎簋，05269 西中：师眉鼎，05089 西中：乖伯簋，05385	

“眉”的本义是眉毛。《说文解字·眉部》：“目上毛也。从目，象眉之形，上象頟理也。”《谷梁传·文公十一年》：“叔孙得臣，最善射者也。射其目，身横九亩，断其首而载之，眉见于轼。”这里“眉”用的正是本义。“”字中象眉毛的部分只有“”，但是单独画出“”，难以确知是何处的毛发，因而在下画出眼睛的形体“（目）”，眼睛上部的毛发，只能是眉毛。

（5）血

甲骨文	金文	小篆
34430 24943	战早：陈逆簠，05977	

“血”的本义是祭祀时盛放在祭祀器皿中的牺牲的血液。《说文解字·血部》：“祭所荐牲血也。从皿，一，象血形。”《易经·归妹》：“士刲羊，无血。”正是用的本义。“”字中象血形的只是“”，但是象“”形的不一定是血，故再画出盛放祭祀物品的器皿“（皿）”，表示里边的是牺牲之血。

上面所述的象形字,都是表达具体客观事物的,从文字记录的词的角度来说,都是名词,象形字中绝大部分是这类象形。

(二)表示客观事物的性质、功能或行为的象形

象形字还有一类,就是从形体上看,是具体客观事物的象形,但是表达的意义是该客观事物所具有或所关联的某种行为、功能或性质。这类象形分三种情况,下面我们结合具体的古文字字形来讨论。

1.字形为客观事物的象形,意义为客观事物所具有或关联的某种性质,如"屯"、"冬"、"大"、"小"、"少"、"屰"、"夭"等字,具体见下面字形表。

(6)屯

甲骨文	金文	小篆
5512 17524	西中:伯姜鼎,02445 西晚:士父钟,15496	

"屯"的本义是艰难。《说文解字·屮部》:"屯,难也。象艸木之初生屯然而难。"《易经·屯》:"六二,屯如邅如,乘马班如。"孔颖达疏:"屯是屯难。"从字形来看,""、""均象种子发芽,突破地表,而种子尚未完全脱落之形,而所表达的意义是"难"这一种抽象的性质,从词性来看,是形容词。

(7)冬

甲骨文	金文	小篆
20729 19735	商:冬刃觚,09470 西早:麦尊,11820 西中:追簋,05255 西晚:小克鼎,02457 春早:黄子壶,12338	

"冬"是意义为终端之"终"的本字,隶定字形本当作"夂"。《说文解字·糸部》"终"训"絿丝",《说文解字·仌部》"冬"训"四时尽",均非本义。从字形来看,"冬"像在绳子两端打结,表示终结、终端之意。冬季是一年的终结,因而引申用"冬"表示一年的最后一个季节。金文""省去了像绳结的小圆点,""又与表示房屋的"宀"形近,""形两圆点变成两短横;小篆""下加"仌","仌"是冰的象形,因冬季寒冷会结冰,所以增添形符"仌",则变成从"仌","夂"声的形声字。从词性的角度看,"冬"本是形容词。

(8)大

甲骨文	金文	小篆
33349 23667	商:大禾鼎,00370 西中:㾓簋,05191 战早:曾侯乙钟,15432 战晚:铸客为太后鼎,01888	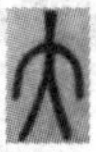

“大”的本义是指可以量化的某方面超过一般情形或比较对象。《说文解字·大部》:“大,天大、地大,人亦大,故大象人形。”《广韵·泰韵》:“大,小大也。”《诗经·小雅·吉日》:“发彼小豝,殪此大兕。”“大”从字形来看是一个正面站立的人形,战国金文作“”是文字美术化的体现,“”则是“大”字形体的讹变。虽然字形是客观事物的象形,但是所表示的意义是与人所关联的一种抽象的性质,从词性看,“大”是形容词。

(9)小

甲骨文	金文	小篆
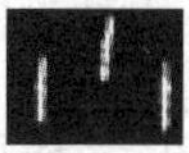7791	商:小子父己鼎,01187 西中:柞伯簋,05301	

(10)少

甲骨文	金文	小篆
20800 20912	春晚:哀成叔鼎,02435 春晚:徐王元子柒炉,19267	

“小”、“少”在古文字殷商西周时期是一个字,后来分化为两个字。“小”的本义是可以量化的某方面低于一般情形或比较对象。《说文解字·小部》:“小,物之微也。”《玉篇·小部》:“小,细也。”《尚书·康诰》:“怨不在大,亦不在小。”“少”的本义是数量小。《说文解字·小部》:“少,不多也。”《诗经·邶风·柏舟》:“觏闵既多,受侮不少。”从字形来看,“小”、“少”像细小的三点或四点,但是所表达的意义是抽象的某种性质,从词性看,是形容词。“小”、“少”分化,三点的为“小”,小篆“”即为三点拉长所形成;四点的为“少”,金文“”四点已变长,“”上面三点拉长,下面一点变成一横“丿”,小篆“”则将拉长的笔画变成曲笔。

(11)屰

甲骨文	金文	小篆
20472 21626	商:登屰罍,13752 商:亚屰斗,14172	

"屰"的本义是不顺。《说文解字·干部》:"屰,不顺也。从干,下屮,屰之也。"《段注》:"后人多用'逆','逆'行而'屰'废矣。"《说文解字》根据小篆的字形作分析是错误的。从字形来看,"屰"象头下脚上的人形,表示"不顺"这一抽象的性质。甲骨文""、金文""头部没有特别突出,而""、""特意突出了头部,只不过甲骨文因刻写的原因头部没有填实;小篆""形体已经讹变。后来,"不顺"这个意义用"逆"来表示。

(12)夭

甲骨文	金文	小篆
1825 14708	商:亚夭觑爵,08027	

"夭"的本义是屈曲。《说文解字·夭部》:"夭,曲也。从大,象形。"《淮南子·修务》:"今鼓舞者,绕身若环……龙夭矫,燕枝拘。"""、""的字形象人的头部弯曲之形,而所表示的意义是屈曲这一抽象的性质,从词性看是形容词。金文""已经讹变,与奔走之"走"字(见本书第52页,"走"字形表)同形。

2.字形是客观事物的象形,所表达的意义是该客观事物的功能,如"宁"、"西"。见下面字形表。

(13)宁

甲骨文	金文	小篆
4713	商:宁矢鼎,00623 商:告宁父戊觶,10511 商:鄉宁方彝,13492 西早:宁未父乙盉,14702	

"宁"的本义是贮藏,积聚,是"贮"的本字。《说文解字·宁部》:"宁,辨积物也。象形。"《段注》:"积者,聚也。'宁'与'贮'盖古今字。"从字形来看,"宁"像贮藏、积聚物品的用具,但所表示的意义是这种用具的功能,从词性看,是动词。小篆""已有讹变。

(14)西

甲骨文	金文	小篆
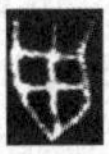1672 8761 正 32161 21428	商:戍𢦏鼎,02296 西中:师酉簋,05347	

“西”是栖(棲)息之“栖(棲)”的本字。《说文解字·西部》:“西,鸟在巢上,象形。日在西方而鸟栖,故因以为东西之西。”《敦煌曲子词集·西江月》:“棹歌惊起乱西禽,女伴各归南浦。”“西”字正是本义。从字形来看,“西”本象鸟巢之形,许慎据小篆分析为鸟栖息在巢上,是错误的,“”已经是讹变的字形,“”大概是由“”上出头的一短笔发展而来的。据许慎的意见,“西”用于表示方位,属于词义引申。

3.字形是客观事物的象形,但所表达的意义是该事物所具有或关联的动作,如“七”、“卜”、“走”、“欠”、“無(无)”、“生”、“交”等字。见下面字形表。

(15)七

甲骨文	金文	小篆
12509	西早:史斿父鼎,01855 战晚:宁缶,14070	

“七”是切分之“切”的本字。《说文解字·七部》:“七,阳之正也。从一,微阴从中衺出也。”许慎用阴阳五行学说来解释字义是错误的,字形分析也不正确。从“七”的甲骨文、金文字形来看,像用刀切分出来的形象,所表达的意义是与这一形体相关联的切分动作,从词性看,是动词。甲骨文时代,“七”即假借来表示数目字,后增添意符“刀”,形成从刀七声的形声字“切”。

(16)卜

甲骨文	金文	小篆
17673 17672	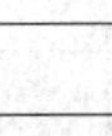商:卜鼎,00142 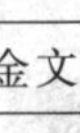西中:曶鼎,02515	

“卜”的本义是指用火灼烤整治过的龟甲、兽骨,再根据兆形(裂纹)以占问吉凶。《说文解字·卜部》:“卜,灼剥龟也。象炙龟之形。一曰象龟兆之纵横。”许慎对字形的第二种分析是正确的。从字形来看,“”、“”正是龟甲、兽骨灼烤后的裂

纹之形，但所表达的意义则是根据这种裂纹占问吉凶的一种动作行为，从词性的角度说，是动词。

(17)走

甲骨文	金文	小篆
17993 27939	西早：大盂鼎，02514 春早：右走马嘉壶，12224 春：自钟，15123	

“走”的本义是奔跑。《说文解字·走部》：“走，趋也。从夭，止，夭止者，屈也。”《尚书·多士》：“攸服奔走，臣我多逊。”伪孔传：“所当服行奔走，臣我多为顺事。”许慎对“走”的字形分析是错误的。甲骨文“”、“”象人甩开双臂，急速奔跑之形，所表达的意义则是奔跑这一动作。金文“”增添了“止”这一形符，因为奔跑和脚相关；“”又增添形符“辵”（“彳”和“止”组合而成），因为奔走不仅和脚相关，也和道路相关，故可增添表示道路的形符“彳”；“”则增添形符“彳”；小篆“”承金文“”而来。

(18)欠

甲骨文	金文	小篆
914反 18008	西早：欠父丁爵，08129	

“欠”本义是张口打呵欠。《说文解字·欠部》：“欠，张口气悟也。”《仪礼·士相见礼》：“君子欠伸。”郑注：“志倦则欠，体倦则伸。”从字形看，“欠”象一跪坐着人张口打哈欠之形，本来打呵欠是口的动作，但不画出人形，意义就不明确。从表意来看，“欠”表示的是与这种形象相关联的一种动作；从词性看，是动词。

(19)無(无)

甲骨文	金文	小篆
12819 455 花东391 15996	西早：无孜鼎，01927 西早：大盂鼎，2514 西早：燕侯舞钖泡，18488 西晚：小克鼎，02456 春早：叔家父簠，05955	

“無”的本义是跳舞，是“舞”的本字。《说文解字》无“無”字，有“无”字，为“橆”的异体字。从字形看，“無”象人拿着柔性的道具跳舞之形，所表达的意义是跳舞这

一动作，从词性来看，是动词。西周金文“”增添了形符“舛（从二止）”，因为跳舞与脚相关，小篆“”正承金文而来。

（20）生

甲骨文	金文		小篆
34081 24142	西早：䏿卣，13269 西早：伊生簋，04439	西早：䫣方彝，13539 西晚：阳飤生匜，14915	

“生”的本义是生长。《说文解字·生部》：“生，进也。象艸木生出土上。”《广韵·庚韵》：“生，生长也。”《诗经·大雅·卷阿》：“梧桐生矣，于彼朝阳。”从字形看，“”、“”象草木之苗破土长出之形，表达的意义是生长；从词性来看，是动词。金文“”上部歧出的苗叶变圆，已有讹变，“”又增添小圆点为饰笔，“”的饰笔小圆点拉长变成一横，字形完全讹变，小篆“”正承此而来。

（21）交

甲骨文		金文			小篆
32509	32509	西早：交父辛觯，10453	西早：交鼎，01955	西晚：交君子叕壶，12332	

“交”的本义是相交。《说文解字·交部》：“交，交胫也。从大，象交形。”《易经·泰》：“天地交而万物通也。”孔颖达疏：“由天地气交而生养万物。”从字形看，“”、“”等象正面站立、双腿交叉的人形，表达的意义为相交；从词性看，是动词。小篆“”直接承甲骨文、金文而来。

二、指事

许慎给“指事”下的定义是“视而可识，察而可见”，举的例字是“上”、“下”。对于“察而可见”，清代著名学者段玉裁《说文解字注》根据颜师古《汉书·艺文志》注和“识”、“意”的读音，改为“察而见意”。① 这个改动是非常正确的。许慎给“六书”下的定义都是两两押韵的。象形的定义“画成其物，随体诘诎”的“物”、“诎”均是物部字；会意的定义“比类合谊，以见指撝”的“谊”和“撝”都是歌部字；形声的定义“以

① （清）段玉裁，《说文解字注》，上海古籍出版社影印经韵楼藏本，1981年，第755页。

事为名，取譬相成”的“名”和“成”都是耕部字；转注的定义“建类一首，同意相受”的“首”和“受”都是幽部字；假借的定义“本无其字，依声托事”的“字”和“事”都是之部字，同韵部的字的韵相同，可以押韵。如果指事的定义为“视而可识，察而可见”，“识”是职部字，“见”是元部字，不能押韵，而其他五书定义都押韵，这是不合理的，改为“察而见意”后，“意”也是职部字，和“识”押韵。

指事就是画出一个象形符号，再用一个指示符号指明意义的所在。整个文字由一个象形符号和一个指示符号组成。下面是“上”、“下”两字的字形表。

(22)上

甲骨文	金文	小篆
 20024  14258	西早：天亡簋，05303 西晚：㝬钟，15633 战早：邯郸上库戈，16703 战晚：平安君鼎，02389	

(23)下

甲骨文	金文	小篆
 32330  28231	西中：九年卫鼎，02496 西晚：番生簋盖，05383 战中：中山王譽鼎，02517 《说文解字》古文	

“上”、“下”本表示方位的上与下。《说文解字・丄部》：“上，高也……指事也。”“下，底也。指事。”《诗经・周颂・敬之》：“无曰：高高在上，陟降厥士，日监在兹。”《诗经・小雅・北山》：“溥天之下，莫非王土。”这里的“上”和“下”正是用的本义。从字形来看，“上”、“下”两字是用一条长横线表示分界，再用一短横线表示意义所在，短横线在上的()为“上”字，在下的()为“下”字。“上”的短横线后来变成竖笔，就是“”，再在竖笔上中间增添饰笔一短横“”，就成了“”；“下”字在下的一短横变成竖笔就是“”，再在竖笔上增添饰笔一短横“”就变成“”。小篆“”、“”不过是直笔变成匀圆的曲笔。

三、会意

(一)以义会意的会意字

许慎给会意下的定义是“比类合谊，以见指撝”，举的例字是“武”和“信”。许慎的意思是会意是比合两个或多个构字部件的意义，来形成这个字的意义。下面是“武”、“信”的字形表。

(24)武

甲骨文	金文	小篆
 27151  补 11386	 商：武父乙盉，14628  西早：德鼎，02266  西中：倗生簋，05308  西中：史墙盘，14541  战：拷武钟，15150  战：上党武库戈，16704	

(25)信

甲骨文	金文	小篆
—	 西晚：默叔信姬鼎，02407  战中：中山王礜壶，12455  战晚：梁上官鼎，02015  战晚：信安鼎，02134  战：韩将庶虎节，19168  战：辟大夫虎節，19169	

“武”的本义是勇武。《说文解字·戈部》：“楚庄王曰：‘夫武，定功戢兵。故止戈为武。’”楚庄王的意思是能够制止战争，带来和平才是勇武，那是春秋时期的一种观念，楚庄王是借用字形来说明自己的观念，本非“武”字的本义，《说文解字》据此解释“武”的本义是错误的。《广雅·释诂》：“武，勇也。”《诗经·郑风·羔裘》：“羔裘豹饰，孔武有力。”这个“武”正是用的本义。“”字从(止)，从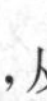(戈)。“(止)”是人脚的象形，代表人，表示有战士高举战戈前进，会勇武之意。“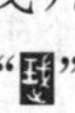”加有“王”旁，是周武王的“武”的专用字，“”字笔画屈曲，是战国文字美术化的体现。

“信”的本义是指言语真实。《说文解字·言部》：“信，诚也。从人，从言，会意。”引申后可以泛指诚实。《论语·学而》：“为人谋而不忠乎？与朋友交而不信乎？”这个“信”正是诚实之义。“信”的造字构形，郑樵《通志·列传第三十四下》有个说法：“会意者，止戈为武，人言为信也。”意思是人说话是真实的，反过来可以说，不说真话的就不能叫作人。这是春秋时期的人的观念。《论语·为政》:“子曰:‘人而无信,不知其可也。’”将“信”分析为“人言为信”是有一定问题的。金文“信”或作“”,从人,从口;或作“”,从言,从千;或作“”,从言,从身。其实,“信”是一个形声字,而不是会意字。古文字里,意义相近的形符可以通用,“口”是言语的器官,“言”是“口”的功能之一,“口”、“言”通用在古文字里常见,高明先生曾列表加以说明,今引如下:①

	詠	謨	譛	謀	信
从口	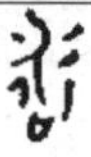 詠尊	 说文古文	 说文古文	 说文古文	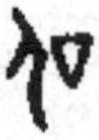 说文言部
从言	 说文言部	 说文言部	 说文言部	 说文言部	 说文言部

从上面的分析我们知道,许慎所举的两个例字是不符合他给会意下的定义的。如歪(不正为歪)、尘(小土为尘)、甭(不用为甭)、甦(苏醒之苏的异体,更生为甦)等字才是真正符合他的定义的会意字。许慎所讲的这种会意字,是一个字由几个可以单独成字的构字部件组成,而这个字的意义也是这些构字部件单独成字时意义的组合,这种会意字我们可以称为以义会意的会意字。

(二)以形会意的会意字

许慎所讲的以义会意的会意字的产生是比较晚的。唐兰先生认为:“‘比类合谊,以见指撝’这种会意字,在秦以前的古文字里,简直就没有看见过。”上古只有以形会意的字,没有《说文解字》所说“比类合谊,以见指撝”的会意字,像“嬲”、“尖”、“楞”等合数字形、义为一字的会意字是受许慎关于会意的理论的影响而发展起来的。②

在先秦古文字里,会意字的构形与意义特点是不同于许慎所定义的会意字的,是通过几个构字部件表现的客观事物之间的联系来会意的,这些构字部件往往是象形符号,这是一种以形会意的会意字。

以形会意的会意字的构形与得义可以分为四种情况。现在我们结合古文字材料一一说明。

---

① 高明,《中国古文字学通论》,北京大学出版社,1996年,第133页。

② 唐兰,《中国文字学》,开明书店,1949年;又《中国文字学》,上海古籍出版社,2001年,第63页。

1.用形符所表示的客观事物之间的联系来会意，形符的方向与位置关系不表意，如“祭”、“逐”。见下面字形表。

(26)祭

甲骨文	金文	小篆
5684 15886 22863	西中：史喜鼎，02473	

(27)逐

甲骨文	金文	小篆
10265 28790 33216	西早：逐鼎，01861	

“祭”的本义为祭祀。《说文解字·示部》：“祭，祭祀也，从示，以手持肉。”《礼记·祭统》：“祭者，所以追养继孝也。”甲骨文“”正是以手持肉，或作“”，从又从肉，肉旁有小点，像血水，人持鲜肉，表示献给神祇，会祭祀之意；金文作“”，添加了形符“示”，“示”与神祇相关，祭祀正是与神祇相关之事，这个字就变成从示，声的形声字。

“逐”的本义为追逐[①]。《说文解字·辵部》：“逐，追也。”《左传·隐公十一年》：“公孙阏与颍考叔争车，颍考叔挟辀以走，子都拔棘以逐之。”甲骨文“”，从豕从止，“止”表示人，以脚趾代整体，“豕”为野猪，人在豕后，会“追逐”之意。

“祭(、)”或左肉右手，或左手右肉，是没有区别的，形符方向是不表意的。“逐”字或从止从豕，作“”，或从辵(从彳从止)作“”、“”，为三个形符，“止”表示人，“彳”表示道路，“止”、“彳”的位置关系不参与表意。

2.用形符所表示的客观事物之间的联系来会意，同时形符的共同方向也参与表意，如“陟”、“降”。见下面字形表。

---

① 杨树达以为追人用“追”，追兽为“逐”。《左传》、《孟子》之时二字混用不分。参见杨树达，《杨树达文集·积微居甲文说·释追逐》，上海古籍出版社，2006年。

(28)陟

甲骨文	金文	小篆
14792 15366 15370 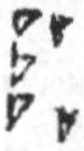15380	西早:沈子也簋盖,05384 西晚:㝬簋,05372	

(29)降

甲骨文	金文	小篆
18812 32112	西早:太保簋,05139 西中:史墙盘,14541	

"陟"的本义是从低处登上高处。《说文解字·阜部》:"陟,登也,从阜,从步。"《诗经·周南·卷耳》:"陟彼崔嵬,我马虺隤。""降"的本义是从高处下来。《说文解字·阜部》:"降,下也,从阜,夅声。"《诗经·大雅·公刘》:"陟则在巘,复降在原。"郑笺:"陟,升;降,下也。"《说文解字》对这两个字的构形分析是错误的。"陟"从阜,从两方向向上的"止",并不是从"步";"降"从阜,从两方向向下的"止",并非从"夅"声。阜,表示山,从二止,表示人在山上,若是两止方向向上,则会人上山之意,其字为"陟";若两止方向向下,会人从山上下来之意,其字为"降"。"陟"、"降"不仅用"止"所代表的人和"阜"表示的山之间的联系来会意,"止"的共同方向也参与了表意。

3.用形符所表示的客观事物之间的联系来会意,同时形符的相对方向也参与表意,如"从"、"北"。见下面字形表。

(30)从

甲骨文	金文	小篆
20975 21355	西早:彭史尊,11551 西中:天尊,11422	

(31)北

甲骨文	金文	小篆
137反	西早:北伯鬲,02688 西早:北子尊,11495	

"从"的本义是跟随。《说文解字·从部》:"从,相听也。从二人。"《段注》以为

即“從”字的古字，是正确的。“北”的本义是相背。《说文解字·北部》：“北，乖也。从二人相背。”《集韵·队韵》：“北，违也。”《战国策·齐策》：“食人炊骨，士无反背之心，是孙膑、吴起之兵也。”“”、“”均为从二侧立人形，会相随之意；若两侧立人形方向相背，则会背离意，其字为“（北）”。“从”、“北”的构字部件的相对方向参与了表意。

4.用形符所表示的客观事物之间的联系来会意，同时形符的位置关系参与表意，如“並”、“替”。见下面字形表。

(32)並(竝)

甲骨文	金文	小篆
4405 4391	商：并爵，06610 西早：乃子克鼎，02322 战中：中山王礐壶，12455	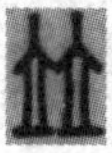

(33)替

甲骨文	金文	小篆
32892	西中：𤞞簋，05315 战中：中山王礐鼎，02517	

“並”的本义是并列。《说文解字·竝部》：“竝，併也。从二立。”《左传·昭公二十六年》：“礼之可以为国也久矣，与天地并。”“替”的本义为废弃。《说文解字·竝部》：“替，废，一偏下。从竝，白[1]声。”《段注》：“相並而一边庳下，则其势必至同下，所谓陵夷也。”“並”与“替”均为两个正面站立的人形，它们之间的位置关系不同，意义也不同。若两人形并排站立，会并列之意，其字为“並”；若正面之人形位置不并列，一形偏上，一形偏下，则会废弃之意，其字为“替”，[2]至于小篆“替”字作“”，则是增添了声符“白”的形声字。这两个字的两个形符的位置关系也参与了表意。

以形会意的会意字绝大部分都是第一种情况的会意字，第二、三、四种情况的会意字比较少。

① “自”的异体字。

② 参见张政烺，《中山王礐壶及鼎铭考释》，《古文字研究》第一辑，中华书局，1979年。

四、形声

许慎给“形声”下的定义是“以事为名，取譬相成”，举的例字是“江”、“河”。许慎的意思是说根据事物的类别来造字（以事为名），选取一个读音相近的形体来组成（取譬相成）。以事为名，是选择形符；取譬相成，是选择声符。形声字即由形符和声符组合而成。下面是“江”、“河”的字形表。

（34）江

甲骨文	金文	小篆
——	春早：江小仲母生鼎 春晚：敬事天王鐘，15223 战晚：鄂君啟舟節，19181	

（35）河

甲骨文	金文	小篆
1027 正 18774 屯 2699 30441 30427 36431	西中：同簋，05322	

“江”的本义指长江。《说文解字·水部》：“江，水。出蜀湔氐徼外嶓山，入海。”《尚书·禹贡》：“岷山导江，东别为沱。”伪孔传：“江东南流，沱东行。”金文“”，从水工声，水右工左，“”水旁简省，“”左水右工，小篆与此同。“工”与“江”今音不同，上古音同为见母东部，音近。

“河”的本义指黄河。《说文解字·水部》：“河，水。出敦煌塞外昆仑山，发原注海。从水，可声。”《尚书·禹贡》：“岛夷皮服，夹右碣石入于河。”甲骨文“”，从水丂声，“”水旁简省；“”、“”从水何声，“”水旁简省，“”为“”之变，即人头部画出口作“”，头部以下部分“”下移讹变作“”；金文“”从水⿰尢可声，“⿰尢可”即“何”字之变；小篆“”从水可声。

五、转注

许慎对转注下的定义是“建类一首，同意相受”，举的例字是“考”、“老”。什么是转注，今天已经不是很清楚，历代以来有关转注的说法有近百种，但无一种得到大家的认同。这主要是转注的定义中的“类”、“首”、“意”具有多义性，难以论定。

许慎举的例字“考”、“老”的情况也比较复杂。我们先看这两个字的字形表,然后试作分析。

(36)考

甲骨文	金文	小篆
——	西早:毛公旅鼎,02336 西中:叔具鼎,01786 西中:大簋,05170 西晚:周我父簋,05034 西晚:大簋盖 05101 西晚:杜伯盨,05643 春早:戎生钟,15240 春晚:仆儿钟,15529 春晚:郑公华钟,15591	

(37)老

甲骨文	金文	小篆
14059 21054	西早:散史鼎,01606 西晚:辛中姬皇母鼎,02173 春晚:归父盘,14495 战中:中山王譻鼎,02517	

“考”的本义为老。《说文解字·老部》:“考,老也。从老省,丂声。”《诗经·大雅·棫朴》:“周王寿考,遐不作人。”郑笺:“文王是时九十余矣,故云寿考。”从金文字形来看,“考”从老省是可信的。“”是把“丂”横写形成的,“”为老的简省形式,“”为“丂”上增添饰笔小圆点而成,“”为把饰笔小圆点拉长为横笔形成。

“老”的本义为高寿。《说文解字·老部》:“老,考也。七十曰老。从人,毛,匕,言须发变白也。”《诗经·小雅·北山》:“嘉我未老,鲜我方将。”古人平均寿命比现代人短,杜甫曾有“人生七十古来稀”之叹,苏东坡三十多岁已经在词中说“老夫聊发少年狂”,故古人七十岁为高寿并不奇怪。从字形来看,许慎的分析并不正确。甲骨文中的“”、“”均象一长发老人拄着手杖之形,这个字应该是个象形字。到了金文中,像拄着手杖的部分讹变作“”、“”、“”、“”,像长发老人的部分被许慎分析为从人、从毛,错误分析为会意字。

我们已经知道,“考”在《说文解字》中被分析为形声字,而“老”本是象形字,许慎根据讹变字形分析为会意字,但在《叙》中,许慎又说这两字是转注字。这不能不让人疑惑。且这两个字的关系也很复杂:(一)音近,两字上古音同为幽部,“老”声母为来母，“考”为溪母，来母上古与见组（见、溪、群等声母）关系很密切；（二）同义，在《说文解字》中这两个字是互训的关系，都是高寿之意；（三）形近，这两字同属老部，形体比较接近。因为这些原因，现在难以确知许慎所说转注的原意，因而学者们根据自己的主观见解提出了许多解释，但无一得到公认。其实，我们在分析汉字结构时并不需要用到转注一说，许慎自己在《说文解字》全书中除了在《叙》中说“考”、“老”是转注字外，再也没有用转注来分析过其他任何一个汉字。我们认为，转注应该是用来说明字际关系的，从“考”、“老”的关系来看，转注可能指同部互训，即一组字属于同一部首，而又相互解释，则这一组字有转注关系。

六、假借

许慎给“假借”下的定义是“本无其字，依声托事”，举的例字是“令”、“长”。许慎的意思是，语言中出现了一个新词，但是没有造新字来记录（本无其字），就借用一个记录其他同音词的字来记录这个新词（依声托事），如“令（县令）”、“长（县长）”，就没有专门造字来记录，而是借用义为发号施令的“令”、义为尊长的“长”来记录。下面是“令”、“长”的字形表。

（38）令

甲骨文	金文	小篆
 5045  14626  3049  20244	 商：令父辛卣，12931  商：戍䍙鼎，02296  西早：小子生尊，11799  西早：麦方彝，13541  西早：鼓䍙簋，04988  西早：作册折尊，11800	

“令”本义为发号施令。《说文解字 · 卩部》：“令，发号也。从亼、卪。”《诗经 · 齐风 · 东方未明》：“倒之颠之，自公令之。”许慎对字形的分析是错误的，甲骨文、金文均从，从（人跪坐形）。“”为“”（象木铎形）的简省形，像铎身，“古人振铎以发号令，从卩乃以跪跽之人表受命之意”①。

① 徐中舒主编，《甲骨文字典》，四川辞书出版社，1989年，第1000页。

(39)长(長)

甲骨文①	金文	小篆
 28195  27641	 商:亚长鼎,00519  西早:长子鼎,00690  西早:长子犬鼎,01864  西中:作长鼎,01806  西中:史墙盘,14541  战中:兆域图铜版,19037 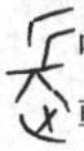 战晚:长画戟,16742  战晚:上郡守寿戈,17279  战:吴王长畏带钩,19292	

"长"本义为老。《广雅·释诂》:"长,老也。"《庄子·大宗师》:"子之年长矣,而色若孺子,何也?"许慎《说文解字·长部》:"长,久远也。从兀,从匕。兀者,高远意也。久则变化。亡声。𠑔者,倒亡也。"以"久远"训"长",是误把引申义当作本义。许慎的字形分析也是错误的。从甲骨文""、"",金文""来看,"长"象一长发老人拄杖之形。西周早期金文即已发生讹变,许慎据小篆作分析,自然错误。

其实,许慎给假借举的这两个例字是有问题的。因为发号施令与县令是有意义联系的,同时"长"本义为老,也可引申指尊长,而尊长和县长是有意义联系的,因而用"令"、"长"来记录新词县令之"令"和县长之"长",是词义的引申,而不是文字的假借。真正的假借字应该是这个字作为本字而记录的原来的词和作为假借字记录的新词之间没有意义联系,如"来"、"自"等字。见下表。

(40)来(來)

甲骨文	金文	小篆
 7132  33721	 商:作册般甗,03347  西中:史墙盘,14541	

"来"本指小麦。《说文解字·来部》:"来,周所受瑞麦来麰。一来二缝,象芒束之形。天所来也,故为行来之来。"《正字通·人部》:"来,麦名。"《诗经·周颂·思文》:"贻我来牟,帝命率育。"朱熹集传:"来,小麦。牟,大麦也。"从甲骨文和金文"来"字的字形来看,许慎对"来"的本义的解释和字形的分析是正确的。但是许慎将"来"记录行来之"来"与表示小麦的"来"在意义上联系起来则不免穿凿附会。用表示小麦的"来"记录行来的"来",是文字的假借。

① 此字甲骨文字形为李宗焜所摹。李宗焜,《甲骨文字编》,中华书局,2012年,第32页。

(41)自

甲骨文	金文	小篆
 137 反  28128	商:坂鼎,02377 西中:尚壶,12303 春早:伯歸臺鼎,02217 春中:曾侯仲子游父鼎,01918 春中:者減钟,15545 战早:越王州句剑格,17891 战早:越王州句剑,17892 战晚:新造矛,17615	

“自”的本义指鼻子。《说文解字·自部》:“自,鼻也。象鼻形。”传世文献中没有“自”表示鼻子的例子,但是甲骨文中有“疾自”一语,意为鼻子生病了。从甲骨文字形来看,许慎对“自”的本义解说和字形分析都是正确的。在传世文献中,“自”往往用作反身代词和介词,这和鼻子没有任何意义联系,因而用作反身代词、介词,“自”是假借字。

另外,用表示人耳的“耳”来记录语气词“耳”,用本指胡须的“而”来记录连词“而”,用本指一种武器的“我”来记录第一人称代词,用本指成年男子的“夫”来记录指示代词“夫”,都是文字上的假借。在商周两代,文字上的假借现象是比较多的。

第五章

汉字分析：象形与指事

上一章我们介绍了我国文字学关于汉字构形的基础理论“六书”，现在我们利用甲骨文、金文、小篆等古文字字形来具体分析汉字，熟悉其结构，了解其本义。本章分析象形字和指事字，共分析象形字115个(1～115)，指事字8个(116～123)。

(1)人

甲骨文		金文		小篆
1082	137反	商：作册般甗，03347	商：小子𠭯卣，13326	

“人”的本义指人类。《说文解字·人部》：“人，天地之性最贵者也。此籀文，象臂胫之形。”《尚书·舜典》：“神人以和。”甲骨文、金文“人”均像侧面站立的人形。

(2)儿(兒)

甲骨文		金文		小篆
4928	74681	商：小臣儿壶，12258	春晚：沇儿镈，15189	

“儿”的本义指婴儿。《说文解字·儿部》：“兒，孺子也。从儿，象小儿头囟未合。”《老子》：“专气致柔，能如婴儿乎？”小孩初生下来头盖骨是没有合拢的，大约在一岁左右才闭合。甲骨文、金文“儿”字形均像初生下来的小孩，囟门没有合拢的样子。“”则增添了饰笔。

(3)夫

甲骨文	金文	小篆
 8836  英 319	 西早:小夫卣,13205  西晚:小克鼎,02454  春晚:玄镠鏞铝戈,16917	

“夫”的本义指成年男子。《说文解字·夫部》:“夫,丈夫也。从大,一以象簪也。周制以八寸为尺,十尺为丈,人长八尺,故曰丈夫。”《诗经·秦风·黄鸟》:“维此奄息,百夫之特。”从字形看,“夫”象男子正面站立头有发簪之形。古时,未成年人不束发,成人才有发簪,故“夫”是指成年男子。春秋金文“”是文字美术化的体现,并在大腿部位增添了饰笔。

(4)女

甲骨文	金文	小篆
 3301  11443	 商:后母戊鼎,00964  西早:大盂鼎,02514  战中:中山王嚳鼎,02517  战晚:鄂君启车节,19178	

“女”的本义指成年女子。《说文解字·女部》:“女,妇人也。象形。”《诗经·郑风·出其东门》:“出其东门,有女如云。”“女”字象跪坐劳作之形。古文字“女”字形有无一像发簪的横笔没有区别。“”笔画细长,是中山国文字的特点,“”形略有变异。

(5)子

甲骨文	金文	小篆
 1249  31655  19946  21889  32833  3270	 商:小子鼎,01384  商:小子畬卣,13326  西早:利簋,05111	

“子”的本义指幼儿。《说文解字·子部》:“子,十一月,阳气动,万物滋,人以为偁。象形。,古文子,从巛,象发也。,子籀文,子囟有发,臂胫在几上也。”《诗经·小雅·斯干》:“乃生男子,载寝之床……乃生女子,载寝之地。”《说文解字》据

阴阳五行学说来解释“子”字的本义是错误的，对字形的分析则大致不误。甲骨文中“子”有两种形体，一种是“”、“”、“”、“”，甲骨文借作地支“子”；另一种是“”、“”，借作地支“巳”。第一种从形体来看，“”、“”、“”，均有毛发，“”则是由有毛发的形体简化而来，变圆匀的笔画为方折的笔画。第二种形体和金文“”、“”都象幼儿大头、臂胫之形。金文“”可能是《说文解字》籀文的来源，籀文中许慎分析为“几”的“”应该是“”形上表示腿的部分讹变而来的。

（6）且

甲骨文	金文	小篆
 903  2061  27080  00294	 西早：㡭妇鼎，01856  西晚：周我父簋，05034	

“且”本指古代祭祀或宴会时盛放牺牲的礼器，最初为木质，后来有青铜材质的。“且”是“俎”的本字。《说文解字·且部》：“且，荐也。从几，足有二横，一其下地也。”这是用“且”的功能“荐”来解释说明“且”。从字形来看，“且”正是俎案之象形。因为古代放置牺牲在俎上来祭祀先祖，“且”引申指称先祖，甲骨文、金文中的“且”多指先祖，后来加示旁形成从示且声的形声字“祖”。

（7）元

甲骨文	金文	小篆
 19790  13837  7242  27894	 商：元卣，13145  西早：历鼎，02168  西中：师酉簋，05348	

“元”的本义为人头。《说文解字·一部》：“元，始也。从一从兀。”这个解释和字形分析都是错误的。“开始”是“元”的引申义，许慎误把引申义当作本义。《尔雅·释诂》：“元，首也。”《左传·僖公三十三年》：“免胄入狄师，死焉。狄人归其元，面如生。”杜预注：“元，首。”这正是用的本义。从金文“”来看，“元”是一个象形字，是一个突出了头部的侧面站立的人形。因而，许慎的字形分析也是错误的，“元”不是从一从兀的会意字。表示头部的“”线条化就成了甲骨文的“”，古文字往往在单独一横上面再增添一横作为饰笔，增添饰笔的“元”就成了甲骨文的“”、

“”,金文的“”。西周中期师酉簋“元”作“”,已和小篆“”形近。“元”后来分化为“元”和“兀”,有饰笔的最后分化为“元”,没有饰笔的分化为“兀”。

(8)天

甲骨文	金文	小篆
20975 22093 22454	商:天簋,03404 西早:献簋,05221 西晚:颂鼎,02493	

“天”的本义是人头,特指额部及以上部分。《说文解字·一部》:“天,颠也。从一、大。”古代文献没有用天指人头的用例,但是古代神话人物有刑天,正是被天帝砍掉了脑袋的人,因而称为刑天,正是“天”本义的孑遗。《说文解字》的解释是声训,“天”和“颠”上古音同为真部,“天”为透母,“颠”为端母,两字语音极为相近。“颠”亦为“头顶”之义,那么“天”和“颠”音近义通,为同源词。因“头”是人体最上位置的器官,且为最重要的器官,而自然界之天与此相似,故引申指称上天。从字形来看,金文“”为正面站立的突出了头部的人形,因金文为铸作,甲骨文为刻写,故甲骨文“”头部没有填实;将表示头部的“”拉长就成了金文的“”,甲骨文“”、“”分别增添了饰笔一短横;小篆“”承金文“”而来。

(9)页(頁)

甲骨文	金文	小篆
22215 22216	西中:卯簋盖,05389	

“页”的本义指人头。《说文解字·页部》:“页,头也。从𦣻,从儿,古文䭫首如此。𦣻者,䭫首字也。”从甲骨文、金文字形来看,许慎的分析是正确的。字形为人身与人头的象形,头上有毛发。小篆“”从金文发展而来,已有讹变。

(10)首

甲骨文	金文	小篆
6032 正 花东 446	西中:师奎父鼎,02476 西中:𠭯簋,05204 西晚:颂簋,05397	

“首”的本义是人头。《说文解字·首部》:“首,百同,古文百也。巛象发,谓之鬊,鬊即巛也。”《诗经·邶风·静女》:“爱而不见,搔首踟蹰。”甲骨文“”象侧面人头上有毛发形,“”象正面人头上有毛发形;金文“”、“”承“”而来,小篆“”承西周晚期金文“”而来。

(11)须(須)

甲骨文	金文	小篆
 17931	 西中:遣叔吉父盨,05603  西晚:伯梁其盨,05651  西晚:伯寬父盨,05637	

“须”的本义是胡须,这个字后来写作“鬚”。《说文解字·须部》:“须,面毛也。从頁,从彡。”《易经·贲》:“六二:贲其须。”王弼注:“须之为物,上附者也。”孔颖达疏:“须,是上须〔附〕于面。”许慎对于字义的解释是正确的,但是字形分析有误。从甲骨文“”来看,像一站立人形,面上有毛。像胡须的只是毛的部分“”,但是不画出侧立人形与面部“”,则不知道何处之毛,意义不明。金文人形的部分则变成“”,但面部与胡须仍清晰可辨,西周晚期金文“”已经和小篆“”比较接近。小篆像胡须的部分从面部脱落独立为“彡”,以致许慎误析为从页从彡的会意字,实则为象形字。

(12)目

甲骨文	金文	小篆
 6194  14787	 商:目爵,06404  西早:屰目父癸爵,08421  西早:目爵,06957  春晚:楚屈子赤目簠,05960	

“目”的本义指眼睛。《说文解字·目部》:“目,人眼。象形。重童子也。,古文目。”《易经·鼎》:“巽而耳目聪明。”“目”像眼眶,中有瞳仁。到西周金文“”由自然的横目形变成竖目形,而“”则像瞳仁的圆笔有拉直的趋势了。小篆“”笔画拉直,已经不再象形。

(13)口

甲骨文	金文	小篆
 18617  (30010)	 商:宁未爵,08054	

“口”本指人的嘴巴。《说文解字·口部》:“口,人所以言食也。象形。”这是用“口”的功能说话与进食来解释“口”这一器官。《尚书·秦誓》:“人之彦圣,其心好之,不啻若自其口出,是能容之。”这正是用的本义。“口”正象人口之形。

(14)齿(齒)

甲骨文	金文	小篆
 3523  13655	 商:齿木觚,09504  战中:中山王䀇壶,12455	

“齿”的本义是人的门牙。《说文解字·齿部》:“齿,口断骨也。象口齿之形,止声。,古文齿字。”《诗经·卫风·硕人》:“领如蝤蛴,齿如瓠犀。”从“齿”的甲骨文形体“”、“”,金文形体“”来看,本是象形字,象门牙之形。中山王鼎作“”,增添了声符“止”,变成从止声的形声字。

(15)牙

甲骨文	金文	小篆
——	 西中:十三年　瘐壶,12436  春早:叔牙父鬲,02929	

“牙”的本义指臼齿。《说文解字·牙部》:“牙,牡齿也。象上下相错之形。,古文牙。”《六书故·齿》:“口有齿有牙。齿当唇,牙当车。”“车”即辅车之“车”,指牙床。《诗经·召南·行露》:“谁谓鼠无牙?何以穿我墉?”朱熹集传:“牙,牡齿也。”“牙”正像上下臼齿交错的形状。小篆“”承金文“”而来。

(16)舌

甲骨文	金文	小篆
 9472  13635  5760  14948	 商:舌鼎,00156  商:舌卣,12539  西早:舌爵,08442	

“舌”的本义指人的舌头。《说文解字·舌部》:“舌,在口所以言也,别味也。从干,从口,干亦声。”《诗经·小雅·雨无正》:“哀哉不能言,匪舌是出,维躬是瘁。”引申“舌”可指动物的舌头。《说文解字》是用舌头的功能来做解释,其字形分析是错误的,并不是形声兼会意字。从字形看,“”为舌头的象形,“”象舌头从口中伸出舔舐之形,字形画出了口这一辅助形体,以明确“”的表意。而“”的几小点象唾液形,用舌舔舐必有唾液流出。小篆“”承“”形而来。

(17)耳

甲骨文	金文	小篆
 13631  13630	 商:㔾耳卣,12723  商:耳方彝,13455  西早:耳尊,11806	

“耳”的本义指人的耳朵。《说文解字·耳部》:“耳,主听也。象形。”《孟子·梁惠王上》:“声音不足听于耳与?”许慎也是用功能来解释事物。从字形看,正是人耳象形,金文“”又用小圆圈画出了耳孔;小篆“”已经发生了讹变,不再象形。

(18)心

甲骨文	金文	小篆
 11427  7182	 商:心父已爵,07869  西中:瘋钟,15593  西中:大克鼎,02513  战中:中山王譽壶,12455	

“心”的本义指人的心脏。《说文解字·心部》:“心,人心。土藏,在身之中。象形。博士说以为火藏。”《吕氏春秋·季夏纪》:“其祀中霤,祭先心。”高诱注:“祭祀之肉先进心。”许慎用阴阳五行附会五脏自然是错误的,但是字形分析是正确的。从字形看,甲骨文、金文的“心”正是心脏的象形,“”、“”比“”多两道短笔,那是绘图的详略之别。金文“”为“”下曳出一笔,小篆“”与此形近。

(19)又

甲骨文	金文		小篆
14199 34572	商:右方彝,13541 西晚:小克鼎,02457	西中:柞伯簋,05301 战中:妤蚉壶,12454	

"又"本指右手。《说文解字·又部》:"又,手也。象形。三指者,手之列多略不过三也。"段注:"即今之右字。""又"是右手的本字,"右"本是"佑助"义本字,"又"假借为副词,即用"右"表示右手,另造"佑"表示佑助,来自神的佑助另造"祐"字。古文字形正是右手的象形。妤蚉壶""增添有饰笔。小篆""承甲骨文、金文而来。

(20)𠂇

甲骨文	金文		小篆
20807	西早:扶驭觥盖,13661	西中:史墙盘,14541	

"𠂇"的本义指左手。《说文解字·𠂇部》:"𠂇,𠂇手也。象形。"《说文通训定声》:"经传皆以左为之。""左"本是"佐助"义本字,"𠂇"字经传废弃不用,左手义用"左"表示,又另造"佐"字表示佐助。

(21)止

甲骨文			金文		小篆
20221	20882	13688	商:亚寠止鼎,00731	西中:蔡簋,05398	

"止"的本义指脚,是"趾"的本字。《说文解字·止部》:"止,下基也。象艸木出有址,故以止为足。"许慎误把引申义当本义。《广韵·止韵》:"止,足也。"《仪礼·士昏礼》:"御衽于奥,媵衽良席在东,皆有枕,北止。"郑注:"止,足也。"《汉书·刑法志》:"当斩左止者,笞五百。"颜师古注:"止,足也。"这正是用的本义。许慎的字形分析也是错误的。从古文字来看,金文""正象脚形,甲骨文""因刻写的原因没有填实,""、""为图形线条化后的形体,""形体已有讹变,小篆""承此而来,致有误释。

(22)身

甲骨文	金文	小篆
13666正 13669	西中:叔趯父卣,13342 西中:瘐钟,15599	

“身”的本义指人体躯干部分。《说文解字·身部》:“身,躳也。象人之身。从人,厂声。”《诗经·小雅·何人斯》:“我闻其声,不见其身。”“”象一侧立腹部隆起的人形,正是躯干部分之象形。甲骨文“”多一笔,古文字中象形字多一笔,少一笔大多没有区别。金文“”、“”在人腿部增添了饰笔一短横,小篆“”为反转“”而来。

(23)肉

甲骨文	金文	小篆
31224 花东490	西中:淮伯鼎,02316 战晚:相邦建信君铍,18039	

“肉”本指供祭祀、食用的动物肉块。《说文解字·肉部》:“肉,胾肉。象形。”《说文解字注》:“胾,大脔也。”《易经·噬嗑》:“噬腊肉遇毒,小吝,无咎。”从古文字字形看,正是肉块的象形。金文“”、“”多竖笔与斜笔,古文字多一笔少一笔大多没有区别。小篆“”已经讹变了,与“月”的小篆形体混同。

(24)衣

甲骨文	金文	小篆
22622 35428	西早:大盂鼎,2514 西晚:颂簋,05395	

“衣”的本义为上衣。《说文解字·衣部》:“衣,依也。上曰衣,下曰裳。象覆二人之形。”《诗经·邶风·绿衣》:“绿衣黄裳。”毛传:“上曰衣,下曰裳。”许慎的字义分析用的是声训,指出“衣”的词源,这是正确的。但字形分析错误,从甲骨文、金文看,正像上衣的形状,有领,两袖中空,两竖笔像两衽。小篆“”拉长了像衣衽的那一笔,形体已有讹变。

(25)鬼

甲骨文	金文	小篆
14272 8593	西早:叔卣簋,04446 西中:鬼壶,12217 战早:陈肪簋盖,05187 战晚:上郡守闲戈,17277	

"鬼"的本义指人死后灵魂脱离肉身形成的精灵。《说文解字·鬼部》:"鬼,人所归为鬼。从人,象鬼头。鬼阴气贼害,从厶。,古文从示。"《正字通·鬼部》:"鬼,人死魂魄为鬼。"《礼记·祭义》:"众生必死,死必归土,此之谓鬼。"

许慎用"归"来解释"鬼",这两个字上古音同为见母微部,这是声训,指出"鬼"的得名之由,这是正确的,但是字形分析有误。从古文字来看,正是侧立、头部狰狞可怕的人形,为象形字。《说文解字》古文""当承战国金文""而来,因鬼与神为一类,故增添形符"示",形成从示鬼声的形声字。小篆""的"厶"可能是由""形中本象形体跪跽的""讹变而来,小篆形体已经讹变了。

(26)毛

甲骨文	金文	小篆
——	西晚:此簋,05356 西晚:毛公鼎,02518	

"毛"的本义指毛发。《说文解字·毛部》:"毛,眉发之属及兽毛也。象形。"《礼记·礼运》:"未有火化,食草木之实,鸟兽之肉,饮其血,茹其毛。"古文字"毛"正是毛发之象形,小篆""承金文""而来。

(27)文

甲骨文	金文	小篆
27695 18682 4889 4611反	商:汚鼎,01777 商:憩卣,13259 商:子爨爵,08567 西早:大盂鼎,02514 西中:改盨,05605 战中:中山王譽壶,12455	

"文"的本义是花纹,是"纹"的本字。《说文解字·文部》:"文,错画也。象交

文。”《说文解字注》:“错当为逪,逪画者,交逪之画也。”《左传·隐公元年》:“仲子生而有文在其手。”从古文字字形来看,“文”象一正面站立胸前有纹身的人形。“”、“”纹饰简省,“”、“”、“”、“”、“”纹身繁复,“”增添了饰笔,“”增添“王”旁,为周文王之“文”的专字,“”笔画细长,为中山国文字特征;小篆“”承简省之“文”而来。

(28)行

甲骨文	金文	小篆
 4899  20610	 商:行天父癸卣,12933  西早:吕壶,12372  春早:黄子壶,12338	

“行”的本义指道路。《说文解字·行部》:“行,人之步趋也。从彳,从亍。”许慎的字义分析是错误的,误将引申义当本义。《尔雅·释宫》:“行,道也。”《诗经·豳风·七月》:“女执懿筐,遵彼微行。”孔颖达疏:“行,训为道也。步道谓之径,微行为墙下径。”正是用的本义。许慎的字形分析也是错误的,从甲骨文、金文字形来看,为十字大道之“行”。小篆“”已经讹变了。

(29)册

甲骨文	金文	小篆
 7386  2824  24133	 商:耤册竹卣,12834  西中:十三年瘭壶,12437  西晚:颂簋,05395  西晚:师嫠簋,05381	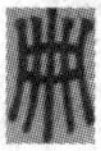

“册”的本义为书简、书册。《说文解字·册部》:“册,符命也。诸侯进受于王也。象其札一长一短,中有二编之形。,古文册从竹。”许慎的本义解释是错误的,误将引申义当本义。《尚书·多士》:“惟殷先人,有册有典。”伪孔传:“言汝所亲知殷先世有册书、典籍。”该说法正是用的本义。许慎的字形分析是正确的。古代多以竹木简为书写材料,再用丝绳编连成册。今天商代的文字资料只有金文和甲骨文,那是因为竹木简容易腐烂、不易保存到现在造成的,当时的主要书写材料是竹木简,而不是甲骨、青铜器。小篆“”仍与甲骨文、金文形近。

(30)鬲

甲骨文	金文	小篆
31030 34397	西中，微伯鬲，02702 西中：旗姬鬲，02716 西晚：召仲鬲，02912	

“鬲”本是古代一种炊具的名称，有陶土和青铜两种材质，口圆，似鼎，三足一般中空。《说文解字 · 鬲部》：“鬲，鼎属，实五觳，斗二升曰觳，象腹交文，三足。，鬲或从瓦，，汉令鬲，从瓦，麻声。”《说文解字》古文“”从瓦，因为鬲有陶制，而“瓦”为陶器之总名，故增添“瓦”为形符，即为从瓦鬲声的形声字；古文“”又变“鬲”声为“麻”声。《周礼 · 考工记 · 陶人》：“鬲实五觳，厚半寸，唇寸。”孙诒让正义：“其用主于烹饪，与釜、鍑同。”“鬲”本象鬲之形，“”下部稍有形变，“”讹变更厉害，小篆“”承此而来。

(31)鼎

甲骨文	金文	小篆
21220 495 19962	商：鼎方彝，13458 商：鼎簋，03439 西早：麦鼎，02323 西早：利簋，05111 西晚：虢文公子𣪘鼎，02208	

“鼎”本指盛行于先秦的一种器具，常见为三足圆腹，或是方形四足，足为实心，陶土或青铜材质，为烹煮器，亦用来盛放食物，用于宗庙祭祀或宴飨。《说文解字 · 鼎部》：“鼎，三足两耳，和五味之宝器。昔禹收九牧之金，铸鼎荆山之下，入山林川泽，螭魅蛧蜽，莫能逢之，以协承天休。《易》卦：巽木于下者为鼎，象析木以炊也。籀文以鼎为贞字。”《周礼 · 秋官 · 掌客》：“鼎簋十有二。”郑注：“鼎，牲器也。”“鼎”为象形字，象鼎的形状，甲骨文、金文形体有繁有简。“”字像鼎足的部分已有讹变，小篆“”承此而来。甲骨文中贞卜的“贞”字常借用“鼎”字。

(32)鬳

甲骨文	金文	小篆
629 863	西早：见甗，03194 春早：王孙寿甗，03357	

“鬳”的本义指一种用来蒸食物的器物，上为甑，下为鬲，上下两部分可以是一个整体，也可以是分开的。“鬳”为“甗”的本字。《说文解字·鬲部》：“鬳，鬲属。从鬲，虍声。”《说文解字义证》：“鬲属者，疑作鬸属，本书甗，甑也。”《说文解字·瓦部》：“甗，甑也。一曰穿也。从瓦，鬳声。读若言。”许慎将鬳、甗分列为两字，实为一字异体。甲骨文“”、“”正为这种器物的象形。金文“”增添了声符“虍”为从鬲虍声的形声字，春秋金文“”下部鬲发生了讹变，“甗”字是“鬳”增添形符“瓦”而成的形声字。

(33)豆

甲骨文	金文	小篆
 29364  屯 740	 商：宰甫卣，13303  西中：豆闭簋，05326	

“豆”本是先秦时期盛行的一种高脚圈足盘，用来盛放调味品，材质为陶土或青铜，后来有木制的。《说文解字·豆部》：“豆，古食肉器也。从口，象形。，古文豆字。”《诗经·大雅·生民》：“卬盛于豆，于豆于登。”毛传：“木曰豆，瓦曰登。豆，荐菹醢也。”许慎的字形分析是错误的，豆本为象形字，并不从口。“”上有一短横，像豆中盛放的食物。“”、“”有一横，为花纹的象形。小篆“”承金文“”而来。

(34)爵

甲骨文	金文	小篆
 2863  14768	 商：爵父癸卣盖，12818  西早：爵祖丙尊，11351  西早：爵宝彝爵，08268  西早：天亡簋，05303  西中：县改簋，05314	

“爵”本指盛行于先秦时的一种酒器。《说文解字·鬯部》：“爵，礼器也。象爵之形，中有鬯酒，又持之也，所以饮。器象爵者，取其鸣节节足足也。，古文爵，象形。”《诗经·大雅·行苇》：“或献或酢，洗爵奠斝。”许慎的字义解释是正确的，但是字形分析错误。甲骨文“”、“”象上有立柱的爵形，金文“”象无立柱的爵形；金文“”、“”又增添了形符“手”，表示是可以手持的器具；金文“”是小篆“”去掉“又”旁后的形体的来源；小篆形体已经讹变了，许慎据以分析自然错误。

(35)皿

甲骨文	金文	小篆
5742 31550	商:皿罍,13807 西早:皿合觚,09837 春早:曾太保庆盆,06256 战晚:宁缶,14070	

“皿”本泛指饮食用器。《说文解字·皿部》:“皿,饭食之用器也。象形,与豆同意。读若猛。”《左传·昭公元年》:“于文,皿虫为蛊。”杜注:“皿,器也。”甲骨文、金文字形正象器皿之形。因为皿的材质可以是金属,战国金文“”增添了形符“金”,形成从金皿声的形声字。小篆“”是金文“”发展而来的。

(36)壶

甲骨文	金文	小篆
英 751 英 2674 正 18559 18560	西早:长隹壶爵,08263 西早:伯壶,12109	

“壶”本指先秦时期的一种酒器,有盖,后来也用来盛水,材质为陶土或青铜。《说文解字·壶部》:“壶,昆吾圆器也。象形。从大,象其盖也。”《左传·昭公十三年》:“司铎射怀锦,奉壶饮冰,以蒲伏焉。”孔颖达疏:“此以壶盛饮。”甲骨文、金文正为酒壶的象形。“”有网状花纹,“”有动物类花纹。小篆“”承金文“”、“”而来。

(37)刀

甲骨文	金文	小篆
33035 32625	商:刀父丁鼎,00808 商:子刀父乙鼎,01132 商:子父癸鼎,01516 商:聑刀祖己卣,12899 西早:耳卣,13291 战早:工篇鼎,02265 战中:十年壶,12368 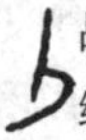战中:啬夫事缳盒,19241	

“刀”本泛指用来砍、割、削的器具,或为一般用器,或为兵器。《说文解字·刀部》:“刀,兵也。”《尚书·顾命》:“越玉五重,陈宝,赤刀、大训、弘璧、琬琰,在西序。”

郑玄注："赤刀者，武王诛纣时刀。"从字形看，""正为刀的象形。""为有环之刀，""为刀柄有穗形，""、""象线条化后的刀形。""、""已经讹变了。

(38)干

甲骨文	金文	小篆
 4947  28059	 西中：康簋，05173  西晚：师克盨盖，05682	

"干"本指一种防御型武器——盾。《说文解字·干部》："干，犯也。从反入，从一。"许慎误以引申义为本义。《方言·卷九》："盾，自关而东或谓之瞂，或谓之干，关西谓之盾。"《尚书·牧誓》："称尔戈，比尔干，立尔矛，予其誓。"伪孔传："干，楯也。"许慎的字形分析也是错误的。""、""正象盾牌之形，""、""是简省线条化了的形体，小篆""由此而来。

(39)戈

甲骨文	金文	小篆
 775 正  屯 2194	 商：戈⋈甗，03141  商：戈鼎，00048  西早：吕师戈，16496  西早：𠥯师寝戈，16598  西中：伯晨鼎，02480  战早：单靖讨戈，17074	

"戈"是一种用于勾杀的进攻性武器。《说文解字·戈部》："戈，平头戟也。从弋，一横之，象形。"《左传·僖公二十三年》："姜与子犯谋，醉而遣之。醒，以戈逐子犯。"许慎的字形分析是错误的，戈并不从弋。""正是戈的象形。""柲上有穗，""柲上、内上均有穗，上表其他字形是线条化后的简省形体。小篆""与战国金文""形近。

(40)斤

甲骨文	金文	小篆
 21954	 西早：征人鼎，02267  战早：仕斤徒戈，16615  战晚：平宫鼎，02097	

"斤"本为与斧相似的用具。《说文解字·斤部》："斤，斫木也。象形。"徐锴《说文解字系传》作"斫木斧。"《说文解字注》："凡用斫物者皆曰斧，斫木之斧则谓之斤。"《左传·哀公二十五年》："皆执利兵，无者执斤。"杜注："斤，工匠所执。"""正斧斤之象形，金文形体渐有讹变，小篆""承金文""而来。

(41)王

甲骨文			金文		小篆
 21305	 20015	 36909	 商：戍甬鼎，02296	 西晚：颂鼎，02492	

“王”本为一种斧钺之类的用器。《说文解字·王部》：“王，天下所归往也。董仲舒曰：‘古之造文者，三画而连其中谓之王。三者，天、地、人也；而参通者，王也。’孔子曰：‘一贯三为王。’，古文王。”许慎的字义解释和字形分析都是错误的。甲骨文“”正象斧钺之形；“”为没有填实的斧钺形；“”为上部增添了一横作饰笔的线条化了的字形；小篆“”承金文“”而来；《说文解字》古文“”为金文“”的线条化。

(42)戉

甲骨文	金文		小篆
 6567	 商：戉𪔅父癸甗，03215	 西中：史墙盘，14541	
 35913	 战早：者汈钟，15332	 战早：越王州句矛，17667	

“戉”本指斧钺，是“钺”的古字。《说文解字·戉部》：“戉，斧也。从戈，𠄌声。”《广韵·月韵》：“《司马法》曰：‘夏执玄戉，殷执白戚。’又作钺。”许慎的字形分析是错误的，“戉”为象形字，根本不是形声字。“”、“”正是斧钺的象形；“”柲上有穗；“”、“”为线条化，稍有讹变的形体；“”为装饰有鸟形的美术字，小篆“”当承金文“”而来。

(43)我

甲骨文	金文		小篆
 21249	 商：我戈，16084	 西早：大盂鼎，02514	
 21739	 春中：栾书缶，14094	 战：廿年距末，18592	

“我”本是一种武器的名称。《说文解字·我部》：“我，施身自谓也。或说我，顷顿也。从戈，从手，手，或说古垂字。一曰古杀字。，古文我。”“我”用作第一人称代词是假借用法，许慎当作本义是错误的，其字形分析也支离破碎，不可信。金文

“”正是一种类似斧钺的武器的象形；“”为未填实的形体；“”略有简省；金文“”、“”已经发生了讹变，小篆“”承金文“”而来，许慎据以分析，自然错误。

(44)矛

甲骨文	金文	小篆
——	西中：彧簋，05379 战早：越王州句矛，17667	

“矛”本指一种直刺的兵器。《说文解字·矛部》：“矛，酋矛也。建于兵车，长二丈。象形。，古文矛。”《尚书·牧誓》：“称尔戈，比尔干，立尔矛。”从字形看，“”正为“矛”之线条化了的形体。因矛亦可投掷，矛杆系绳，投掷出去后用以取回。“”的“”正像系绳之处。“”是增添了鸟形的美术字。小篆“”已经讹变了。

(45)弓

甲骨文	金文	小篆
20117 9827	西早：弓父癸鼎，00938 西晚：虢季子白盘，14538	

“弓”本为一种远程武器的名称。《说文解字·弓部》：“弓，以近穷远。象形。古者挥作弓。”《诗经·小雅·吉日》：“既张我弓，既挟我矢。”许慎用“穷”来解释“弓”是声训，“弓”上古音见母蒸部、“穷”上古音群母侵部，语音相近。“”、“”正是弓的形象；“”、“”则是省去了弓弦的形体；小篆“”承金文“”而来。

(46)矢

甲骨文	金文	小篆
20546 36481	商：矢宁父乙鼎，01127 商或西早：矢爵，06615 西早：矢伯只卣，13158 西晚：不䙴簋，05387	

“矢”的本义为箭矢。《说文解字·矢部》：“矢，弓弩矢也。从入，象镝栝羽之形。古者夷牟初作矢。”《易经·系辞下》：“弦木为弧，剡木为矢。”许慎的字形分析是错误的。“”、“”正是箭矢之象形；“”在箭杆上增添了一小圆点为饰笔；“”将饰笔小圆点拉长为一短横；小篆“”承金文“”而来。

(47)箙

甲骨文	金文	小篆
——	商:葡参父乙盉,14672 商:葡冈父己爵,08330 西中:救簋盖,05278 西中:番生簋盖,05383 西晚:毛公鼎,02518	

“箙”本指用竹木或兽皮所做的盛放箭矢的器具。《说文解字·竹部》:“箙,弩矢箙也。从竹,服声。”《周礼·夏官·司弓矢》:“中秋献矢箙。”郑注:“箙,盛矢器也。”“”、“”正是这一器物之象形,为象形字,“”、“”、“”为简省之形体。小篆“”则为从竹服声的形声字。

(48)其

甲骨文	金文	小篆
37133 6834	商:𨁨其簋卣,12829 西中:比甗,03299 西晚:叔向父簋,04795 西晚:鄂侯簋,04830 西晚:苗寏盨,05557 春中:栾书缶,14094	

“其”本指簸箕,是“箕”的古字。《说文解字·箕部》:“箕,簸也。从竹,𠀠,象形,下其丌也。,古文箕省。,亦古文箕。,亦古文箕。,籀文箕。,籀文箕。”“”正簸箕之象形;“”、“”、“”亦簸箕之象形,为古文“”之所本,“”为讹变之形体;“”下添“丌”为形符,为籀文“”之所本,“”、“”为讹变形体;小篆“”因为簸箕多为竹制,故增添形符“竹”,形成从竹其声的形声字。因“其”后借作代词和副词,故簸箕专用“箕”字表示。

(49)斗

甲骨文	金文	小篆
21341 21356	战国:府鏊,19260 战晚:库啬夫鼎,02167	

“斗”本指酒斗。《说文解字·斗部》:“斗,十升也。象形,有柄。”《说文解字注》:“上象斗形,下象其柄也。”《诗经·大雅·行苇》:“酌以大斗,以祈黄耇。”许慎用“十升”来解释“斗”,是把“斗”作为量度单位来解释的,为引申义,而不是本义。“”、“”、“”正象斗形;战国金文“”、小篆“”已经发生了讹变。

(50)工

甲骨文	金文	小篆
 11484  36489	商或西早：工卫爵，07469 西早：司工丁爵，08262 西晚：公臣簋，05185	

“工”的本义为工具、曲尺。《说文解字·工部》：“工，巧饰也。象人有规榘也。与巫同意。[古文]，古文工从彡。”杨树达《积微居小学述林·释工》：“许君谓工象人有规榘，说颇难通，以巧饰训工，殆非朔义。以愚观之，工盖器物之名也。知者：《工部》巨下云：‘规巨也，从工，象手持之。’按：工为器物，故人能以手持之，若工第为巧饰，安能手持乎……以字形考之，‘工’象曲尺之形，盖即曲尺也。”古文字“工”正象工具形。金文“”下一笔呈匀圆形，稍有变异。小篆“”承金文“”而来。

(51)车

甲骨文	金文	小篆
 13624 正  6834 正  11446  11450	商：买车卣，12700 商：车㓡罍，13749 商：车㓡鼎，00674 西早：麦尊，11820 西早：玒鼎，02183 西中：同卣，13307	

“车”的本义指车辆。《说文解字·车部》：“车，舆轮之总名。夏后时奚仲所造。象形。，籀文车。”《诗经·秦风·车邻》：“有车邻邻，有马白颠。”金文“”象车形，有两轮，轮中间为车厢，前为车轼与车轭；“”、“”略有简省；“”、“”简省更盛；“”简省为两轮和车轴；“”只余两轮；“”两轮中间还有车厢的简省形；“”则只剩下一个车轮，此为小篆“”所承；籀文“”可能由“”变形而来。

(52)㫃

甲骨文	金文	小篆
 27352  31136	㫃乙簋，03740 西中：走马休盘，14534	

“㫃”的本义为旗帜飘扬的样子。《说文解字·㫃部》：“㫃，旌旗之游，㫃蹇之皃。从屮曲而下，垂㫃，相出入也。读若偃。古人名㫃字子游。，古文㫃字象形，即象旌旗之游。”许慎的字形分析是错误的，从古文字来看，均像旌旗上面飘带飘扬的样子，本为独体象形字。小篆“”讹变为两个构字部件，许慎据以分析自然错误。

(53)网

甲骨文	金文	小篆
10514 怀 319	——	

“网”的本义为渔网，是“網”的古字。《说文解字·网部》：“网，庖牺所结绳以渔。从冂，下象网交文。，网或从亡，，网或从糸，，籀文网。”从甲骨文“”来看，许慎的分析是错误的。网为象形字，并不从“冂”。“”网交错之纹更多，小篆“”直接承此而来，籀文“”亦承此而稍有讹变。“”是为“网”增添了声符“亡”的形声字；“”是为“”增添了形符“糸”的形声字。

(54)午

甲骨文	金文	小篆
19773 8546	商：戍嗣子鼎，02320 西中：大师虘簋，05281 春：公父宅匜，14992	

“午”本指舂米所用的棒槌，是“杵”的本字。《说文解字·午部》：“午，啎也。五月，阴气午逆阳。冒地而出。此予矢同意。”许慎的解释是错误的，字形分析也不正确。从甲骨文“”来看，午为杵的象形，金文“”与此形近；“”为没有填实的形体；金文“”上部一圆点拉长为曲笔，“”下部一点拉长为横笔，小篆“”即承此而来。

(55)帚

甲骨文	金文	小篆
2819 2826	商：妇好觚，09275 西早：比簋，04416	

“帚”的本义为扫帚。《说文解字·巾部》：“帚，粪也。从又持巾埽冂内。”《礼记·曲礼上》：“凡为长者粪之礼，必加帚于箕上，以袂拘而退，其尘不及长者。”许慎的解释是用器物的功能解释器物，而字形分析是错误的。从甲骨文、金文字形来看，均像扫帚的形象。小篆“”由金文“”讹变而来，扫帚的上部讹变为“又”，柄部讹变为“巾”，缠束处讹变为“冂”。

(56)舟

甲骨文	金文	小篆
7416 4928乙	商：舟辛鼎，00453 西早：尹舟父癸尊，11489 西中：楚簋，05287	

"舟"的本义指船。《说文解字·舟部》："舟，船也。古者，共鼓、货狄，刳木为舟，剡木为楫，以济不通。象形。"《楚辞·九歌·湘君》："美要眇兮宜修，沛吾乘兮桂舟。"王逸注："舟，船也。"甲骨文、金文虽繁简不一，但均象小船之形。小篆""可能由金文""变化而来。

(57)力

甲骨文	金文	小篆
19801 22269	商：力鼎，00992 商：由力觚，09476 战中：中山王嚳鼎，02517	

"力"本指农具耒。《说文解字·力部》："力，筋也。象人筋之形。治功曰力，能圉大灾。"许慎的分析是错误的。从甲骨文、金文来看，"力"为农具耒的象形。""形已经有讹变，小篆""讹变更盛，许慎据以分析，自然错误。

(58)玉

甲骨文	金文	小篆
11364 10171	商：鬲皦簋，04812	

"玉"本指玉石。《说文解字·玉部》："石之美。有五德：润泽以温，仁之方也；䚡理自外，可以知中，义之方也；其声舒扬，尃以远闻，智之方也；不桡而折，勇之方也；锐廉而不技，絜之方也。象三玉之连。丨，其贯也。，古文玉。"《诗经·小雅·鹤鸣》："它山之石，可以攻玉。"从甲骨文来看，"玉"正象玉片串连之形。小篆""承金文""而来。

（59）壴

甲骨文	金文	小篆
19407　34475　24340　18589	商：壴鼎，00209　商：壴父乙簋，03776　西早：壴父丁尊，11370　西早：壴卣，13310　战早：曾侯乙钟，15445	

“壴”本指鼓，是“鼓”的古字。《说文解字·壴部》：“壴，陈乐立而商见也。从中，从豆。”许慎的字义解释和字形分析都是错误的。陈列乐器当是引申义而非本义。从甲骨文、金文来看，“壴”是象形字，象鼓之形，并非从中从豆。甲骨文“”上几点表示鼓声；金文“”、“”已有讹变，为小篆“”所本。

（60）酉

甲骨文	金文	小篆
19886　31878	商：酉乙鼎，00434　西早：酉卣，12891　西中：师酉簋，05346　春秋：徐王义楚鍴，10657	

“酉”的本义指酒，为“酒”的古字。酒为液体，难以象形，故画一酒坛子表示酒。小篆“”承金文“”而来。在甲骨文中，假借“酉”表示地支的第十位，传世文献“酉”亦如此，别造“酒”字以表示本义。

（61）屮

甲骨文	金文	小篆
6732　18938	西早：屮簋，04275	

“屮”的本义指小草，为“草”的原始初文。《说文解字·屮部》：“屮，草木初生也。象丨出形，有枝茎也。古文或以为艸字。读若徹。”甲骨文、金文正像刚破土而出的小草形。

(62)艸

甲骨文	金文	小篆
 6708	① ②	

“艸”本泛指草本植物。《说文解字·艸部》：“艸，百艸也。从二屮。”这个字传世文献作“草”。甲骨文“”正象草之形。而金文中“艸”作为偏旁使用时，从二屮。

(63)帝

甲骨文	金文	小篆
 10172  34147	西中：寡子卣，13301	

“帝”的本义指花蒂，是“蒂”的古字。《说文解字·丄部》：“帝，谛也。王天下之号也。从丄，朿声，，古文帝。”从甲骨文、金文来看，“帝”象花蒂之形，是象形字，并非朿声的形声字，因而许慎的字形分析是错误的。在传世文献中，假借“帝”表示天帝之帝，另造“蒂”字表示本义。许慎的字义解释是误把假借义当本义。

(64)竹

甲骨文	金文	小篆
 261  4750	商：孤竹亚賨罍，13783 商：竹冬簋，03612 战中：[illegible]壶，12454 战：骑传马节，19153	

“竹”本指竹子。《说文解字·竹部》：“竹，冬生艸也。象形。下垂者，箁箬也。”《诗经·卫风·淇奥》：“瞻彼淇奥，绿竹猗猗。”金文“”，甲骨文“”、“”均象竹之下垂形；金文“”已经形变，“”、“”讹变更盛，小篆“”当从“”一类形体演变而来。

(65)木

甲骨文	金文	小篆
 32806  5749	商：木甗，03108 西早：木工册鼎，01731 战晚：鄂君启舟节，19181	

---

① 苗字偏旁(西晚：苗篡盨，05557)。

② 荒字偏旁(战中：中山王嚳壶，12455)。

“木”本指木本植物。《说文解字·木部》:“木,冒也,冒地而生。东方之行。从中,下象其根。”《诗经·小雅·角弓》:“毋教猱升木,如塗塗附。”许慎用“冒”解释“木”是声训。从甲骨文、金文来看,象树木之形,下象根,上象枝丫。并非如许慎所言从中。金文“”上部略有变形,小篆“”大约由此变化而来。鄂君启舟节“”与小篆形近。

(66)禾

甲骨文	金文	小篆
33279 33282	商:大禾鼎,01472 商:子禾爵,07374 商:禾卣,12535 战晚:鄂君启车节,19178	

“禾”本指粟。《说文解字·禾部》:“禾,嘉谷也。二月始生,八月而孰,得时之中,故谓之禾。禾,木也。木王而生,金王而死。从木,从𠂹省,𠂹象其穗。”《诗经·豳风·七月》:“十月纳禾稼,黍稷重穋,禾麻菽麦。”许慎的字形分析是错误的,用五行来解释禾的生长过程也欠合理。从甲骨文、金文来看,正象禾粟之形。禾为草本,故禾叶下垂,上部一笔屈曲垂下,木为木本,不下垂。“”略有形变,小篆“”承金文“”而来。

(67)叶(葉)

甲骨文	金文	小篆
33152 19956	春中:𦡵镈,15828 春晚:拍敦,06073	

“叶”本指树叶与草叶。《说文解字·艸部》:“葉,艸木之叶也。从艸,枼声。”“葉”和《说文解字·木部》的“枼”实为古今字。甲骨文“”、“”正象树木上有叶之形,金文“”、“”像叶子的部分讹变成小圆点,为小篆“”所本,将小圆点拉长。

(68)桑

甲骨文	金文	小篆
10058 6959	——	

“桑”本指桑树。《说文解字·叒部》:“桑,蚕所食叶木。从叒木。”《诗经·郑风·将仲子》:“无踰我墙,无折我树桑。”许慎的字形分析是错误的。甲骨文“”、

“”正象桑树之形。小篆“”已经讹变了，象树枝形的部分讹变成“叒”。

(69)朿

甲骨文	金文	小篆
 21256  22137	 商：朿鼎，00182  西早：弜甗，03288	

“朿”本指木刺，是“刺”的古字。《说文解字·朿部》：“朿，木芒也。象形。读若刺。”《说文解字注》：“朿，今字作刺，刺行而朿废矣。”甲骨文、金文均象木刺之形。小篆“”形体已有变化，象形性减弱。

(70)牛

甲骨文	金文	小篆
 20664  20667  22078	 商：牛簋，03422  西早：牛鼎，00009  西中：𠫑簋，05204	

“牛”本义指牛羊之牛。《说文解字·牛部》：“牛，大牲也，牛，件也；件，事理也。象角头三，封尾之形。”《诗经·小雅·无羊》：“谁谓尔无牛？九十其犉。”从古文字字形看，“”、“”象牛头及牛角之形，将其线条化就是“”，伸长竖笔就变成“”、“”，拉平下部两斜笔就成了“”，为小篆“”所本。

(71)羊

甲骨文	金文	小篆
 20354  713  2008  30022	 商：羊先鼎，00654  西中：师同鼎，02430  西晚：师寰簋，05366	

“羊”本指牛羊之羊。《说文解字·羊部》：“羊，祥也。从𦍌，象头脚足尾之形。孔子曰：‘牛羊之字，以形举也。’”《诗经·召南·羔羊》：“羔羊之皮，素丝五紽。”毛传：“小曰羔，大曰羊。”《易经·说卦》：“兑为羊。”许慎用“祥”来解释“羊”为声训，说明词源。他的字形分析是错误的，古文字牛与羊的形体均只画出了头部和角的特

征，没有涉及足和尾。“”、“”正是头角之形。“”线条化就是“”，增一小圆点就是“”，其小圆点拉长就是“”，拉平下面两斜笔就是“”，像角的笔画略变就是“”，为小篆“”所本。

(72)豕

甲骨文	金文	小篆
 19883  995	 商：天豕鼎，00366  商：天豕妣辛簋，03999  商：豕戈，16140  商：天豕刀，18315  西晚：函皇父簋，05144	

“豕”本指猪。《说文解字·豕部》：“豕，彘也。竭其尾，故谓之豕，象毛足而后有尾。读与豨同。……，古文。”《说文解字注》：“‘毛’当作‘头四’二字……豕首画象其头，次象其四足，末象其尾。”《尚书·召诰》：“越翼日戊午，乃社于新邑，牛一，羊一，豕一。”金文“”、“”、“”均象猪之形，金文“”乃未填实之形；“”为线条化后的形体；“”进一步简省；西周晚期金文“”已有形变；小篆“”承此讹变更盛。

(73)犬

甲骨文	金文	小篆
 1045  30510	 商：犬爵，06508  商：车犬爵，07462  商：犬丁卣，12674  商：亼犬 鱼父乙鼎，01502  商：亚犬父丁鼎，01153  战晚：戈昜犬剑，17814	

“犬”本指狗。《说文解字·犬部》：“犬，狗之有县蹄者也。象形。孔子曰：‘视犬之字如画狗也。’”《诗经·小雅·巧言》：“跃跃毚兔，遇犬获之。”《礼记·曲礼上》：“效犬者左牵之。”孔颖达疏：“然通而言之，狗犬通名；若分而言之，则大者为犬，小者为狗。”金文“”、“”、“”正象狗之形，金文“”、“”，甲骨文“”均为线条化后形体，“”为进一步简省形体，战国晚期金文“”已有讹变，小篆“”与此形近。

(74)马(馬)

甲骨文	金文	小篆
19813正　20407　27945　27956	商:马羊𢆶父乙鼎,01357　商:马戈,16311　商:马危鼎,00480　西早:玳鼎,02183　西晚:史颂簋盖,05262　春早:右走马嘉壶,12224　战:马雍令事吴戈,17142　战:马雍令事吴戈,17329	

“马”本指牛马之马。《说文解字·马部》:“马,怒也,武也。象马头髦尾四足之形。,古文。籀文马与同。”《易经·屯》:“屯如邅如,乘马班如。”金文“”、“”象马形;甲骨文“”、“”为填实而线条化的形体;“”进一步线条化;甲骨文“”,金文“”、“”为简省后的形体;金文“”、“”进一步笔画化;“”、“”为简省后只余马头的形体;小篆“”承金文“”而来。

(75)象

甲骨文	金文	小篆
1052正　8983	商:象祖辛鼎,00748　商:象爵,06631　西中:师汤父鼎,02431	

“象”本指陆地上最大的哺乳动物大象。《说文解字·象部》:“象,长鼻牙,南越大兽,三年一乳。象耳牙四足之形。”《左传·定公四年》:“王使执燧象以奔吴师。”古文字“象”并未突出牙的特征。金文“”、“”为大象之象形;甲骨文“”、“”为线条化后的形体;金文“”已经简省,小篆“”承此而来。

(76)鹿

甲骨文	金文	小篆
28352　10314	商:鹿鼎,00016　西中:命簋,05082	

“鹿”本指头上有犄角的一类哺乳动物。《说文解字·鹿部》:“鹿,兽也。象头角四足之形。鸟鹿足相似从匕。”《诗经·召南·野有死麕》:“林有朴樕,野有死鹿。”金文“”象鹿之形;甲骨文“”、“”,金文“”为线条化后的字形;小篆“”承金文“”变形而来。

(77)兔

甲骨文	金文	小篆
 10458  10457	西晚：函皇父鼎，02111	

“兔”本指兔子。《说文解字·兔部》：“兔，兽名。象踞，后其尾形，兔头与㲋头同。”《诗经·王风·兔爰》：“有兔爰爰，雉离于罗。”甲骨文“”、“”正象兔子之形，金文“”线条化且已有讹变。

(78)虎

甲骨文	金文	小篆
 17849  28300  3305  33378	商：虎簋，03555 西中：师酉簋，05348 西中：戜鼎，02489 春早：𠭯山旅虎簠，05851	

“虎”本指老虎。《说文解字·虎部》：“虎，山兽之君。从虍，虎足象人足，象形。”《诗经·小雅·何草不黄》：“匪兕匪虎，率彼旷野。”许慎的字形分析是错误的。金文“”、甲骨文“”正象虎形；甲骨文“”、“”已趋线条化；甲骨文“”、金文“”进一步简省；金文“”、“”简省更盛；小篆“”已经讹变。

(79)鱼(魚)

甲骨文	金文	小篆
 24911 屯 1054	商：亚鸟鱼鼎，00735 商：鱼父癸觯，10371 西晚：毛公鼎，02518 春早：苏冶妊鼎，02089	

“鱼”本义与今义同。《说文解字·鱼部》：“鱼，水虫也。象形。鱼尾与燕尾相似。”《诗经·小雅·鱼藻》：“鱼在在藻，有颁其首。”金文“”、“”，甲骨文“”、“”正象鱼形；金文“”、“”已有形变，尾部变形更烈；小篆“”承金文“”发展而来。许慎“鱼尾与燕尾相似”的说法是根据讹变后的小篆来的，并不正确。

(80)隹

甲骨文	金文	小篆
1027 37846	商:戍甬鼎,02296　西早:德鼎,02266　西中:隹尊,11672 西晚:元年师旋簋,05333　春晚:邾公华钟,15591　战中:中山王嚳壶,12455	

“隹”本义指短尾鸟。《说文解字·隹部》:“隹,鸟之短尾总名也。象形。”《说文解字注》:“短尾名隹,别于长尾名鸟。云总名者,取数多也。”《说文解字句读》:“谓凡短尾者,通名为隹,非从隹之字皆短尾鸟也。”“隹”象鸟形,为象形字。金文“”、“”、“”已与小篆“”形近。

(81)鸟(鳥)

甲骨文	金文	小篆
11498 17864	商:亚从父丁鬲,02729　商:鸟爵,06544　商:鸟父癸鼎,00920 商:亚鸟父甲鼎,01114　商:鸟母鬳鼎,01227　春晚:子之弄鸟尊,11534	

“鸟”本义指长尾鸟。《说文解字·鸟部》:“鸟,长尾禽总名也。象形,鸟之足似匕,从匕。”许慎的字形分析有误。甲骨文、金文皆象鸟形,并不从匕,许慎所谓的“匕”是鸟足的象形。小篆“”承金文“”、“”变形而来。

(82)凤(鳳)

甲骨文	金文	小篆
21019　7369	商:翌凤母戊觯,10524　商:凤簋,04579　西早:中鼎,02384	

“凤”本指传说中的神鸟凤凰中的雄性。《说文解字·鸟部》:“凤,神鸟也。天老曰:‘凤之象也,鸿前麐后,蛇颈鱼尾,鹳颡鸳思,龙文虎背,燕颔鸡喙,五色备举。出于东方君子之国,翱翔四海之外,过昆仑,饮砥柱,濯羽弱水,莫宿风穴。见则天下大安宁。’从鸟,凡声。,古文凤,象形。凤飞,群鸟从以万数,古以为朋党字。,亦古文凤。”《诗经·大雅·卷阿》:“凤皇于飞,翙翙其羽。”毛传:“凤皇,灵鸟,仁瑞也。雄曰凤,雌曰皇。”甲骨文、金文“凤”象头有高冠、花翎、长尾之形。金文“”已经增添了声符“凡”,为形声字。

(83)燕

甲骨文	金文	小篆
 5280  补 11038 正	—	

“燕”本指燕子。《说文解字·燕部》:“燕,玄鸟也。籋口,布翄,枝尾,象形。”《诗经·邶风·燕燕》:“燕燕于飞,差池其羽。”孔颖达疏:“此燕即今之燕也,古人重言之。”许慎的字形分析是错误的,甲骨文象燕子飞翔之形。小篆“”已经发生了讹变。

(84)龙(龍)

甲骨文	金文	小篆
 13002  27021	 商:子龙鼎,00465 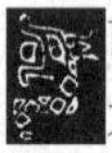 商或西早:龙鼎,00272  西早:龙爵,06904  西早:作龙母尊,11547  春晚:邵黛钟,15571	

“龙”本指我国先民传说中的神物龙。《说文解字·龙部》:“龙,鳞虫之长。能幽能明,能细能巨,能短能长;春分而登天,秋分而潜渊。从肉,飞之形,童省声。”《左传·昭公二十九年》:“虫莫知于龙。”许慎的字形分析是错误的。金文“”、甲骨文“”即象龙之形;金文“”则是龙身由方形或三角形符号组成,口有龙珠;甲骨文“”、金文“”龙身呈线条化;春秋晚期金文“”已经讹变了;小篆“”已经完全讹变。许慎所谓的肉,为像龙口的部分变来;所谓飞之形,乃龙身变来;所谓的童省声,乃是龙冠部分变来的。

(85)虹

甲骨文	金文	小篆
 10405 反	—	

“虹”本指传说雨后在天空吸水的多彩的一种动物(现在知道是雨后由于光的折射作用形成的)。《说文解字·虫部》:“虹,螮蝀也。状似蟲。从虫,工声。”《礼记·月令》:“虹始见,萍始生。”甲骨文“”即为想象中的这种动物的形象,为象形字;小篆“”为形声字。

(86)虫

甲骨文	金文	小篆
 17051  22296	 商：虫乙觶，10196  商或西早：虫爵，06788  西早：虫曶鼎，01614  西晚：邢姜太宰巳簋，04852  战：鱼鼎匕，06319	

“虫”的本义为毒蛇。《说文解字·虫部》：“虫，一名蝮，博三寸，首大如擘指。象其卧形。物之微细，或行，或毛，或蠃，或介，或鳞，以虫为象。”《说文解字注》：“虫篆象卧而曲尾形。”甲骨文、金文正是毒蛇之形。金文“”为身躯没有线条化的形体；甲骨文“”因刻写头部没有填实；金文“”身躯已趋线条化；金文“”头部变为三角形，亦毒蛇的特征；甲骨文“”头部也线条化了；金文“”突出了头部；战国金文“”和小篆“”形体接近。

(87)万(萬)

甲骨文	金文	小篆
 21239  8715	 西早：敔簋，04605  西中：师酉簋，05347	

“万”本指蝎子。《说文解字·内部》：“万，蟲也。从厹，象形。”《说文解字注》：“叚借为十千数名，而十千无正字，遂久叚不归，学者昧其本义矣。”甲骨文“”正象蝎子形；甲骨文“”、金文“”在尾部增添了饰笔一短横，金文“”饰笔继续变化，为小篆“”所本。

(88)贝(貝)

甲骨文	金文	小篆
 11429	 商：古亚簋，04729  西中：庚嬴鼎，02379  西晚：六年琱生簋，05341	

“贝”本指水生的贝类动物。《说文解字·贝部》：“贝，海介虫也。居陆名猋，在水名蜬。象形。古者货贝而宝龟，周而有泉，至秦废贝行钱。”《尚书·顾命》：“大贝、鼖鼓，在西房。”《汉书·司马相如传》：“罔毒冒，钓紫贝。”颜师古注：“贝，水中介虫。”甲骨文“”正象贝之形；金文“”、“”已有讹变；金文“”为小篆“”所本。

(89)龟(龜)

甲骨文	金文	小篆
17951 屯 859	商:叔龟鼎,00410 商:龟父丙鼎,00807	

“龟”本指乌龟。《说文解字·龟部》:“龟,旧也。外骨内肉者也。从它,龟头与它头同,天地之性,广肩无雄。龟鼈之类,以它为雄。象足、甲、尾之形。,古文龟。”《礼记·礼运》:“麟、凤、龟、龙,谓之四灵。”许慎的字形分析是错误的,龟不从它。甲骨文、金文象龟形。甲骨文“”为侧视形体,甲骨文“”、金文“”为正视形体;金文“”龟甲坼文部分简省;小篆“”应该本于侧视形体。

(90)角

甲骨文	金文	小篆
6057 3306	商:角字父戊鼎,01176 西中:瘐钟,15592 西晚:鄂侯驭鼎,02464 战早:曾侯乙钟,15431 战早:曾侯乙钟,15462 战早:曾侯乙钟,15483 战早:羊角戈,16964	

“角”本指动物头部长出的角。《说文解字·角部》:“角,兽角也。象形,角与刀鱼相似。”《易经·大壮》:“羝羊触藩,羸其角。”甲骨文、金文正象角形,上有象纹理的花纹。金文“”、“”、“”、“”、“”角尖部产生了饰笔;小篆“”可能是由金文“”一类形体演变而来的。

(91)翼①

甲骨文	金文	小篆
154 1526	春秋早期秦公钟,15565	

“翼”本指翅膀。《说文解字·飞部》:“䎀,翄也。从飞,異声。,篆文䎀从羽。”《易经·明夷》:“明夷于飞,垂其翼。”甲骨文“”、“”正象翅膀之形。金文“”从飞异声,已经是形声字,与《说文解字》籀文同,小篆则改为从羽,异声。

① 此字甲骨文释“翼”,依刘钊,洪飏,张新俊,《新甲骨文编》,福建人民出版社,2009年,第635页。

(92)井

甲骨文	金文	小篆
 1339  32764	 西早:麦鼎,02323  西中:免簋,05268	

“井”本指水井。《说文解字·井部》:“井,八家一井。象构韩形。,罋之象也。”许慎的字形分析有误。《易经·井》:“改邑不改井。”孔颖达疏:“古者穿地取水,以瓶引汲,谓之为井。”甲骨文、金文象水井之形。金文“”中的小圆点“”为饰笔,小篆“”承此而来。

(93)宀

甲骨文	金文	小篆
 13517  22293	—	

“宀”本指房屋。《说文解字·宀部》:“宀,交覆深屋也。象形。”甲骨文正象房屋之形。

(94)向

甲骨文	金文	小篆
 28954  33542	 西早:向簋,04262  西晚:多友鼎,02500  西晚:叔向父簋,04792  战晚:向孝子鼎,01102  战晚:徐莫敖昭啬戈,17310	

“向”本指向北的窗户。《说文解字·宀部》:“向,北出牖也。从宀,从口。”《诗经·豳风·七月》:“十月蟋蟀,入我床下。穹室熏鼠,塞向墐户。”毛传:“向,北出牖也。”许慎的字形分析是错误的。甲骨文、金文正象房屋上有窗户之形。金文“”增添了饰笔;“”的“宀”已经讹变;小篆“”承金文“”而来。

(95)宫

甲骨文	金文	小篆
 4290  30211	 西早:荣仲鼎,02412  西中:十三年瘐壶,12436  战早:曾侯乙钟,15432  战:右宫矛,17557	

“宫”本为房屋的通称。《说文解字·宫部》：“宫，室也。从宀，躳省声。”《易经·困》：“‘入于其宫，不见其妻’，不祥也。”许慎的字形分析是错误的。从甲骨文、金文来看，正象房屋上有门户之形，为象形字，非形声字。小篆“”承金文“”而来。

(96)墉

甲骨文	金文	小篆
 4864  20570	商：墉已鼎，00449 商：墉青鼎，00451 西中：伯庸父盉，14783	

“墉”本指城郭。《说文解字·土部》：“墉，城垣也。从土，庸声。，古文墉。”《诗经·大雅·皇矣》：“与尔临冲，以伐崇墉。”毛传：“墉，城也。”金文“”、“”正象城郭四面有望楼之形。甲骨文“”、“”，金文“”有简省；《说文解字》古文“”承金文变化而来；小篆“”则为形声字。

(97)户

甲骨文	金文	小篆
 31230	商：肄簋，05140 商：户庚觚，09255 战晚：右嗣鼎，02067 战：陈胎戈，16816	

“户”本指单扇门。《说文解字·户部》：“户，护也。半门曰户，象形。，古文户从木。”《诗经·唐风·绸缪》：“绸缪束楚，三星在户。”许慎用“护”解释“户”是声训，指出词源，是正确的。甲骨文、金文正象门扇形。因门多为木制，故可增添形符“木”形成从木户声的形声字“”，为《说文解字》古文所本。

(98)门(門)

甲骨文	金文	小篆
 13605  13598	商：门祖丁簋，03745 西中：师酉簋，05346	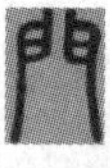

“门”本指两扇的门。《说文解字·门部》：“门，闻也。从二户，象形。”《说文解字注》：“闻者，谓外可闻于内，内可闻于外也。”《左传·襄公二十五年》：“门启而入，枕尸股而哭。”许慎用“闻”解释“门”是声训，指明词源，是对的。但说门“从二户”则是错误的。甲骨文、金文正象两扇门之形，小篆仍未失去象形性。

(99)土

甲骨文	金文	小篆
34031 6057 正	西早：大盂鼎，02514 西中：十三年瘐壶，12436 西晚：㝬钟，15633 春晚：公子土斧壶，12423	

“土”本指泥土。《说文解字·土部》：“土，地之吐生物者也。二象地之下、地之中，丨，物出形也。”《尚书·禹贡》：“厥贡惟土五色。”伪孔传：“王者封五色土为社。建诸侯，则各割其方色土与之，使立社。”许慎用“吐”来解释“土”，也是声训，指明词源，这是正确的。但是字形分析错误。从甲骨文来看，“”正象土块之形，或在下添一横表示大地，如“”；表示土块的部分拉长中间隆起就是金文“”，进一步拉长就是金文“”；表示土块的部分可拉长为一竖，就是金文“”；将拉长后竖笔的隆起部分拉长为一横就是金文“”，为小篆“”之所本，小篆已经讹变了，许慎据以分析，自然错误。

(100)田

甲骨文	金文	小篆
20196 32992 反	西早：田告罍，13766 西早：田告鼎，01608	

“田”本指田地。《说文解字·田部》：“田，陈也，树谷曰田。象四口，十，阡陌之制也。”《诗经·小雅·大田》：“大田多稼，既种既戒，既备乃事。”郑笺：“大田，谓地肥美，可垦耕，多为稼，可以授民者也。”许慎用“陈”来解释“田”是声训，指出词源，这是正确的，但字形分析是错误的。“田”并非从四口，十。甲骨文、金文均象方块田之形，至于分几块则不定。小篆“”承象四分之田的金文“”而来。

(101)丘

甲骨文	金文	小篆
4248 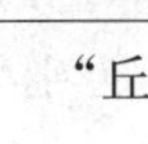8385	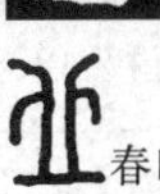商：丘刀爵，07455 春早：商丘叔簠，05872 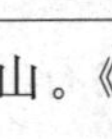春晚：庚壶，12453 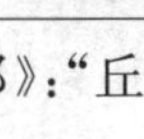战早：子禾子釜，18818	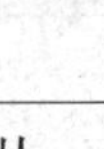

“丘”本指土山。《说文解字·丘部》：“丘，土之高也，非人所为也。从北，从一。

一,地也。人居在丘南,故从北。中邦之居,在昆仑东南。一曰四方高,中央下为丘。象形。,古文从土。"《尚书·禹贡》:"九河既道……桑土既蚕,是降丘宅土。"伪孔传:"地高曰丘。大水去,民下丘居平土,就桑蚕。"许慎的字形分析是错误的。甲骨文""、""象山形,金文""为填实之形;山形讹变后就是金文""、""、"";小篆""承金文""而来。许慎所说的"北"本为象山之形。丘与山相比,丘小,山大,故"丘"形为二座山峰,"山"为三座山峰,参见"山"字条。

(102)山

甲骨文	金文	小篆
 6822  34167	 商:山父乙觥,13626  商:𠭯母鼎,01390  西中:大克鼎,02513  春早:㲋山奢淲簠,05849  战中:郚令汜戈,17166	

"山"本指由土石形成的山。《说文解字·山部》:"山,宣也。宣气散,生万物,有石而高。象形。"《尚书·禹贡》:"禹敷土,随山刊木。"许慎用"宣"解释"山"是声训,指出词源,这是正确的。甲骨文、金文"山"象山形。山形线条化就是金文""、"",小篆""承金文""而来。

(103)阜

甲骨文	金文	小篆
 7860  20600	——	

"阜"本指土山。《说文解字·阜部》:"阜,大陆也,山无石者。象形。"《诗经·小雅·天保》:"如山如阜,如冈如陵。"毛传:"高平曰陆,大陆曰阜,大阜曰陵。"""为""线条化的形体,小篆""应从不简省的形体发展而来。

(104)石

甲骨文	金文	小篆
 21050  6952 正	 西中:己侯貉子簋盖,04918  战晚:高奴禾石权,18862	

"石"本指岩石。《说文解字·石部》:"石,山石也。在厂之下;口,象形。"《诗经·小雅·渐渐之石》:"渐渐之石,维其高矣。"""象山崖之石。"(正反无别)"

为山崖之形，“口”为石形，“”为“石”字简省之形。线条化后就是金文“”，小篆“”之所本。

(105)火

甲骨文	金文	小篆
 21095  2874	商：火↑戈，16734	

“火”本指自然界的火。《说文解字·火部》：“火，燬也。南方之行，炎而上。象形。”《尚书·盘庚上》：“若火之燎于原，不可乡迩。”伪孔传：“火炎不可向近。”许慎用“燬”解释“火”是声训；但用阴阳五行比附火，自然是不对的。金文“”、甲骨文“”本为火焰之象形，“”为线条化后的形体。小篆“”形体已经讹变了。

(106)水

甲骨文	金文	小篆
 33348  33356  10154  20615	西早：沈子也簋盖，05384 战：鱼鼎匕，06319	

“水”本指自然界的水。《说文解字·水部》：“水，准也。北方之行。象众水并流，中有微阳之气也。”《荀子·劝学》：“冰，水为之，而寒于水。”许慎用“准”来解释“水”是声训；但是用北方与水比附，则是不正确的。甲骨文“”像水流动的样子。至于像水的小点的多少和曲线的多少都是没有区别的。小篆“水”仍保留很强的象形性。

(107)川

甲骨文	金文	小篆
 3748  33357 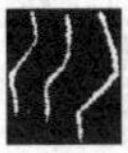 28180  22098	西早：宜侯矢簋，05373 西早：启卣，13321	

“川”本指河流。《说文解字·川部》：“贯穿通流水也。《虞书》曰：‘濬く巜，距川。’言深く巜之水会为川也。”《周礼·地官·遂人》：“凡治野，夫间有遂，遂上有径；十夫有沟，沟上有畛；百夫有洫，洫上有涂；千夫有浍，浍上有道；万夫有川，川上

有路，以达于畿。”郑注：“万夫，四县之田。遂、沟、洫、浍，皆所以通水于川也。”甲骨文“”、“”象河中有水流动之形，两条曲线象两岸，连续的小点象水在流动。“”则是像水流动的小点连成一条线的形体；“”为简省形体；金文与甲骨文同；小篆“”与金文形近，仍有很强的象形性。

(108)州

甲骨文	金文	小篆
 659  17577 正	 商：州戈，16121  西晚：散氏盘，14542	

“州”本指水中陆地，是“洲”的古字。《说文解字·川部》：“水中可居曰州，周遶其旁，从重川。昔尧遭洪水，民居水中高土，或曰九州。《诗》曰：‘在河之州。’一曰州，畴也。各畴其土而生之。，古文州。”《汉书·司马相如传》：“出乎椒丘之阙，行乎州淤之浦，径乎桂林之中，过乎泱莽之壄。”颜师古注：“水中可居者曰州。淤，漫也。浦，水涯也。”许慎的字形分析是错误的，“州”不从二川。甲骨文“”、“”，金文“”、“”，均象河流中有一块陆地之形，小点即陆地之象形。金文“”为《说文解字》古文“”之所本；小篆“”已经是讹变的形体。

(109)泉

甲骨文	金文	小篆
 8375  8376	 商：子束泉尊，11292  西晚：史颡鼎，02401	

“泉”本指水泉。《说文解字·泉部》：“泉，水原也。象水流出成川形。”《易经·蒙》：“山下出泉，蒙。”“”正象泉中有水流出之形；甲骨文“”、金文“”像水流动的连续小点连成线，而金文“”仍为连续的小点；小篆“”应该从“”发展而来。

(110)晶

甲骨文	金文	小篆
 21419  98 正  11507  29696	——	

“晶”本指星星，是“星(曐)”的本字。《说文解字·晶部》：“晶，精光也。从三日。”《说文解字注》：“凡言物之盛，皆三其文。”许慎这是误把引申义当本义。段玉裁的解释也不是很准确。从甲骨文、金文来看，并不一定从三日，“”为五颗星星

之形，“”为四颗，“”三颗，“”为三个太阳，太阳与星星一样都是发光体，故可以画三个太阳表示星星。小篆“”盖承“”而来。

(111)云

甲骨文	金文	小篆
 21234  13404	春晚：攻吴太子姑发䀠反剑，18076	

“云”本指自然界的云，是“雲”的古字。《说文解字·雲部》：“雲，山川气也。从雨，云象雲回转形。云，古文省雨。，亦古文雲。”《易经·小畜》：“密云不雨，自我西郊。”甲骨文、金文“云”本象云气之形；《说文解字》古文犹存象形性。又因为云和雨相关，故小篆“”增添形符“雨”，变成从雨云声的形声字。

(112)雨

甲骨文	金文	小篆
 20975  776  27958  22487	商：子雨己鼎，00974 商：𠃧雨觥，13617	

“雨”本指自然界的雨。《说文解字·雨部》：“雨，水从云下也。一象天，冂象雲，水霝其间也。，古文。”《易经·说卦》：“雷以动之，风以散之，雨以润之，日以烜之。”许慎的字形分析不是很准确。“”、“”均象雨从天上落下之形；一长横“一”象天；“”象天之形有变化；“”增添饰笔一短横；金文“”“”则是将连续落下的水滴连成了线；小篆“”形体略有讹变。大约从“”一类形体演变而来。

(113)雷

甲骨文	金文	小篆
 13410  13419  19521  24364 正  13409	西早：陵罍，13817 西早：盠尊，11812 西中：滔御事罍，13827 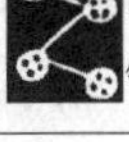西晚：楚公逆镈，15782	

“雷”本指自然界的雷。《说文解字·雨部》：“靁，阴阳薄动，靁雨生物者也。从雨，畾。象回转形。，古文靁。古文靁。，籀文靁。间有回，回，靁声也。”“靁”字后作“雷”。《诗经·召南·殷其雷》：“殷其雷，在南山之阳。”人们对雷的感知主

要来自声音，但声音无形可象，但有雷必有闪电，遂画出闪电之形，然后画出类似车轮的形体以表示雷声，这属于通感。甲骨文“”、“”、“”、“”、“”均象闪电起有雷之形，“”类形体为闪电之形，而“”、“”、“”、“”、“”均象雷声。金文“”则以“”，用“”表示闪电；“”、“”均以多个车轮象雷声，盖雷声与车轮声有相同之处；雷和雨相关，因而金文“”增添形符“雨”形成形声字，为小篆“”所本。

(114)申

甲骨文	金文	小篆
 27939  补 11591	 西中：豳公盨，05677  西晚：杜伯盨，05643	

“申”本指自然界的闪电，后来分化为“电”和“申(神的古字)”。“申”和“电”上古音极为相近，且在先民的观念中，电是神操控的，分化后，“电”又增加形符雨形成从雨电声的形声字“雹”，“申”假借表示地支的第九位，另造从示申声的形声字“神”表示天神。从甲骨文、金文来看，“申”均象闪电之形，小篆形体已经讹变了。

(115)雹

甲骨文	金文	小篆
 21777  14156	——	

“雹”本指自然界的冰雹。《说文解字·雨部》：“雹，雨冰也。从雨，包声。，古文雹。”《左传·僖公二十九年》：“秋，大雨雹，为灾也。”甲骨文“”象冰雹之形，但三个小圆点也可以解释为其他的事物，为表意明确又画出降落之形，即为甲骨文“”，为《说文解字》古文“”所本；小篆“”则为从雨包声的形声字。

(116)厷

甲骨文	金文	小篆
 13679  5532	 商：亚厷父乙卣，12098  春早：铸司寇厷鼎，02063	

“厷”本指上臂，是“肱”的古字。《说文解字·又部》：“厷，臂上也。从又，从古文。古文厷，象形。肱，肱或从肉。”《诗经·小雅·无羊》：“麾之以肱，毕来既升。”“厷”为指事字，“”字“”为手臂的象形，再用一指事符号“”表示意义之所在；甲骨文“”、“”构形之意相同；“”形已有讹变；小篆“”当从“”等形发展演变而来。《说文解字》古文“”，古文字未见；“肱”则为增加了形符“月(肉)”的形声字。

(117)刃

甲骨文	金文	小篆
19956 5475	商：冬刃鼎，00618 春早：杞伯每刃鼎，02062 战晚：右坙刃鼎，01095	

“刃”本指刀锋部位。《说文解字·刃部》：“刃，刀坚也。象刀有刃之形。”《尚书·费誓》：“砺乃锋刃。”伪孔传：“磨砺锋刃。”“”用一长笔指示刀刃之所在；“”用一小圆圈指示刀锋部位，“”则用一点；“”、“”形体略变，小篆“”与“”略似。

(118)曰

甲骨文	金文	小篆
20315 3296	西早：大盂鼎，02514 西晚：楚公逆镈，15782 战早：者汈钟，15332	

“曰”的本义指言说。《说文解字·曰部》：“曰，词也。从口乙声。亦象口气出也。”《尚书·舜典》：“帝曰：‘格，汝舜。询事考言，乃言底可绩，三载。汝陟帝位。’”许慎的字形分析是错误的，“曰”不从乙声，“乙”本是指示符号短横变来的。“”画出象形符号“口”，再用一短横指示由口出来之物，即说话。“”为美术化的形体；小篆“”当由“”、“”等形体发展而来。

(119)朱

甲骨文	金文	小篆
36743 37363	西早：母朱戈觯，10482 西中：裘卫簋，05293 西中：师酉簋，05346 西晚：此簋，05358	

“朱”的本义指树干，是“株”的古字。《说文解字》用“赤心木”来解释“朱”并非本义。甲骨文“”、“”，金文“”均画出树木形，然后在树干部位用一点指示意义之所在；“”则用一横作指示符号；“”用两短横作指示符号；小篆“”承金文“”而来。

(120)本

甲骨文	金文	小篆
——	[1]西中：本鼎，01423	

“本”的本义指树根。《说文解字·木部》：“本，木下曰本。从木，一在其下。，古文。”《诗经·大雅·荡》：“枝叶未有害，本实先拨。”“”字木为象形符号，再在根部位置画一圆点充当指示符号，表示此字意义指树的根部。小篆“”指示符号变为一短横。

(121)末

甲骨文	金文	小篆
——	春晚：蔡侯䵼歌钟，15534 战：末昊扁壶，12027 战晚：悍距末，18588	

“末”的本义指树梢。《说文解字·木部》：“末，木上曰末。从木，一在其上。”《易经·系辞下》：“其初难知，其上易知，本末也。”“”画出表示树木的象形符号，然后用一短横为指示符号，表示此字意义指树梢。小篆“”为指示符号拉长之形体。

(122)亦

甲骨文	金文	小篆
11502	商：亦戈，16100 西早：毛公旅鼎，02336 春晚：哀成叔鼎，02435	

“亦”的本义指人的腋部，为“腋”的古字。《说文解字·亦部》：“亦，人之臂亦也。从大，象两亦之形。”徐灏《说文解字注笺》：“隶变作‘亦’，即古‘腋’字，从大，左右作点，指事。”“”象一正面站立的人形，然后用两点作为指示符号表示此字意指人的腋部；“”、“”、“”为线条化的形体；小篆“”承此而来。“亦”后借作副词，另造从肉夜声的形声字“腋”表示本义。

① 此据容庚《金文编》所摹。

(123)面

甲骨文	金文	小篆
花 113 花 53	—	

"面"的本义指人的正面脸部。《说文解字·面部》:"面,颜前也。从百,象人面形。"《墨子·非攻中》:"君子不镜于水而镜于人,镜于水,见面之容;镜于人,则知吉与凶。"""画出人头的侧面形体,然后用一细线指示表意位置;""画出侧面跪坐的人形,突出头部,然后用一细线作为指示符号表示意义所在。小篆""外部的""是由指示符号变来的。

第六章

汉字分析：会意

本章分析以形会意的会意字，共分析会意字 91 字。

(1)父

甲骨文	金文	小篆
2321 正 26995 正	商：父癸鼎，00398 西早：尹父丁尊，11369 西中：子邦父甗，03332 战中：中山王礐壶，12455)	

“父”的本义指父亲。《说文解字·又部》：“父，矩也，家长率教者。从又举杖。”《诗经·小雅·蓼莪》：“无父何怙？无母何恃？”从甲骨文、金文来看，均为手持杖之形，表示教育之意，转指发出动作的人。

(2)刍(芻)

甲骨文	金文	小篆
121 122	西晚：散氏盘，14542	

“刍”的本义指割草。《说文解字·艸部》：“刍，刈艸也。象包束艸之形。”《左传·昭公六年》：“禁刍牧采樵，不入田，不樵树，不采艺。”许慎的字形分析是错误的。甲骨文、金文均为用刀剪割草之形。小篆形体已经讹变了。

(3)得

甲骨文	金文	小篆
 19756  518  8929  439	商:得卣,12595 商:得父乙觚,09564 商:得觚,08983 西早:㚤驭簋,04895 春中:滕太宰得匜,14879 战中:𡚸𧊒壶,12454 战晚:南行唐令瞿卯剑,18014	

“得”的本义为得到。《说文解字·彳部》:“得,行有所得也。从彳,㝵声。,古文省彳。”从甲骨文、金文来看,均为从手持贝,贝商周时期为货币,会有所得之意,或增加形符“彳”,为道路之意,表示在道路上有所得。小篆“贝”讹变为“见”,从又改为从寸,“又”和“寸”在古文字中常通用。

(4)为(爲)

甲骨文	金文	小篆
 2953  15179	西早:雍伯鼎,02045 西中:叀尊,11728 春秋:归父盘,14495 春晚:陈喜壶,12400 战晚:冶吏秦勺,14187	

“为”的本义为作(做)。《说文解字·爪部》:“为,母猴也。其为禽好爪,爪,母猴象也;下腹为母猴形。王育曰:‘爪,象形也。’,古文为,象两母猴相对形。”许慎的字义解释和字形分析都是错误的。《尔雅·释言》:“作,为也。”《诗经·小雅·北山》:“或出入风议,或靡事不为。”这里用的正是本义。从甲骨文来看,从又从象,以手役象,会劳作之意。金文“”、“”、“”的“象”已经讹变了,“”、“”讹变更盛;小篆“”亦为面目全非的形体,许慎据以分析,自然错误。

(5)及

甲骨文	金文	小篆
 11559  12617 正	商:及爵,06412 西早:保卣,05415 春早:秦公镈,00269 战中:中山王響壶,12455	

"及"的本义是赶上。《说文解字·又部》:"及,逮也。从又,从人。乁,古文及。《秦刻石》及如此。弓,亦古文及。𨗉,亦古文及。"《论语·颜渊》:"子贡曰:'惜乎!夫子之说,君子也。驷不及舌。'"甲骨文、金文均为从人从又,一人在前,后有手抓握,会赶上之意。""人与又交叉;""人形有讹变;小篆""大约是从""一类形体发展而来的。许慎所说的古文"乁"、"弓",古文字材料未见。

(6)秉

甲骨文	金文	小篆
18157 17444	商:秉毌戊觶,10381　西晚:作册封鬲,03037 西中:曶鼎,02515	

"秉"的本义是禾束。《说文解字·又部》:"秉,禾束也。从又持禾。"《诗经·小雅·大田》:"彼有遗秉,此有滞穗。"甲骨文、金文均为从又持禾,金文""为双手持禾。手持一禾为秉,若手持二禾则为兼,见"兼"字条。

(7)兼

甲骨文	金文	小篆
——	商:弓𠫓卣,13083　春晚:徐王子旃钟,15532　战晚:丞相启状戈,17239　秦:始皇诏量,18832	

"兼"的本义为并,指同时具有或涉及两方面或两个事物。《说文解字·秝部》:"兼,并也。从又持秝。兼,持二禾;秉,持一禾。"金文"兼"均为手持二禾,会并之意。

(8)𠬝

甲骨文	金文	小篆
724　712	西晚:㝬钟,15633	

"𠬝"的本义为屈服,是"服"的古字。《说文解字·又部》:"𠬝,治也。从又,从卩。卩,事之节也。"这里的"治"为治理义,是"使……屈服"之义。甲骨文""、""均为用手按压跪坐之人,会使其屈服之意。许慎的字形分析是错误的,不从卩,卩为跪坐的人形的讹变。金文""手的位置略有变化,小篆""承此而来。

(9)取

甲骨文	金文	小篆
117 108	商:取父癸卣,12816 西早:取子敄鼓钺,18248 西中:裘卫盉,14800	

"取"的本义为捕取。《说文解字·又部》:"取,捕取也。从又,从耳。《周礼》曰:'获者取左耳。'《司马法》曰:'载献聝。'聝者,耳也。"《周礼·夏官·大司马》:"大兽公之,小禽私之,获者取左耳。"郑注:"得禽兽者取左耳,当以计功。"甲骨文、金文均从手从耳,会捕取之意,小篆犹是。

(10)启(啟)

甲骨文	金文	小篆
20957 13123 30196	商:启尊,11751 商:亚攺父乙鼎,01122 西早:攸簋,04813 西中:訇钟,15592 战晚:郑令棺涽铍,18071 战晚:鄂君启舟节,19181	

"启"的本义为开启。《说文解字·攴部》:"啟,教也。从攴,启声。《论语》曰:'不愤不啟。'"许慎的字义分析是错误的,误把引申义当本义。《广雅·释诂》:"启,开也。"《尚书·金縢》:"王与大夫尽弁,以启金縢之书。"这里用的正是本义。甲骨文""、"",金文""均从又推门,会开启之意。甲骨文""、金文""、""增添了装饰性部件"口",这个"口"部参与表意;""、"""又"改为从"攴","又"与"攴"为意义相近的构字部件,可以通用;""又改从"殳",亦为义近构字部件,可以通用。小篆""由增加了装饰性部件的形体发展而来。

(11)爯

甲骨文	金文	小篆
7423 31996	西早:爯罍,13812 西中:裘卫盉,14800	

"爯"的本义为举,是"偁"的古字。《说文解字·冓部》:"爯,并举也。从爪,冓省。"这个字形分析是错误的。从甲骨文、金文来看,从手从鱼,以手持鱼,会举之意,并非从冓省。

(12)采

甲骨文	金文	小篆
 20960  11726	西早:中鼎,02382 西中:采只簋,05154 西晚:卌二年逨鼎,02502 战:采者节,19155	

“采”的本义为采摘。《说文解字·木部》:“采,捋取也。从木从爪。”《诗经·周南·关雎》:“参差荇菜,左右采之。”甲骨文、金文均从手从木,或从有叶之木,会在树上采摘之意。

(13)隻

甲骨文	金文	小篆
 20781  10839	商:获鼎,00166 商:只父癸爵,07938 春晚:哀成叔鼎,02435 春晚:攻吴太子姑发腎反剑,18076 战晚:楚王酓忎鼎,02359	

“隻”的本义是捕获,是“获(獲)”的古字。《说文解字·隹部》解释此字为“鸟一枚”,“从又持隹,持一隹曰隻,持二隹曰雙。”则是表示量词只(隻)字。甲骨文、金文均从又持鸟,会捕获之意,古文字中均用为捕获义,当为“获”的古字。

(14)射

甲骨文	金文	小篆
 10693  32886	商:射女鼎,00728 西早:麦鼎,11820	

“射”的本义指射箭。《说文解字·矢部》:“䠶,弓弩发于身而中于远也。从矢,从身。,篆文䠶从寸。寸,法度也,亦手也。”射为篆文,则“(䠶)”为古文。《易经·解》:“公用射隼于高墉之上,获之,无不利。”许慎的字形分析是错误的。“”、“”、“”均为矢在弦上,会发射之意。因为射箭是手上的动作,金文“”增加了形符“又”;小篆“”和《说文解字》所录古文“”均将弓形讹变为“身”,小篆又变“又”为“寸”。

(15)牧

甲骨文	金文	小篆
 11400  493 正  5842  32031  32085  11002	 商：亚牧鬲，02618  商：又敄父癸鼎，01214  西早：牧正尊，11277  西早：免簋，04626  西中：𪑘匜，15004  西晚：叔𪑔父簋，05054	

"牧"的本义为放牧。《说文解字·牛部》："牧，养牛人也。从攴，从牛。《诗》曰：'牧人乃梦。'"许慎的字义解释是错误的，误将引申义当本义。《玉篇·牛部》："牧，畜养也。"《孟子·公孙丑下》："今有受人之牛羊而为之牧之者。"这里用的正是本义。甲骨文""从攴从牛，而""从攴从羊，因而其本义必是放牧，养牛人必是引申义，不然""的意义就应当是"养羊人"了。""又增加了形符"彳"，表示道路，而放牧必行走，和道路相关；""又增加了形符"止"，"止"表示人，放牧必有人参与；""既有形符"彳"，又有形符"止"；金文""的"攴"又从两手，从一手与从两手没有区别；""的"牛"讹变为"干"；小篆""可能承金文""、""一类形体而来。

(16)鼓

甲骨文	金文	小篆
 891 正  30388  20275	 商：鼓觶，10096  商：鼓寝盘，14329  西早：鼓䡴觶，10642  西晚：師嫠簋，05381  春晚：子璋钟，15330  春晚：邵黛钟，15571	

"鼓"本指打击乐器鼓。《说文解字·鼓部》："鼓，郭也。春分之音，万物郭皮甲而出，故谓之鼓。从壴。支，象其手击之也。《周礼》：'六鼓：雷鼓八面，灵鼓六面，路鼓四面，蕡鼓、皋鼓、晋鼓皆两面。'，籀文鼓，从古声。"《尚书·胤征》："瞽奏鼓，啬夫驰，庶人走。"许慎用"郭"来解释"鼓"是声训，指明得名之由。从甲骨文、金文来看，从攴从壴，会手持鼓槌击鼓之意，转指所击打之物。金文""、""、""所从之"攴"形变为"支"，为小篆""所本，许慎认为从"支"，是讹变后的形体。

(17)友

甲骨文	金文	小篆
 20689  5622	 西早：麦鼎，02323  西中：彧鼎，02448  西中：吝簋，05204  西中：七年趞曹鼎，05204	

“友”本指朋友。《说文解字·又部》：“友，同志为友。从二又，相交友也。，古文友。，亦古文友。”《周礼·地官·大司徒》：“联朋友。”郑注：“同师曰朋，同志曰友。”“”、“”用手代表人，二手，表示二人，二手相并，犹同二人相友善。“”手部增添了饰笔，为《说文解字》古文“”所本；“”增添了形符口，朋友相见，必有言说；“”变形符为甘，朋友友善之感觉，如同食物甘甜，为《说文解字》古文“”所本。小篆“”承金文“”等形体而来。

(18)爰

甲骨文	金文	小篆
 19238  19239	 商：爰卣，12533  战晚：鄂君启舟节，19182	

“爰”的本义是援引，是“援”的古字。《说文解字·𠬪部》：“爰，引也。从𠬪，从于。籀文以为车辕字。”《说文解字注》：“此与手部‘援’音义相同。”“”、“”、“”均为从二又、丨，二手表示两人，丨为用来援引的工具，表示一人援引另一人。“”表示援引工具的部分已经形变，小篆“”也已形变。

(19)受

甲骨文	金文	小篆
 6483  36126	 商：受簋，03431  商：受觯，10056  西中：免簋，05268  西晚：颂鼎，02494	

“受”的本义指授予和承受，后来分化为“受”和“授”。《说文解字·𠬪部》：“受，相付也。从𠬪，舟省声。”《仪礼·士丧礼》：“降衣于前，受用箧。”此为承受义。《商君书·定分》：“今先圣人为书而传之后世，必师受之，乃知所谓之名。”此为“授予”

义。甲骨文、金文本从二又，从舟，二手表示二人，表示一人将舟形物（非舟船）交给另一人，从甲方来说，是授予，从乙方来说，是承受。“舟”本是授予、承受之物，与“受（授）”音近，又以之为声符。小篆“”之“舟”简省。

（20）争（爭）

甲骨文	金文	小篆
 6814  2773	—	

“争”本指争夺。《说文解字·𠬪部》：“争，引也。从𠬪，厂。”《说文解字注》：“凡言争者，皆谓引之使归于己。”《左传·隐公十一年》：“公孙阏与颍考叔争车。”甲骨文从二又，二手表示二人，二人争夺一物，会争夺之意。小篆“”所谓“厂”为争斗之物的形变。

（21）廾

甲骨文	金文	小篆
 23	 商或西早：収鼎，00265  战中：虒令周廾鼎，02163	

“廾”本指捧持。《说文解字·廾部》：“廾，竦手也。从𠂇从又。𢪒杨雄说廾从二手。”《说文解字注》：“谓竦其两手以有所奉也。”甲骨文、金文皆为两手相对，会捧持之意。战国金文“”增添了饰笔；小篆“”当承金文“”而来。

（22）丞

甲骨文	金文	小篆
 2279	 战晚：丞相启状戈，17329	

“丞”的本义为拯救，是“拯”的古字。《说文解字·廾部》：“丞，翊也。从廾，从卩，从山。山高，奉承之义。”许慎的字义解释是错误的。“翊”为辅佐义，这是“丞”的引申义，非本义，误把引申义当本义。扬雄《羽猎赋》：“丞民乎农桑，劝之以弗怠。”李善注引《声类》：“丞亦拯字也。”许慎的字形分析也是错误的。甲骨文“”为人陷入坑中，有人两手援引，会拯救之意。许慎所说的“卩”，本是人形，《说文解字》中的“卩”很多都由人形“”而来。所说之“山”，为陷坑之象形；小篆“”与战国金文“”形近。

(23)戒

甲骨文	金文	小篆
7060 20558	西中:戒叔尊,11601 战中:中山王礜壶,12455)	

“戒”的本义为警戒。《说文解字·廾部》:“戒,警也。从廾持戈,以戒不虞。”《易经·萃》:“君子以除戎器,戒不虞。”孔颖达疏:“修治戎器,以戒备不虞也。”甲骨文、金文均为两手持戈,会警戒之意。“”增添了饰笔,小篆“”当从“”一类形体发展而来。

(24)兵

甲骨文	金文	小篆
9468	西晚:辅伯戈,16716 春晚:与兵壶,12445	

“兵”的本义指兵器。《说文解字·廾部》:“兵,械也。从廾持斤,并力之皃。,古文兵从人,廾,干。,籀文。”《诗经·秦风·无衣》:“王于兴师,修我甲兵,与子偕行。”“斤”本斧钺类器具,双手持之,会用力之意,表示为战争之器具。“”为美术化的形体;因为兵器为人所持,《说文解字》古文“”增加了形符人,改“斤”为“干”,“斤”为进攻性武器,“干”为防御性武器,其意相同;籀文“”则是在“斤”下增加了饰笔一横;小篆“”当从金文“”等形体发展而来。

(25)具

甲骨文	金文	小篆
22153	西晚:函皇父簋,05144 西晚:驹父盨盖,05675 西晚:尉比鼎,02483 春中:叔师父壶,12414	

“具”的本义为供置、准备好。《说文解字·廾部》:“具,共置也。从廾,从贝省。古以贝为货。”《说文解字注》:“共、供古今字。”《尚书·盘庚中》:“兹予有乱政同位,具乃贝玉。”许慎的字形分析是错误的。甲骨文“”、金文“”、“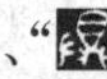”均从双手持鼎,会供置之意;金文“”鼎讹变为贝;金文“”鼎又省作“目”,为小篆“”所本,许慎据以分析为从贝省,自然错误。

(26)典

甲骨文	金文	小篆
20332 21186 30659 28009	商：卫典鼎，00610 西早：荣簋，05274 西中：倗生簋，05307	

“典”的本义为典籍。《说文解字·丌部》：“典，五帝之书也。从册在丌上，尊阁之也。庄都说：‘典，大册也。’，古文典从竹。”《尚书·五子之歌》：“明明我祖，万邦之君。有典有则，贻厥子孙。”伪孔传：“典，谓经籍。”甲骨文“”、“”为手持书册，表示为重要之书册，即典籍；甲骨文“”、金文“”为双手捧持书册；甲骨文“”增加了“二”，表示搁置书册之物；金文“”省手；“”改“二”为“丌”，为小篆“”所本；因书册多为竹简编连而成，故可增加形符“竹”，即《说文解字》古文“”。

(27)共

甲骨文	金文	小篆
2795	西早：共鬲，02610 西中：善鼎，02487 战晚：楚王酓忎鼎，02359	

“共”的本义为共同。《说文解字·共部》：“共，同也。从廿，廾。，古文共。”《论语·公冶长》：“愿车马，衣轻裘，与朋友共，敝之而无憾。”甲骨文“”、金文“”、“”均从二又，两手表示两人，会两人共同抬物之意。金文“”所抬之物的形体变为“廿”，与小篆“”同。

(28)兴(興)

甲骨文	金文	小篆
6531 19907 21056	商：兴壶，11958 西晚：鬲叔兴父盨，05589	

“兴”的本义为起。《说文解字·舁部》：“兴，起也。从舁，从同。同力也。”《诗经·卫风·氓》：“夙兴夜寐，靡有朝矣。”郑笺：“早起夜卧。”甲骨文、金文从四又，或从二又，表示四人或二人，会多人抬起某物，所抬之物与“凡”和“同”的甲骨文形体同形（甲骨文“凡”与“同”同形）；金文“”所抬之物变成“同”，为小篆“”所本。《说文解字》“舁”就是四“又”所变之形。

(29)斗(鬥)

甲骨文	小篆
21524 14584	

“斗”的本义为搏斗,是“鬬”的古字。《说文解字·鬥部》:“鬥,两士相对,兵杖在后,象鬥之形。”《孙子·虚实》:“敌虽众,可使无斗。故策之而知得失之计。”甲骨文“”、“”均为两人相对,以手搏斗之形,会搏斗之意;小篆“”已有讹变。

(30)各

甲骨文	金文	小篆
21021 10405 花东 276	西早:荣簋,05099 西晚:颂鼎,02492	

“各”的本义为到达,是“洛”的古字,也是文献上解释为“至”的“格”的本字。《说文解字·口部》:“各,异辞也。从口、夊,夊者,有行而止之,不相听也。”许慎的字形分析和字义解释都是错误的。解释为“异辞”,用现代语言学术语说就是逐指代词,是“各”的假借义,而不是本义;“各”本不从口。金文“各”大多数情况下都用作本义,可以解释为“至”。甲骨文“”从止,止表示人,表示人来到居处或某地,“”表示到达之处,甲骨文“”、“”,金文“”、“”,“”变为“口”。在古文字中,“”、“口”往往互变。小篆“”承金文而来。

(31)出

甲骨文	金文	小篆
6696 10539	商:寝出爵,06984 西早:小子生尊,11799 西中:叔趯父卣,13341 战:鱼鼎匕,06319	

“出”的本义为走出某处,与“入”相对。《说文解字·出部》:“出,进也。象艸木益滋,上出达也。”《礼记·祭义》:“乐正子春下堂而伤其足,数月不出。”许慎的字形分析是错误的。甲骨文“”、“”,金文“”均从止从“”,“止”表示人,“”表示居所或出发之处,会人走出处所之意;金文“”的“止”有形变;金文“”的“”又变为一曲笔;金文“”止与“”粘连在一起,小篆“”与此形近。

(32)步

甲骨文	金文	小篆
 20375  67 正  7772 正  32947	 商:子步祖辛鼎,11431  商:步爵,06588  西晚:晋侯苏钟,15298	

“步”的本义为行走。《说文解字·步部》:“步,行也。从止,相背。”《尚书·召诰》:“王朝步自周,则至于丰。”郑玄注:“步,行也。”甲骨文、金文均从两止,两止方向相对,表示人两脚交替前进,会行走之意。小篆“”应是从金文“”一类形体演变而来的。

(33)正

甲骨文	金文	小篆
 7505  16244	 西早:御正卫簋,04994  西早:麦方彝,13541  春晚:姑冯昏同之子句鑃,15983  春晚:哀成叔鼎,02435	

“正”的本义为征伐,是“征”的古字。《说文解字·正部》:“正,是也。从止,一以止。,古文正,从二,二,古上字。,古文正,从一足,足者,亦止也。”许慎的字义解释和字形分析都是错误的。《诗经·商颂·玄鸟》:“古帝命武汤,正域彼四方。”《墨子·明鬼下》:“天下失义,诸侯力正。”正是用的“征伐”本义。许慎误将引申义当本义。甲骨文“”、“”,金文“”从“口”从“止”,“口”为城郭之象形,“止”表示人,会前来征伐之意。金文“”表示城郭形的“口”填实了,将其拉平为一横就是“”,为小篆“”所本;“”为增加了饰笔一横的形体,为《说文解字》古文“”所本;古文“”应是在“”类形体上增加了饰笔一横形成的,许慎误认为“足”。

(34)围(圍)

甲骨文	金文	小篆
 20444  33399	 西晚:柞伯鼎,02488  春晚:庚壶,12453	

“围”的本义为包围。《说文解字·口部》:“围,守也,从口,韦声。”《左传·隐公五年》:“宋人伐郑,围长葛。”甲骨文“”从二止、从口,“口”为城郭之形,二止表示

很多人,会城郭被围之意;“”从口,从四止,二止在内,二止在外,表示城外有人包围,城内有人驻守,会包围之意;金文“”、“”则为从口韦声的形声字,与小篆“”同。

(35)先

甲骨文		金文			小篆
8028	28099	商:先壶,11963	西早:沈子也簋盖,05384	西中:瘨簋,05190	

“先”的本义指前进。《说文解字·先部》:“先,前进也。从儿,从之。”《周礼·夏官·大司马》:“若师有功,则左执律、右秉钺以先,恺乐献于社。”甲骨文“”从人从止,会人前进之意;甲骨文“”、金文“”从之,从之与从止同意;金文“”略有形变;小篆“”承金文“”而来。

(36)之

甲骨文	金文			小篆
27370	西中:君夫簋盖,05197	西晚:散氏盘,14542	春晚:䣄子剑,䣄子剑	
18866	春晚:邾公釛钟,15275	战早:曾侯乙钟,15470	战晚:君夫人鼎,01484	

“之”的本义为往。《说文解字·之部》:“之,出也。象艸过屮,枝茎益大,有所之。一者,地也。”许慎的字义解释是错误的。《尔雅·释诂》:“之,往也。”《诗经·墉风·载驰》:“百尔所思,不如我所之。”此处正是用的本义。许慎的字形分析也是错误的。甲骨文“”“”从止,从一,一表示要前往之处,止表示人行走,会前往之意。金文形体已有讹变;金文“”、“”为美术化的形体;“”为讹变的形体;小篆“”承金文“”、“”而来,形体已有讹变,许慎据以分析,自然错误。

(37)乘

甲骨文		金文			小篆
3999	4002	西早:麦尊,11820	西中:师同鼎,02430	西晚:公臣簋,05185	

“乘”的本义为升、登。《说文解字·桀部》:“乘,覆也。从入、桀。桀,黠也。军法曰乘。𠅞,古文乘从几。”《易经·同人》:“乘其墉,弗克攻,吉。”许慎的字形分析是错误的。甲骨文“”、“”均为人立于树木之上,会登、升之意。金文“”、“”、

“”突出了人的两脚(止),而“”的人形(大)略有变形;小篆“”已为讹变形体,许慎据以分析,自然错误。

(38)相

甲骨文	金文	小篆
 36844	 商:亚麃相父乙壶　 西早:殳簋,05112　 战早:越王者旨于睗钟,15419　 战晚:相邦吕不韦戈,17255　 战晚:相邦阳安君铍,18056　 战中:中山王礜壶,12455	

“相”的本义为观察。《说文解字·目部》:“相,省视也。从目,从木。《易》曰:‘地可观者,莫可观于木。’《诗》曰:‘相鼠有皮。’”《尚书·无逸》:“相小人,厥父母勤劳稼穑,厥子乃不知稼穑之艰难。”甲骨文、金文从目从木,人观察树木,会观察之意。“”为美术化的形体;“”、“”增加了饰笔;小篆“”承金文“”而来。

(39)省

甲骨文	金文	小篆
 5980　 5112	 商:戍𩰫鼎,02296　 西早:臣卿簋,04871　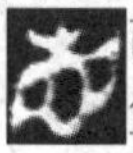 西早:天亡簋,05303　 西晚:㝬钟,15633　 战中:中山王礜鼎,02517	

“省”的本义为观察。《说文解字·眉部》:“省,视也。从眉省,从屮。,古文从少,从囧。”《易经·复》:“先王以至日闭关,商旅不行,后不省方。”甲骨文“”、金文“”、“”、“”从木从目,“”从目从屮,表示观察草木,会观察之意;金文“”、“屮”的竖笔上增加了一小圆点为饰笔;“”将饰笔拉长下移,“屮”讹变为“生”,变为声符,成为从目生声的形声字。小篆“”形体已经讹变了,致使许慎误析为从眉省。

(40)冓

甲骨文	金文	小篆
 20554　 32994	 西早:冓斝,11053　 西晚:叔多父盘,14533	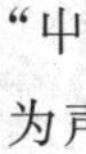

“冓”的本义为相遇,是“遘”的古字。《说文解字·冓部》:“冓,交积材也。象对交之形。”许慎的字义解释是错误的,解释为“交积材”则是把此字当成“构(構)”的古字,是引申义,不是本义;字形分析也是错误的。甲骨文“”、“”,金文“”均为两

鱼相遇之形,会相遇之意;小篆""承金文""而来。

(41)刖

甲骨文	金文	小篆
6002 正 582	——	

"刖"本指古代砍掉脚的刑罚。《说文解字·刀部》:"刖,绝也。从刀,月声。"《玉篇·刀部》:"刖,断足也。"《左传·庄公十六年》:"九月,杀公子阏,刖强鉏。"许慎用"绝"解释"刖"是声训,说明得名之由。甲骨文""、""从大(人形),象用刀或其他刑具砍人足之形,会断足之意。小篆变为形声字。

(42)解

甲骨文	金文	小篆
18387	西早:解子甗,03243 西早:解子鼎,01820 战中:中山王礐鼎,02517	

"解"的本义为分解。《说文解字·角部》:"解,判也。从刀判牛角。一曰解廌,兽也。"《左传·宣公四年》:"宰夫将解鼋。"甲骨文""、金文""为两手拔牛角,会分解之意;金文""从牛才支从角,表示用工具分解牛角之意;""改"支"为"刃";小篆""从刀。

(43)甘

甲骨文	金文	小篆
517 正 27147	春早:鄀甘辜鼎,02193 战早:邯郸上库戈,16703	

"甘"的本义为甘美的食物。《说文解字·甘部》:"甘,美也。从口含一,一,道也。"《尚书·洪范》:"稼穑作甘。"伪孔传:"甘味生于百谷。"甲骨文、金文均从口从一,许慎解释"一"为道,实则"一"表示食物,口含食物,会甘美之意。

(44)折

甲骨文	金文	小篆
7923 18459 21002	西晚:师同鼎,02430 西晚:多友鼎,02500	

"折"的本义为折断。《说文解字·艸部》:"折,断也。从斤断艸。𣂚,籀文折,从

艸在仌中，仌寒，故折。，篆文折，从手。”该字在《说文解字》中的正篆“”为古文。《易经・丰》：“折其右肱。”从甲骨文、金文来看，均为用斤断艸之形。许慎对小篆的分析是错误的，小篆“”所从之手是由两屮讹变而来的，可能由金文“”一类形体演变而来。

(45)析

甲骨文	金文	小篆
 14294  24359	 商：析父丙壶，12041  西早：析父乙鼎，00782  西中：倗生簋，05308  春晚：鄦侯少子簋，05149  战早：斨君墨臂戟，17053	

“析”的本义为剖开。《说文解字・木部》：“析，破木也。一曰折也。从木从斤。”《诗经・小雅・车舝》：“陟彼高冈，析其柞薪。”甲骨文、金文均从斤从木，用斤劈木，会剖开之意。战国金文“”改“木”为“片”，“片”为半木，正劈开之结果；小篆“”承金文“”而来。

(46)林

甲骨文	金文	小篆
 18418  33756	 西中：尹姞鬲，03040  战中：好盗壶，12454	

“林”的本义为树林。《说文解字・林部》：“平土有丛木为林。从二木。”《诗经・邶风・击鼓》：“于以求之？于林之下。”甲骨文、金文、小篆均从二木，会意。

(47)益

甲骨文	金文	小篆
 12983  31990	 西晚：毕鲜簋，05050  西晚：元年师旋簋，05331  战早：春成侯壶，12771	

“益”的本义为满溢，是“溢”的古字。《说文解字・皿部》：“益，饶也。从水皿。皿，益之意也。”《吕氏春秋・察今》：“澭水暴益。”甲骨文“”从皿从水，表示器皿中水满溢出；“”水作一曲笔。金文“”、“”、“”表示水的形体，均有讹变。

(48)去

甲骨文	金文	小篆
 5127  28189	 春晚：哀成叔鼎，02435  战中：中山王嚳鼎，02517  战中：𡚱壶，12454  战晚：少府戈镦，16667  秦：丞相斯戈，17326	

“去”的本义为覆盖，是“盍”的古字。《说文解字·去部》：“去，人相违也。从大，△声。”许慎的字形分析和字义解释都是错误的，误把引申义当本义。甲骨文、金文均从“大”，从“口”或“”，古文字从“口”和从“”大多没有区别。“大”并非人形，而是器物之盖，象形，“口”为器皿，以盖覆盖器皿，会覆盖之意。金文“”从止，是为离去义造的后起字；“”、“”、“大”写作“”是战国时期东方六国文字的特点。小篆“”承甲骨文“”而来。

(49)即

甲骨文	金文	小篆
 20174  20193  32995  29704  29707  32256	 西早：大盂鼎，02514  战中：中山王嚳壶，12455  战晚：蒲阪令钥戈，17169	

“即”的本义为就食。《说文解字·皀部》：“即，即食也。从皀，卩声。”《易经·鼎》：“鼎有实，我仇有疾，不我能即。”许慎的字形分析是错误的。即不从卩声，所谓卩，是由象跪坐人形的“”变来的。甲骨文、金文均为人就食之形，金文“”添加一短横为饰笔；“”表示人形的“”发生了讹变；小篆“”和“”较近。

(50)既

甲骨文	金文	小篆
 163  34225	 西早：士上卣，13333  西中：七年趞曹鼎，02433  春晚：哀成叔鼎，02435	

“既”的本义为完结。《说文解字·皀部》：“既，小食也。从皀，旡声。《论语》曰：‘不使胜食既。’”《广雅·释诂》：“既，尽也。”《庄子·应帝王》：“吾与汝既其文，未既其实。”成玄英疏：“既，尽也。”许慎的字形分析是错误的。甲骨文、金文均为人就食完毕，回头欲离开之形，会完结之意，为会意字，并非从旡声的形声字。

(51)乡(鄉)

甲骨文	金文	小篆
5243 5236 16050 16052 20313 31047	商:迺鼎,02312 商:卿爵,06624 西早:欶簋,04605 西早:征簋,04949 西早:天亡簋,05303 西中:13324 战中:中山王𰯼壶,12455	

“乡”的本义为相向、方向,为“嚮”的古字,后分化为“乡(鄉)”和“卿”两字。《说文解字·卯部》:“卿,章也。六卿:天官冢宰,地官司徒,春官宗伯,夏官司马,秋官司寇,冬官司空。从卯,皀声。”许慎用“章”解释“卿”是声训。他的字形分析有误,他所谓的“皀”为声符,实则“皀”为食具满盛食物之形,卯为两就食的相向之人,从就食者来说,这个字表示为“卿”,从两人相向来说,这个字为乡(鄉)。因卿本乡中尊老,这个字又指古代行政区划的乡。《说文解字·𨛜部》:“乡,国离邑,民所封乡也。啬夫别治,封圻之内六乡,六乡治之。从𨛜,皀声。”到了小篆,“乡”的两相对人形改为两邑,其字变为“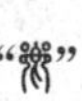”,为乡党之乡的专字,“”则为卿大夫之专字;方向字后来另造从鄉向声的形声字“嚮”来表示。

(52)执(執)

甲骨文	金文	小篆
26991 32287	西早:执卣,13295 西中:师同鼎,02430 西晚:不嬰簋盖,05388	

“执”的本义为逮捕。《说文解字·㚔部》:“执,捕罪人也。从丮,从㚔,㚔亦声。”《诗经·大雅·常武》:“铺敦淮濆,仍执丑虏。”许慎的字形分析是错误的。甲骨文“”、金文“”均为人双手拘于刑具上之形;“”增加了形符“又”,表示管理者;金文“”略有形变;“”画出了被拘者的脚部;小篆“”已经讹变了,许慎所说的“㚔”本为刑具之象形。

(53)闻(聞)

甲骨文	金文	小篆
 1137  20153	 西早:闻爵,08478  西早:大盂鼎,02514  西中:宰兽簋,05376  战中:中山王嚳鼎,02517	

“闻”的本义为听见。《说文解字·耳部》:“闻,知闻也。从耳,门声。“”,古文从昏。”《礼记·大学》:“心不在焉,视而不见,听而不闻。”甲骨文“”、金文“”为一跪坐人形,手举起,另有一只大大的耳朵,会倾听之意;甲骨文“”仅用一跪坐人形,张大耳朵,表示倾听;金文“”、“”左边人形部分均已讹变;“”与许慎所说古文同,为从耳昏声的形声字;小篆“”则变为从耳门声的形声字。

(54)旦

甲骨文	金文	小篆
 34601  29585	 西中:七年趞曹鼎,02433  西中:大师虘簋,05281	

“旦”的本义为早晨。《说文解字·旦部》:“旦,明也。从日见一上。一,地也。”甲骨文“”从两有饰笔的日,表示太阳升起,会早晨之意;“”为无饰笔的两日形;金文“”、“”下面日形填实,拉长“”下面日形为一长横,即为小篆“”所本之形体。

(55)明

甲骨文	金文	小篆
 14  11497  13442  11708	 商:明亚乙鼎,00956  春早:秦公镈,15825  战中:好蚉壶,12454	

“明”的本义为光明。《说文解字·明部》:“朙,照也。从月,从囧。明,古文明,从日。”《易经·系辞下》:“日往则月来,月往则日来,日月相推而明生焉。”甲骨文“”、“”从日从月,日、月均为发光体(古人以为月亮也发光。),会光明之意;甲骨文“”中“日”变形为“田”;甲骨文“”、金文“”所从之“日”为图画化写法,与青铜器上的太阳纹相同;“”的“日”有讹变;“”为美术化形体;小篆“”当从“”、

“”等发展而来。

(56)夙

甲骨文	金文	小篆
20346 26897	西早:启卣,13321 西中:伯中父簋,04942	

“夙”的本义为早晨。《说文解字·夕部》:“夙,早敬也。从丮。持事虽夕不休。早敬者也。𠈇,古文夙。㑉,亦古文夙。”《尔雅·释诂》:“夙,早也。”《诗经·齐风·东方未明》:“折柳樊圃,狂夫瞿瞿。不能辰夜,不夙则莫。”毛传:“夙,早;莫,晚。”许慎的字形分析是错误的,“夙”不从夕,而是从月。甲骨文、金文均为有日之时起来劳作之形,会早晨之意。“”人形部分已经讹变;许慎所说的古文“𠈇”、“㑉”当是“宿”字,假借为“夙”,参见本书第132页“宿”字条。

(57)保

甲骨文	金文	小篆
20305 18970	商:保鼎,00132 西早:保父丁簋,03800 西早:亚保酉簋,03864 西早:保侃母簋,04625 西早:䋹鼎,01528 春晚:鄦侯少子簋,05149 战中:中山王嚳壶,12455	

“保”的本义为养育,为“褓”的古字。《说文解字·人部》:“保,养也。从人,从𤓽省。𤓽,古文孚。𠈃,古文保。𠊷,古文保不省。”《尚书·康诰》:“若保赤子,惟民其康乂。”甲骨文、金文均为“人”、“负”、“子”,会养育之意。金文“”增添了饰笔;“”为从玉保声之形声字;“”与小篆“”构形同;“”与古文“”构形同。

(58)好

甲骨文	金文	小篆
13711 2649 正	商:妇好鼎,00491 商:妇好瓿,13961 西中:邢南伯簋,05103	

“好”的本义为美善。《说文解字·女部》:“好,美也。从女、子。”许慎的字义解

释是错误的,误将引申义当本义。甲骨文“”、“”,金文“”从子从女,子为幼儿的象形,女为成年妇女的象形,以成年女性对幼儿之慈爱友善态度会美善之意,引申为美好之义,金文“”从二女,为二女抚育、逗弄幼儿之象,亦会美善之意;金文“”已经笔画化,小篆“”承此而来。

(59)育(毓)

甲骨文	金文	小篆
 22663  14857  31202  14125	 西早:嫠卣,13305  西中:史墙盘,14541	

“育”的本义为生育。《说文解字·𠫓部》:“育,养子使作善也。从𠫓,肉声。《虞书》曰:‘教育子。’毓,育或从每。”《易经·渐》:“妇孕不育,失其道也。”甲骨文“”、金文“”从女,从倒子,子旁有小点,为血水象形,会女子生子之意;“”简省血水形;“”所从子不向下,盖古文字字形方向多不参与表意;“”、“”改从人,人与女为近义偏旁,古文字中常常通用;“”则为形声字;《说文解字》或体“毓”直接承甲骨文、金文而来。

(60)休

甲骨文	金文	小篆
 8154  8162	 西早:沈子也簋盖,05384  西早:作册折尊,11800	

“休”的本义为休息。《说文解字·木部》:“休,息止也。从人依木。庥,休或从广。”《诗经·大雅·民劳》:“民亦劳止,汔可小休。”甲骨文、金文均从人从木,人倚靠树木,会休息之意。《说文解字》或体“庥”从广,“广”表示房屋,故增加为形符,形成形声字。

(61)何

甲骨文	金文	小篆
 20239  27424	 商:何父乙卣,12762  商:何兄日壬觯,10525  商或西早:子何爵,07357  西晚:炣簋盖,04671  战晚:王何戈,17187	

“何”的本义为担，是“荷”的古字。《说文解字·人部》：“何，儋也。从人，可声。”《说文解字注》：“何，俗作荷。”《诗经·曹风·候人》：“彼候人兮，何戈与祋。”甲骨文“”、金文“”均为人担物，会担、挑之意；“”所担物形变化，似从人从丂；“”人形增加了大口，表示担物喘气，所担物形与“丂”进一步形近；“”所担物形与“丂”极为近似，导致误析为从人丂声。受此影响，“”增加口，形成从人可(可从口，丂声)声的形声字；“”与小篆“”构形近似。

(62)伐

甲骨文	金文	小篆
284 正 899	商：伐鼎，00222 商：亚伐卣，12646 西早：禽簋，04984 西早：小臣謎簋，05270	

“伐”的本义为砍、击。《说文解字·人部》：“伐，击也。从人持戈。一曰败也。”《诗经·召南·甘棠》：“蔽芾甘棠，勿翦勿伐。”甲骨文、金文从戈，从人，戈击在人头部，会砍击之意；金文“”增加了形符“又”；表示手持戈击杀人。小篆“”应为承“”、“”而来。

(63)戍

甲骨文	金文	小篆
25877 27997	西早：史戍卣，13167 西中：臤尊，11807	

“戍”的本义为驻守边疆。《说文解字·戈部》：“戍，守边也。从人持戈。”《诗经·王风·扬之水》：“彼其之子，不与我戍申。”毛传：“戍，守也。”“戍”从人从戈，人持戈，会防守之意。“伐”也从人从戈，但“伐”中“戈”的戈援(勾杀部分)在人的头部，“戍”则戈、人分离。

(64)化

甲骨文	金文	小篆
137 反	商：化鼎，00264 春：中子化盘，14476	

“化”的本义为变化。《说文解字·匕部》：“化，教行也。从匕，从人，匕亦声。”许慎的字义分析是错误的，误把引申义当本义。《玉篇·匕部》：“化，易也。”《易经·

恒卦》:“日月得天而能久照;四时变化而能久成。”金文“”为一顺一逆的人形,会变化之意;甲骨文“”为线条化的形体;金文“”则形有讹变,为小篆“”所本。

(65)并

甲骨文		金文			小篆
 4551	 33570	 商:并𠙴觚,09510	 西早:并伯甗,03250	 战中:中山王𰯌鼎,02517	

“并”的本义为同,并列。《说文解字·从部》:“并,相从也。从从,幵声。一曰从持二为并。”《广雅·释诂》:“并,同也。”《尚书·金縢》:“启籥见书,乃并是吉。”甲骨文、金文从二人并列,从二,或从一,表示两人平齐,会并列之意。许慎分析为幵声是错误的,小篆形体已经讹变了。

(66)旅

甲骨文	金文		小篆
 20089  28096	 西早:中簋,04275  西晚:伯孝鼓盨,05599	 西早:鄂侯弟㬱季尊,11688  春早:曾太保𪒠叔亟盆,06268	

“旅”本为军队编制单位。《说文解字·㫃部》:“军之五百人为旅。从㫃,从从,从,俱也。,古文旅。古文以为鲁、卫之鲁。”《周礼·地官·小司徒》:“乃会万民之卒伍而用之。五人为伍,五伍为两,四两为卒,五卒为旅。”甲骨文、金文均为旗帜之下二人,二人表示众士卒,会师旅之意。小篆字形中原本旗帜的形体分裂为“方”与“人”,已经讹变了。

(67)朢

甲骨文		金文			小篆
 547	 28089	 商:小子畣卣,13326	 西中:庚嬴鼎,02379	 西晚:趞鼎,02479	

“朢”的本义为远望,这个意义后来借用“望”来表达。《说文解字·壬部》:“月满与日相朢,以朝君也。从月,从臣,从壬。壬,朝廷也。,古文朢省。”许慎的字形分析是错误的。甲骨文“”像人侧立,竖起一目,表示张大眼睛眺望;“”、“”均为人踮起脚,竖起一目,表示张大眼睛远望;“”、“”增加了形符“月”,人望月,会远望之意。许慎所说的“壬”,为人形之变,“臣”为竖着的眼睛之变,古文“”非省

"月",而是承袭了早期未加"月"的形体。

(68)见(見)

甲骨文	金文	小篆
 21305  17675	 商:见鼎,00202  商:见簋,03447	

"见"的本义为看见。《说文解字·见部》:"见,视也。从儿,从目。"《易经·艮》:"行其庭,不见其人。""见"为一跪坐的人形,横目,表示看见。"见"与"视"同义,区别在于"见"是被动地看,"视"是主动地看。因而"见"字人形是跪坐的,"视"字人形是侧立的,参见下面的"视"字条。

(69)视(視)

甲骨文	金文	小篆
 6786  7745	 西早:员鼎,02293  西早:何尊,11819  西中:应侯视工簋,05232  战中:平阴鼎盖,02162	

"视"的本义为看。《说文解字·见部》:"视,瞻也。从见,示。,古文视。,亦古文视。"《易经·履》:"眇能视,不足以有明也。"甲骨文""、"",金文""为侧立人形,上有横目,会看之意;金文""为从目氏声的形声字;""为从见氏声的形声字;""也是从目氏声的形声字,但目形有讹变。古文""所从之"氐"为"氏"之伪。

(70)家

甲骨文	金文	小篆
 13586  34192	 商:家戈爵,07422  商:家戈父庚卣,12925  商:小臣缶鼎,02224	

"家"本指住所。《说文解字·宀部》:"家,居也。从宀,豭省声。"《易经·豐》:"丰其屋,蔀其家,窥其户,阒其无人。"许慎用"居"来解释"家"是声训,说明词源,但字形分析是错误的。金文""、""均为房屋中有豕,会意;甲骨文""为线条化的形体;甲骨文""、金文""中"豕"形已经简省。

（71）安

甲骨文	金文	小篆
18062　33561 22464　22094	西早：安父簋，04338　春早：薛子仲安簠，05855 战早：安平守变疾铍，18001　战晚：相邦阳安君铍，18065	

“安”的本义为安静。《说文解字·宀部》：“安，静也。从女在宀下。”《诗经·小雅·常棣》：“丧乱既平，既安且宁，虽有兄弟，不如友生。”甲骨文、金文均从宀从女，女性娴静，女在屋内，会安静之意。甲骨文“”，金文“”、“”均为增加了饰笔的形体。

（72）宝（寶）

甲骨文	金文	小篆
17511 17512	西早：旗父鼎，01649　西早：康侯丰鼎，01575　西中：㝬簋，04952　西早：子阿簋，044944 西早：农父簋，04204　西中：嬴氏鼎，01434　西中：晋侯燮马壶，12431 春早：杞伯每刃壶，12379　春中：栾书缶，14094　春：邾叔之伯钟，15319	

“宝”本义为珍宝。《说文解字·宀部》：“宝，珍也。从宀，从王，从贝，缶声。古文宝省贝。”《国语·鲁语上》：“莒天子仆弑纪公，以其宝来奔。”甲骨文“”、“”从宀，从玉，从贝，玉、贝均为珍贵之物，会意；金文“”、“”、“”为增加了声符“缶”的形声字；“”又增加了形符酉（酒），酒也是珍贵之物；“”从宀从贝，为简省的形体；“”的贝形有讹变；“”省贝，缶声；“”省玉、贝，从缶声；“”省玉、贝，从宀，从酉，缶声；“”为从贝保声的形声字。小篆“”从甲骨文宝（），缶声，为形声字。

（73）宿

甲骨文	金文	小篆
29351　27812	西中：11689　西晚：室叔簋，05207　春早：郳子宿車盆，06267	

“宿”的本义为住宿。《说文解字·宀部》:“宿,止也。从宀,𠈣声,𠈣,古文夙。”《诗经·邶风·泉水》:“出宿于沸,饮饯于祢。”甲骨文“”从人,睡在席子上,会住宿之意,此形即许慎所说的“夙”的古文“𠈣”的初文,如“”一类形体本为席子的象形,“”由此变来;“”增加了形符“宀”,人在屋内睡在席子上,会意,金文与此形同。

(74)宗

甲骨文		金文		小篆
34050	333	商:乃孙鼎,01924	战早:陈逆簋,05066	

“宗”的本义为祖庙。《说文解字·宀部》:“宗,尊祖庙也。从宀,从示。”《说文解字注》:“当云‘尊也,祖庙也。’”《尚书·大禹谟》:“正月朔旦,受命于神宗。”祖庙中必有神主,甲骨文“”从宀,从丁,“宀”为房屋之形,“丁”为神主之形,屋中有神主,会祖庙之意;甲骨文“”增加一短横饰笔;金文“”为小篆“”之所本。

(75)疾

甲骨文	金文	小篆
13633 13639	西晚:毛公鼎,02518 春晚:楚子弃疾簠,05835 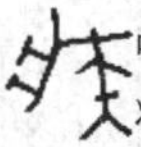战晚:高奴曹令壮罌戈,17194 战晚:上官鼎,02136 战中:上郡守疾戈,17272	

“疾”的本义指疾病。《说文解字·疒部》:“疾,病也。从疒,矢声。,古文疾。,籀文疾。”甲骨文“”为人在床上发汗之形,会疾病之意;“”省去像汗珠的小点;金文“”从大从矢,表示人腋下中矢,会疾病之意;“”则为从疒矢声的形声字,为小篆“”之所本;金文“”、“”、“”之“疒”形有讹变。

(76)罗(羅)

甲骨文	金文	小篆
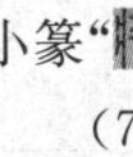880	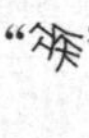春晚:罗儿匜,14985	

“罗”的本义为捕鸟的网。《说文解字·网部》:“罗,以丝罟鸟也。从网,从维。古者芒氏初作罗。”《尔雅·释器》:“鸟罟谓之罗。”《诗经·王风·兔爰》:“有兔爰爰,雉离于罗。”毛传:“鸟网为罗。”甲骨文“”从网从隹,以网捕鸟,会意;金文“”

增加形符“糸”,为从糸声的形声字,小篆与此构字部件相同,当为形声字,非会意字。

(77)焚

甲骨文	金文	小篆
583反 10691 34495 28803	西晚:多友鼎,02500 春晚:吴王光钟残片,15370 春晚:吴王光钟残片,15377 战晚:鄂君启车节,19178	

“焚”的本义为焚烧。《说文解字·火部》:“樊,烧田也。从火,棥,棥亦声。”《说文解字注》认为此“樊”为“焚”之伪,甚是。《易经·旅》:“旅焚其次,丧其童仆。”甲骨文“”从火从林,会以火焚烧山林之意;“”从火从木会意;“”从火从屮(草)会意;“”从林从又持火会意;金文“”、“”火形增添了饰笔一短横。

(78)光

甲骨文	金文	小篆
20057 22157	商:光鼎,00148 商:逦鼎,02312 西早:光鼎,00151 西早:麦方彝,13541 春早:戎生钟,15241	

“光”的本义为光明。《说文解字·火部》:“光,明也。从火在人上,光明意也。,古文。,古文。”甲骨文“”,金文“”、“”、“”均从火在人上,会意;甲骨文“”从火在女上,会意,“人”与“女”古文字可通用;金文“”、“”形体有讹变。

(79)立

甲骨文	金文	小篆
7363 33049	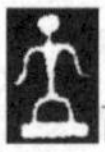商:立父辛觯,10353 西中:十三年瘐壶,12437	

“立”的本义为站立。《说文解字·立部》:“立,住也。从大,立一直上。”《尚书·顾命》:“一人冕,执刘,立于东堂。”金文“”象一正面站立人形,一长横“一”表示大地,会意;甲骨文“”、“”,金文“”为线条化的形体;小篆“”当来源于“”。

(80)注

甲骨文	金文	小篆
 5458  15824	—	

“注”的本义为灌注。《说文解字·水部》:“注,灌也。从水,主声。”《诗经·大雅·文王有声》:“丰水东注,维禹之绩。”甲骨文“”、“”似从一器皿倾倒入另一器皿之形,会意;小篆“”为形声字。

(81)沉

甲骨文	金文	小篆
 16191  10436	 西早:沈子也簋盖,05384	

“沉”的本义为沉没,后来分化为“沉”与“沈”两字。《说文解字·水部》:“沈,陵上滈水也。从水,冘声。一曰浊黕也。”从甲骨文来看,许慎所说并非本义。《小尔雅·广诂》:“沈,没也。”《诗经·小雅·菁菁者莪》:“汎汎杨舟,载沈载浮。”甲骨文“”、“”为沉牛于水中之形,会沉没之意;小篆“”承金文“”而来。

(82)涉

甲骨文	金文	小篆
 21256  20464  31983  5227	 商:涉爵,06433  商:涉车觚,09488  西晚:散氏盘,14542  战晚:涉戈,16306	

“涉”的本义为不凭借工具渡河。《说文解字·林部》:“𣥍,徒行厉水也。从林,从步。涉,篆文从水。”《诗经·郑风·褰裳》:“子惠思我,褰裳涉溱。”“”、“”、“”从二止,以一曲线象水,会涉水之意;“”从四止;“”水形不省;金文“”为河中涉水形;“”从二水;“”与小篆“”较近。

(83)渔

甲骨文	金文	小篆
 713  10475	 商:子渔尊,11205  商:渔簋,03407  西中:通簋,05237  西中:井鼎,02328  春晚:楚王孙渔戟,16909	

"渔"的本义为捕鱼。《说文解字·鱻部》:"瀊,捕鱼也。从鱻,从水。渔,篆文'瀊'从鱼。"《易经·系辞下》:"作结绳而为罔罟,以佃以渔。"甲骨文""从水从鱼;金文""、甲骨文""象河中有四条鱼之形;""以三点表示水;水中有鱼,可捕之象,会意。因为捕鱼与动作相关,金文""从廾从鱼双手持鱼,正是捕鱼之象;""由从廾、从渔,变为从廾,渔声的形声字;楚王孙渔戟""为美术化的形体。

(84)雪

甲骨文	金文	小篆
 21023  29214	 西晚:伯滬父簋,04358	

"雪"本指自然界的雪。《说文解字·雨部》:"雪,凝雨说物者。从雨彗声。"《诗经·邶风·北风》:"北风其凉,雨雪其雱。"甲骨文""、""像天降雪,因天所降之物还可以是雨,故增加扫帚之形"",意为需要清扫之物,则是雪,会意;因扫雪为动作,金文""又增加形符"又",据此,小篆并非从雨彗声的形声字。

(85)男

甲骨文	金文	小篆
 3454  3457	 西早:矢令方彝,13548  西晚:许男鼎,02076	

"男"的本义指男性。《说文解字·男部》:"男,丈夫也。从田,从力,言男用力于田也。"《易经·家人》:"女正位乎内,男正位乎外。男女正,天地之大义也。"甲骨文、金文、小篆并从力从田,"力"为农具,用农具在田中劳作,为男性之责,会意。金文"男"之"力"稍有形变。

(86)队

甲骨文	金文	小篆
18752　6065	——	

“队”的本义为坠落,为“坠”的古字。《说文解字·阜部》:“队,从高队也。从阜,豕声。”《左传·庄公八年》:“公惧,队于车,伤足,丧屦。”甲骨文“”,像人从山上坠落,会意;“”像小孩子从山上坠落,与“”构形之意相同;小篆“”则变为形声字。

(87)侯

甲骨文	金文	小篆
32812 98正	商:子侯卣,12712　西早:麦鼎,11820　西早:大盂鼎,02514 西晚:鄂侯簋,04829　战早:曾侯乙鼎,01759　战早:曾侯乙匕,06313	

“侯”本指古代射礼用兽皮或画有兽形的布做的箭靶。《说文解字·矢部》:“侯,春饗所䠶侯也。从人,从厂,象张布,矢在其下。”《诗经·小雅·宾之初筵》:“大侯既抗,弓矢斯张。”甲骨文、金文从矢,从“”,“”像箭靶,表示箭矢所射之物,会意。“”、“”有形变。

(88)莫

甲骨文	金文	小篆
26996　27397　29807 屯3036　26949　10729 23207　23209	商:亚父乙光莫觚,09798　西中:夆莫父卣,13086 西晚:散氏盘,14542　春晚:攻吴太子姑发䦆反剑,18706 战中:中山王䀇壶,12455	

“莫”的本义为傍晚,是“暮”的古字。《说文解字·茻部》:“莫,日且冥也。从日在茻中。”《礼记·间传》:“故父母之丧,既殡食粥,朝一溢米,莫一溢米。”甲骨文“”、“”从日从二屮(草),会意;“”、“”从日四屮会意;“”从日从二木会意;“”

从日从四木会意；“”从日从禾会意；“”从日从二禾会意；金文“”、“”、“”、“”均从日从四中会意；“”从日从二中会意；小篆“”犹存古意。

(89)八

甲骨文	金文	小篆
 20925  16388	 西中：柞伯簋，05301	

“八”的本义为分开。《说文解字·八部》：“八，别也。象分别相背之形。”八从、相背，会分开之意，当是“别”的古字。“别”上古音属于並母月部；“八”帮母质部，两字上古音相近。“八”假借表示数目字，遂另造“别”字表示本义。

(90)至

甲骨文	金文	小篆
 226 正  6834 正	 西早：启卣，13321  春早：徐諮尹鉦鋮，15988	

“至”的本义为达到。《说文解字·至部》：“至，鸟飞从高下至地也。从一。‘一’犹地也。象形。不，上去；而至，下来也。，古文至。”《诗经·秦风·渭阳》：“我送舅氏，曰至渭阳。”许慎的字形分析是错误的。甲骨文“”、“”，金文“”均从矢从一，“一”像到达之处，箭矢到达目标，会达到之意；金文“”与古文“”同，为增加了饰笔的形体；小篆“”犹有古意。

(91)占

甲骨文	金文	小篆
 19886  20333	——	

“占”的本义为占卜。《说文解字·卜部》：“占，视兆问也。从卜，从口。”《易经·系辞上》：“以制器者尚其象，以卜筮者尚其占。”甲骨文“”、“”从卜从口，“卜”为卜兆之形，“口”表示占问，会意，小篆构形同。

第七章

形声字

形声字是由形符和声符两部分构成的。甲骨文里就已经产生了形声字，并且占到单字总量的26%左右。这以后随着时代的发展，形声字的数量越来越多。两周金文，形声字占51%左右；《说文解字》正篆9353字，形声字7697个，约占82%；《康熙字典》收字47035个，其中形声字42300个，约占90%；在现代汉字中，形声字则占90%以上。[①] 可以说，自两汉以来形声字就是汉字的主体。本章我们拟对形声字的结构、形声字组成部件形符与声符的功能、形声字的来源进行说明。

第一节　形声字的结构

一、形符与声符

(一)形符

形符是形声字里表示该字意义类别的构字部件，也称为“意符”，或是“形旁”。例如：

(1)《说文解字・示部》：“祥，福也，从示，羊声。”

(2)《说文解字・玉部》：“瑜，瑾瑜，美玉也，从玉，俞声。”

(3)《说文解字・艸部》：“蘇，桂荏也，从艸，穌声。”

(4)《说文解字・牛部》：“牡，畜父也，从牛，土声。”

---

① 统计数据依刘又辛，方有国，《汉字发展史纲要》，中国大百科全书出版社，2000年。

(5)《说文解字·口部》:“咽,嗌也,从口,因声。”

(6)《说文解字·辵部》:“述,循也,从辵,术声。”

“示”、“玉”、“艸”、“牛”、“口”、“辵”就是形符。《说文解字》540部,绝大多数都曾作为形符表意使用过。

(二)声符

声符是形声字里表示该字读音的构字部件,又称为“声旁”。声符都是可以独立成字的构字部件。上举(1)～(6)例里的“羊”、“俞”、“稣”、“土”、“因”、“术”就是声符。

(三)多形多声

前人分析形声字有多形多声的说法,即一个形声字有几个形符或是几个声符,《说文解字》分析形声字时就有不少这样的例子。

1.多形

(1)《说文解字·宀部》:“寶,珍也,从宀,从玉,从貝,缶声。”

“寶(宝)”甲骨文作“”、“”,从宀,从貝,从玉,表示房屋中有贝(货币)、玉等物,会珍宝之意。西周早期金文作“”,添加“缶”为声符,变成形声字。从演变的角度分析“寶”字,甲骨文阶段作“寊”,金文添加声符“缶”,应该分析为从“寊”缶声,小篆与此相同,许慎的分析是错误的。

2.多声

(1)《说文解字·口部》:“𠾂,誰也,从口,𠷎、又声。𠷎,古文疇。”

“𠾂”商代中期戍宁无寿觚铭文文作“”,西周中期豆闭簋铭文作“”,西周早期寿簋铭文作“”。如此看来,“𠾂”本是从口“𠷎”声的形声字,后来添加声符“又”,变成从𠷎又声的形声字。

这样看来,多形多声的观点是前人把不同发展时期的文字放在一个共时平面上进行错误分析的结果,这种多形多声字应该是文字构字部件累加形成的,并非在同一层面上有几个形符、几个声符。

(四)省形省声

1.省形,即形符省略了一部分。

(1)《说文解字·瓠部》:“瓢,蠡也。从瓠省,票(票)声。”

(2)《说文解字·老部》:“考,老也。从老省,丂声。”

(3)《说文解字·履部》:“屐,屩也。从履省,支声。”

(4)《说文解字·履部》:“屨,履也。从履省,婁声。”

2.省声，即声符省略了一部分。例如：

(1)《说文解字·鬲部》："融，炊气上出也。从鬲，蟲省声。"

(2)《说文解字·玉部》："珊，珊瑚，色赤，生於海，或生於山。从玉，删省声。"

(3)《说文解字·疒部》："疫，民皆疾也。从疒，役省声。"

(4)《说文解字·火部》："炊，爨也。从火，吹省声。"

省形省声的说法是科学的，文字中确实存在。一些《说文解字》中的省声省形字能够找到不省的形体。例如：

《说文解字·木部》："梓，楸也，从木宰省声，榟，或不省。"

这是省声字不省的例子，也有省形不省的例子。西周早期毛公旅鼎铭文"考"作""，就是形符"老"不省的例子。不过，《说文解字》所说的省形省声字，少数有误。例如：

(1)《说文解字·宫部》："宫，室也，从宀，躳省声。"

"宫"甲骨文作""、""，金文作""，正象房屋上有门户之形，为象形字，非形声字。①

(2)《说文解字·龙部》："龙，鳞虫之长。能幽能明，能细能巨，能短能长，春分而登天，秋分而潜渊。从肉，飞之形，童省声。"

金文""、甲骨文""即象龙之形；金文""则是龙身由方形或三角形符号组成，口有龙珠；甲骨文""、金文""龙身线条化；春秋晚期金文""已经讹变；小篆""已经完全讹变，许慎所谓的肉，为像龙口的部分变来，所谓飞之形，乃龙身变来，所谓的童省声，乃是龙冠部分变来的。②

(3)《说文解字·宀部》："家，居也。从宀，豭省声。""家"甲骨文作""、""，金文作""、""、""，为房屋中有豕，是会意字，非形声字。③

许慎分析错误的原因在于，有些字发展到小篆，一部分文字形体或是构字部件失去了理据，与字义的联系变弱或是消失了。而要正确分析，就要溯本复形，找到和字义还有密切联系的形体。

二、形声字形符和声符的位置关系

关于形声字的形符和声符的位置关系，唐代贾公彦在《周礼·保氏疏》中曾经

---

① 参见本书第 97 页"宫"字条。

② 参见本书第 94 页"龙"字条。

③ 参见本书第 131 页"家"字条。

有过总结："若江河之类，是左形右声；鸠鸽之类，是右形左声；草藻之类，是上形下声；婆娑之类，是上声下形；圃國之类，是外形内声；闉闠衡銜之类，是外声内形。此声形之等有六也。"①现在按照形符与声符的位置关系列举形声字如下：

1.左形右声：江、河　　　　2.右形左声：鸠、鸽

3.上形下声：草、藻　　　　4.下形上声：婆、娑

5.外形内声：圃、國　　　　6.内形外声：问、哀

形声字的声符的位置关系还有其他一些变例："寶"，从宀缶声，声符缶只占中间一部分；"裁"，从衣𢦏声，声符占左下角；"勝"，从力朕声，形符占右下角；"徒"，从辵土声，声符占右上角。

早期形声字形符与声符的位置往往不固定。例如：(1)"祀"，甲骨文作""又作""；金文既可作""，又可作""；(2)"物"，甲骨文既可以写作""，又作""。"直到秦代李斯统一文字，对文字的形体加以规范。自此以后，形声字的结构才开始固定下来。篆书、隶书、楷书中形声字形和声的位置是固定的。有些字形和声的位置虽然可以互换，例如：鄣又写成障(汉衡方碑)，獨又写成獻(汉郑固碑)，翥又写成翬(汉议郎元宾碑)，和又写成咊(唐嘉贞恒山碑)，騆又写成䮘(唐尹君夫人墓志铭)……但是这只是一些极其个别的现象。"②

第二节　形符和声符的功能

一、形符的功能

(一)形符与该字意义的关系

1.标示字的意义类属。例如，以"水"为形符，表明字义与"水"有关；以"山"为形符，表明字义与"山"有关。例如：

(1)《说文解字・水部》："注，灌也，从水，主声。"

(2)《说文解字・木部》："松，木也，从木，公声。"

(3)《说文解字・手部》："技，巧也，从手，支声。"

(4)《说文解字・糸部》："經，织也，从糸，巠声。"

---

① 内形外声举例有误，在此另外举例。

② 周秉钧，《古代汉语纲要》，湖南教育出版社，1981年，第49～50页。

2.标示字的确切意义。例如：

(1)《说文解字·齒部》："齒，口断骨也，象口齿之形，止声。"

(2)《说文解字·晶部》："星，万物之精，上为列星，从晶生声。"

(3)《说文解字·页部》："頭，首也，从頁，豆声。"

(4)《说文解字·目部》："眼，目也，从目，艮声。"

"齿"、"晶"、"头"、"眼"四个字和它们的形符意义完全相同。

(二)同形符字意义关系

形符表示意义的类属和关联，一般不表示该字的确切意义，因此同一形符的字，它们的意义不一定相同。例如：

(1)《说文解字·木部》："橘，果出江南，从木，矞声。"

(2)《说文解字·木部》："柚，条也，似橙而酢，从木，由声。"

(3)《说文解字·木部》："根，木株也，从木，艮声。"

(4)《说文解字·木部》："枝，木别生条也，从木，支声。"

"橘"、"柚"、"根"、"枝"四个字形符都是"木"，但不同义。

(三)形符的通用

由于形符不表示字的确切意义，因此意义相通或有关联的形符是可以通用的。例如：

(1)《说文解字·見部》："視，瞻也，从見、示。眎，古文視，眂亦古文視。"

"視"、"眎"分别从见，从目，目是器官，见是目这一器官的功能，意义相通，可以通用。

(2)《说文解字·言部》："信，诚也，从人，从言，會意。㐰，古文从言省。"

"信"本是从言人声的形声字，[1]"㐰"为从口，人声的形声字，口和言也是器官与功能的关系，可以通用。

(3)《说文解字·足部》："跟，足踵也，从足，艮声，𡳾，跟或从止。"

"跟"从足，"𡳾"从止，足为整条腿，止为脚，意义相关，可以通用。

(4)《说文解字·走部》："起，能立也，从走，已声。𨑃，古文起，从辵。"

"起"从走，"𨑃"从辵，走和辵都和行走相关，意义相通，可以通用。

(四)形符的分化与同化

1.分化，即同一个形符分化为几个不同写法的部件。例如：

---

① 参见本书第四章第二节。

(1)水(水)：氵(江江)，氺(泰泰)，水(浆浆)，𣱱(益益)。

(2)心(心)：心(想想)，忄(情情)，⺗(慕慕)。

“水”分化为氵、氺、水、𣱱；心分化为心、忄、⺗。

2.同化，即几个不同的形符演变为同形部件。例如：

(1)月：肉肉(脸脸)，月月(朗朗)，舟舟(服服)，丹丹(青青)。

(2)享：享(享)、享(淳淳)、享(郭郭)。

肉(肉)、月(月)、舟(舟)、丹(丹)同化为“月”；享、享、享同化为“享”。

(五)形符的记号化

形符在文字的使用过程中，有失去标示词义类属的作用而记号化的倾向，其原因是多方面的，主要有以下几种情况。

1.字所代表的词所代表的客观事物发生了变化，形符失去标示词义类属的作用，从而记号化。例如：

(1)杯，从木不省，桮，从木否声，依《集韵》两字为异体字。

“杯”从木，是因为杯有材质可以为木，但现代“杯”的材质除了工艺品可能为木质外，其他多是为陶瓷、玻璃、金属、塑料等，这样一来，形符“木”就失去了标示词义类属的作用，从而成为记号。

(2)《说文解字·金部》：“镜，景也，从金竟声。”《说文解字注》：“景者，光也，金有光可以照物，谓之镜……镜亦曰鉴。”

“镜”从金，是因为古人以铜为镜，而现代“镜”除了文物或是仿古工艺品外，均非金属制成，“金”失去了标示词义类属的作用而记号化。

2.人们对字所代表的词所代表的客观事物的认识不断深化，形符失去标示词义类属的作用。例如：

(1)《说文解字·虫部》：“虹，螮蝀也，状似蟲，从虫，工声。”

“虹”从虫是因为在古人的认识中，虹是一种动物，而现在人们认识到“虹”并非动物，而是由于光线的折射作用形成的自然现象，从而“虫”失去了标示词义类属的作用而记号化。

(2)《说文解字、魚部》：“鱷，海大鱼也，从鱼畺声，鲸，鱷或从京。”

“鱷”从鱼，是因为在古人的认识里，鱷是海里面的一种大鱼，但是现代科技发展后，人们认识到“鲸”并非鱼类，而是海里面的一种哺乳动物，从而“鱼”失去了标示形符的作用从而记号化。

3.由于本义废、假借义行，形符失去标示词义类属的作用从而记号化。例如：

《说文解字·虫部》：“强，蚚也，从虫弘声。”

"强"本指米中的一种小甲壳虫。《玉篇·虫部》:"强,米中蠹小虫。""强"假借为"彊"(据商承祚《说文中之古文考》:金文有"彊"无"强",六国后始有"强"字)。《说文解字·弓部》:"彊,弓有力也,从弓畺声。""强"假借为"彊"后其本义废弃,假借义通行,因而"强"的形符"虫"失去了标示词义类属的作用从而记号化。

4.由于本义废而引申义行,形符失去标示词义类属的作用从而记号化。例如:

猛,《说文解字·犬部》:"健犬也,从犬孟声。"

依《说文解字》,"猛"的本义为强壮的犬,但文献中未见。"猛"在文献中的使用义为"健"。《广雅·释诂》:"猛,健也。"《战国策·韩策》:"齐大夫诸子有犬,犬猛。"杜甫《朝献太清宫赋》:"张猛马,出滕虬。"唐代鲍溶《弄玉词二首》之一:"素女结念飞天行,白玉参差凤凰声,天仙借女双翅猛,五灯绕身生,入烟去去无影。"故段玉裁《说文解字注》"猛"字条下说:"假借为凡健之称。"由健犬到泛指强健,实为词义引申。"猛"的本义废弃而引申义通行,其形符"犬"失去了标示词义类属的作用从而记号化。

二、声符的功能

形声字的声符从功能上来看有两种情况:一是标示字的读音,二是标示形声字的意义。

(一)声符标示字的读音

1.声符与形声字完全同音。例如:

同:铜、筒、桐、峒、硐,《广韵》并徒红切,今音亦同。

洞:恫、眮、絧、泂、詷,《广韵》并徒弄切,今音亦同。

2.声符与被谐字音近。例如:

(1)《说文解字·示部》:"祥,福也,从示,羊声。"

(2)《说文解字·示部》:"祠,春祭曰祠,品物少,多文词也。从示,司声。"

(3)《说文解字·玉部》:"玒,玉也,从玉,工声。"

(4)《说文解字·艹部》:"苦,大苦,苓也。从艹,古声。"

"祥"与"羊","祠"与"司","玒"与"工","苦"与"古",均是音近关系。"

(二)声符标示形声字的意义

1.声符表示了被谐字所代表的词的意义的核义素(即成词理据或内部形式、词源意义)。例如:

"多"有盛大义。从"多"得声的字也往往有"盛大"义。

《说文解字·口部》:“哆,张口也,从口,多声。”《诗经·巷伯》:“哆兮侈兮。”毛传:“哆,大貌。”

《说文解字·卩部》:“䚉,有大度也,从卩,多声,读若侈。”

《说文解字·火部》:“�,盛火也,从火,多声。”[①]

《说文解字·广部》:“㢋,广也,从广侈声。”《广雅·释诂》:“㢋,大也。”

《说文解字·衣部》:“袲,衣张也,从衣,多声。”

“哆”、“䚉”、“炧”、“㢋”、“袲”五个字同从多声,都有大义。[②]

2.声符与形声字有一义或几义相同。例如:

(1)反——返

“反”是“返”的声符,在返回和违反义上相同。《过秦论中》:“虚囹圄而免刑戮,去收孥污秽之罪,使各反其乡里。”《庄子·逍遥游》:“大而无当,往而不返。”此为返回义。《论语·颜渊》:“子曰:‘君子成人之美,不成人之恶。小人反是。’”王充《论衡·案书》:“言多怪,颇与孔子‘不语怪力’相违返也。”此为违反义。

(2)然——燃

“然”是“燃”的声符,二者在燃烧义上完全相同。《孟子·公孙丑上》:“若火之始然,泉之始达。”王充《论衡·论死》:“天下无独燃之火,世间安得有无体独知之精?”

(3)要——腰

“要”是“腰”的声符,二者在腰部义上完全相同。《墨子·兼爱中》:“昔者,楚灵王好士细要。”李白《梦游天姥吟留别》:“安能摧眉折腰事权贵,使我不得开心颜。”

(4)禽——擒

“禽”是“擒”的声符,二者在擒捉义上完全相同。《左传·哀公二十三年》:“齐师败绩,知伯亲禽颜庚。”《国语·吴语》:“员不忍称疾辟易,以见王之亲为越之擒也。”

形声字的声符能表示形声字的意义,这种现象晋代的杨泉就已注意到了。他在《物理论》中说:“在金曰坚,在草木为紧,在人曰贤。”(《艺文类聚·人部》)后来,宋代学者王圣美对此有发展。沈括《梦溪笔谈·卷十四》记载:“王圣美治字学,演其义以为右文,古之字书皆从左文,凡字,其类在左,其义在右,如水类,其左皆从水。所谓右文者。如戋,小也。水之小者曰浅,金之小者曰钱,贝之小者曰贱,如此

① 此依《说文解字注》,大徐本无“声”字。

② 参见周秉钧,《古汉语纲要》,湖南教育出版社,1981年,第51～52页。

之类，皆以戋为义也。”王观国也有这样的看法，他在《学林·卷五》中说：“盧者，字母也，加金则为鑪，加火则为爐，加瓦则为甗，加目则为矑，加黑则为黸，凡省文者，省其所加之偏旁，但用字母，则众义该矣。亦如田者，字母也，或为畋猎之畋，或为佃田之佃，若用省文，唯以田字该之，他皆类此。”张世南《宦游记闻·卷九》也说：“自《说文》以字画左旁为类，而《玉篇》从之，不知右旁亦多以类相从，如‘戋’有浅小之义，故水之可涉者为‘浅’，疾而有所不足者为‘残’，货而不足贵重者为‘贱’，木而轻薄者为‘栈’；‘青’字有精明之义，故日之无障蔽者为‘晴’，水之无溷浊者为‘清’，目之能明见者为‘睛’，米之去麄皮者为‘精’，凡此皆可类求，聊述两端以见其凡。”

这就是训诂学上常讲的“右文说”，对形声字的声符能标示意义的功能的认识，后来慢慢发展出通过形声字的声符探求词源的研究模式，在此不详述。

（三）声符的记号化

在文字的使用过程中，声符可能会失去标示读音的功能而记号化。例如：

（1）西（先稽切，今音 xī）：粞（先稽切，今音 xī），洒（先礼切，今音 xǐ），栖（苏计切，今音 qī），迺（奴亥切，今音 nǎi），哂（式忍切，今音 shěn），垔（於真切，今音 yīn）。

上述诸字都是以“西”为声符的形声字，对于形声字“迺”、“哂”、“垔”的今音来说，声符“西”不过一个记号。

（2）弋（与职切，今音 yì）：代（徒耐切，今音 dài），式（赏职切，今音 shì），忒（他德切，今音 tè），贷（他代切，今音 dài）。

“代”、“式”、“忒”、“贷”均为以“弋”为声符的形声字，对于这些字的今音来说，“弋”不过一个记号而已。

声符的记号化是由于语音的发展演变造成的，声符与被谐字在最初应该是同音或音近的，但是它们的读音的发展并不是同步的。按照青年语法学派的理论，语音规律无例外，它们的语音应该是同步演变的，但是实际上，在语音演变过程中，根据词汇扩散理论，在同等语音条件下，一些词（字）的读音的演变可能出现中断或是延迟，致使声符和谐该声符的字的读音出现差别，甚至完全不同。

第三节　形声字的来源

通过考察古文字材料，我们知道形声字有五种不同的来源：加注声符、加注形符、改换字形的一部分成为声符、改换形声字的形符形成新形声字、形符和声符直接组合形成形声字。

一、加注声符

一个象形字可以通过添加声符形成一个形声字。例如：

(1)齿

《说文解字·齿部》:“齿，口断骨也。象口齿之形，止声。，古文齿字。”“齿”的本义是人的门牙。从甲骨文作“”、“”，金文作“”来看，本是象形字，象门牙之形。中山王鼎铭文作“”，增添了声符“止”，变成从止声的形声字。[①]

(2)裘

《说文解字·衣部》:“裘，皮衣也。从衣，求声。”“裘”甲骨文作“”，为象形字。西周中期金文作“”，为添加声符“裘”形成形声字。西周中期次尊铭文作“”、西周晚期焂戒鼎铭文作“”，为添加声符“又”形成的形声字。

二、加注形符

古文字中往往添加形符形成一个形声字，这也是古文字中形声字的主要来源。主要有三种情况。

(一)明确本义而添加形符

例如：

(1)鬚

“须”甲骨文作“”、“”，金文作“”，象一站立人形，面上有毛，为象形字。西周晚期金文“”已经和小篆“”比较接近。小篆像胡须的部分脱落面部独立为“彡”，后又添加形符“髟”形成形声字，表示本义。[②]

(2)趾

“止”本义指脚，是“趾”的本字，“止”甲骨文作“”，金文作“”，正象脚形，后来添加形符足形成形声字“趾”，表示本义。[③]

(二)明确引申义而添加形符

例如：

(1)娶

《说文解字·女部》:“娶，娶妇也。从女从取，取亦声。”“取”甲骨文作“”，金文

---

① 参见本书第 70 页“齿”字条。

② 参见本书第 69 页“须”字条。

③ 参见本书第 72 页“止”字条。

作“”,本义为捕取,引申义为嫁娶。《诗经·豳风·伐柯》:“取妻如之何?匪媒不得。”因为娶妻和女性相关,故增添形符“女”形成形声字,以表示引申义。[1]

(2)返

《说文解字·辵部》:“返,还也。从辵,从反,反亦声。”“返”的古字是“反”。“反”的本义为翻覆,《诗经·周南·关雎》:“悠哉悠哉,辗转反侧。”引申有返回义。《尚书·五子之歌》:“畋于有洛之表,十旬弗反。”返回与行走相关,因而添加形符“辵”形成形声字“返”表达引申义。

(三)明确假借义添加形符

例如:

(1)擒

擒捉义古代假借“禽”来记录。《左传·哀公二十三年》:“齐师败绩,知伯亲禽颜庚。”“禽”本为鸟兽类动物的总名,擒拿义没有专门造字,假借“禽”来记录,后来为了表意明确添加形符“手”形成形声字“擒”来表达“禽”的假借义。

(2)狮

“狮子”是外来物,没有专门造字,假借“师”来记录。《汉书·西域传·乌弋山离国》:“乌戈地暑热莽平……而有桃拔、师子、犀牛。”“师”本义为一种军队编制名称,二千五百人为师。后来为了明确表义添加形符“犬”形成形声字“狮”,来表达“师”的假借义。

三、改换字形的一部分成为声符

例如:

(1)何

《说文解字·人部》:“何,儋也。从人,可声。”《诗经·曹风·候人》:“彼候人兮,何戈与祋。”“何”甲骨文作“”、金文作“”,均为人担物,会担、挑之意;“”所担物形变化,似从人从丂;“”人形增加了大口,表示担物喘气,所担物形进一步与“丂”形近;“”所担物形与“丂”极为近似,会导致误析为从人丂声,受此影响,“”增加口,形成从人可(可从口,丂声)声的形声字。[2]

(2)羞

《说文解字·羊部》:“羞,进献也。从羊,羊,所进也,从丑,丑亦声。”“羞”甲骨

---

① 参见本书第111页“取”字条;裘锡圭,《文字学概要》(修订版),商务印书馆,2013年,第151页。

② 参见本书第128页“何”字条;裘锡圭,《文字学概要》(修订本),商务印书馆,2013年,第150页。

文作“”、“”，商代羞鼎作“”，本为从手持羊的会意字；“丑”甲骨文作“”，同簋铭文作“”，与“又”形近，讹变作“丑”，成为“羞”的声符。[①]

四、改换形声字的形符形成新形声字

例如：

(1)悦

上古表示喜悦意义用“说”，《说文解字》还没有收录“悦”，先秦文献只有“说”而没有“悦”。后来，因为古人认为喜悦和心相关，故改“说”的形符“言”为“心”而形成新形声字“悦”。

(2)怿

表达喜悦意义先秦文献多用“释”而少用“怿”，“怿”是改形符“采”为“心”而形成的新形声字。

五、形符和声符直接组合形成形声字

两汉及其以后，形声字大量产生，其产生的方式与古文字阶段有所不同，主要采用形符和声符直接组合形成形声字的方法。这样形成的形声字，声符是不表示形声字的意义的。例如：

(1)体，同笨，《广韵》蒲本切，当为从人本声。

(2)镁，作为化学元素 Mg 的新造字，读音为“měi”，镁为从金美声的形声字。

---

① 参见裘锡圭，《文字学概要》(修订本)，商务印书馆，2013 年，第 150 页。

第八章

《说文解字》

《说文解字》是我国历史上的第一部字典，是中国传统文字学的奠基之作，自诞生以来一直受到世人的重视，现在仍然是学习传统语言文字学的重要典籍。

第一节 《说文解字》的内容与评价

一、《说文解字》的作者

《说文解字》的作者是东汉的许慎，字叔重，汝南召陵（今河南漯河）人，为人敦厚淳朴，从小广泛地学习经典文献，受到同时代人的推重。范晔《后汉书·儒林传》中有许慎传："许慎，字叔重。汝南召陵人也。性淳笃，少博学经籍。马融常推敬之，时人为之语曰：'五经无双许叔重。'为郡功曹，举孝廉，再迁除洨长，卒于家。初，慎以五经传说臧否不同，于是撰为《五经异义》，又作《说文解字》十四篇，皆传于世。"清代学者对许慎的生平做过一些考证（参见丁福保编《说文解字诂林·前编下·许君事迹》），今人张震泽有《许慎年谱》行世[①]。关于许慎的生卒年学者们虽然提出过一些看法，但实际上并不清楚，我们所能确知的是许慎在任洨长（因病未到任）之前作过郡功曹、太尉府南阁祭酒。其著作除《说文解字》外，还有《五经异义》、《淮南子注》等，不过除《说文解字》以外，均已亡佚[②]。

---

① 张震泽，《许慎年谱》，辽宁大学出版社，1980年第1版。

② 张双棣教授以为许慎《淮南子注》混在高诱注里。

二、成书年代

据许慎的儿子许冲《上〈说文解字〉表》说："慎博问通人，考之于逵，作《说文解字》。"许冲上表是在许慎老病之时，时间为汉安帝建光元年（公元 121 年）。贾逵卒于汉和帝永元十三年（公元 101 年），许慎《说文解字・后叙》作于永元十二年（公元 100 年），那么许慎一定在作《后叙》时已经完成了《说文解字》的初稿，许冲献上的应该是其又经过了 20 年修订的定稿。据此，我们定《说文解字》成书年代为汉和帝永元十二年（公元 100 年）。

三、成书的时代背景

经过秦代"烧灭经书，涤除旧典"（许慎《说文解字・叙》），到了汉惠帝废除挟书律，广开献书之路，搜求天下典籍，民间献书和孔子旧宅墙壁中古文经书的发现，致使当时的典籍形成两种：用古文（战国文字）书写的古文经和用汉隶（汉代通行文字）书写的今文经，并由此形成两个对立的学术流派——古文学派和今文学派。古文经学家好名物训诂，讲究实证；而今文经学家好微言大义，以意说经。并且今文经学家还有一个喜欢根据隶书形体解说文字以附会自己主张的做法，有"马头人为长"、"人持十为斗"、"虫者，曲中也"等荒谬说法。分析文字以证明自己主张的观念，先秦时期就有。《左传・宣公十二年》："'臣闻克敌，必示子孙，以无忘武功。'楚子曰：'非尔所知也。夫文，止戈为武。'"《左传・宣公十五年》："天反时为灾，地反物为妖，民反德为乱，乱则妖灾生，故文，反正为乏。"《左传・昭公元年》："于文，皿虫为蛊。"杜注："文，字也，皿，器也，器受虫害者为蛊。"《韩非子・五蠹》："苍颉之作书也，自环者谓之私（当作厶），背私（当作厶）谓之公，公私（当作厶）之相背也，乃苍颉固以知之矣。"那时候文字讹变还不是很严重，文字的构造意图还大致可以明白。但是汉字演变到了汉代的隶书，很多字形已经讹变太甚，失去了初始构造意图，利用隶书分析文字，不免许多荒谬可笑的说法。许慎认识到文字的重要作用："盖文字者，经艺之本，王政之始，前人所以垂后，后人所以识古，故曰'本立而道生'，'知天下之至啧（通赜）不可乱也'。"而当时的今文学者们"小学不修，莫达其说久矣"，对古文"大共非訾"，"俗儒鄙夫，翫其所习，蔽所希闻，不见通学，未尝覩字例之条，怪旧埶（藝的古字）而善野言，以其所习为秘妙，究洞圣人之微恉"，"人用己私，是非无正，巧说邪辞，使天下学者疑"。许慎对此深恶痛绝，要编纂一部科学的文字学著作来"理群类，解谬误，晓学者，达神恉"。这样，许慎在"博问通人，考之于逵"的基础上在公元 100 年写成《说文解字》初稿。

四、《说文解字》的内容

《说文解字》全书十四卷，加上叙目共十五卷。唐代著名书法家李阳冰工于小篆，曾研究《说文解字》，他觉得每卷的篇幅太长，遂将每卷分为上、下卷，这样为三十卷。[①] 第十五卷上是《叙》和标目，十五卷下是《后叙》和许慎的儿子许冲的《上〈说文解字〉表》。

根据许慎自己在《说文解字·后叙》的记载，《说文解字》全书收录正篆 9353 个，重文(异体字)1163 个，解说用字 133 441 字。根据清代学者王鸣盛、胡秉虔的研究，徐铉校订过的《说文解字》正篆 9431 字，增多了 78 字，重文 1279 字，增多了 116 字，解说用字只有 122 699 字，减少了 10 742 字，这些差异是《说文解字》在传抄过程中造成的。

宋代著名学者徐铉在校订《说文解字》时，又在每个字后面注上《唐韵》的反切，又将许多《说文》漏收或后代新出现的字增补进去，共 402 个，这些增补字列在每部原有字之后，标出增补的字数，并加上“新附”两字。

《说文解字》的正篆主要是小篆(偶有古文和籀文作字头的)，重文(即异体字)包括古文、籀文、篆文、或体、秦石刻、古文奇字、俗字等。

五、《说文解字》的版本

今天流传下来的《说文解字》只有两个版本系统，一个是宋代学者徐铉校订的《说文解字》，称为大徐本，另一个是徐铉的弟弟徐锴的《说文解字系传》中保留下来的《说文解字》，称为小徐本。另外有关《说文解字》的残本有两种唐人的写本，一种是《木部》残本，一种是《口部》残本。《木部》残本是清代同治年间莫友芝在安徽得到的，存有正篆 188 字，共 6 纸，约为《说文解字》的 1/50。《口部》残本为日本人所藏，6 行，12 正篆。

明代汲古阁主人毛晋与儿子毛扆曾根据宋本大徐本刊刻《说文解字》，又据小徐本剜改，这个本子就是汲古阁本；清代嘉庆十四年(公元 1809 年)孙星衍据宋本刊刻《说文解字》，即平津馆本；同治十二年(公元 1873 年)根据孙星衍本校订，刊刻一篆一行本。嘉庆十二年(公元 1807 年)额勒布刊刻鲍惜分所藏宋本，即藤花榭本。

---

① 据《崇文总目》和林罕《资源偏旁小说序》，参见张舜徽，《〈说文解字〉导读》，中国国际广播出版社，2008 年，第 21 页。

五、《说文解字》的学术贡献

《说文解字》是文字学的奠基之作，具有重要的学术价值。主要体现以下几个方面。

（一）建立了汉字构形的基础理论

六书是汉字构形的第一种理论，也是汉字构形的基础理论。“六书”之名虽然是《周礼》里面首先提出的，郑众、班固对六书名称也进行过说明，但是对六书下定义，举例字进行说明，并用以实践——进行具体的文字分析，则是许慎在《说文解字》中进行的。许慎在《说文解字·叙》中阐述了六书的定义和例字，在正文中运用象形、指事、会意、形声的理论对 9353 个正篆、1163 个异体字进行具体分析，其分析大多数是可信的。自许慎之后一直到 20 世纪 30 年代，文字学者们都在许慎的六书理论指导下进行汉字分析，20 世纪 30 年代以来，学者们虽然对汉字构形提出了一些新的见解，但是许慎的六书理论并没有完全过时，甚至有文字学大家宣称六书理论有普遍适用性，适合于分析一切类型和汉字相同或相近的文字，并用以实践。①

（二）建立了探本溯源的字（词）分析范式

分析汉字构形的意图和理据，就需要对汉字溯本复形，即找到汉字构造的原初形体，然后据以分析；分析汉字所记录的词的意义，则应从本义入手，然后理清引申义、假借义等不同类型，形成词义变化序列，然后探求词义演变规律。这种研究模式都是在《说文解字》中建立起来的。许慎时代，通行文字是隶书，但是许慎分析文字，弃隶书不用，用前代文字小篆来分析，因为小篆是许慎能够见到的最早的成系统的文字，并收录了能看到的战国文字并加以分析，还保留能看到的其他异体字进行分析。这从当时的学术条件来看，已经做到了溯本复形。而《说文解字》全书分析文字意义，均以探求本义为目的，并且大多数分析是正确的。字的意义来自于所记录的词的本义，因而许慎所分析的绝大多数字的本义即是词的本义，这正是词义研究中求本义以明引申假借的研究范式。

（三）建立了据形索义的字（词）义探求方法

《说文解字》分析文字意义，均通过分析字形来说明。这种研究方法后代学者总结为“形训”或“据形索义”，这种研究方法已经被证明是研究汉字及其所记录的词义的行之有效的方法。因为汉字的根本属性是表意性，或者说是形义统一，即文

---

① 参见周有光，《比较文字学初探》，语文出版社，1998 年，第 166～186 页。

字的形体体现了它所记录的词义。虽然不同时代的汉字的表意性程度有所不同，但是汉字从系统上来说，还没有脱离表意性的特质，并且我们通过对汉字的溯本复形工作，一般都能找到和字义贴切的字形。

（四）建立了部首排序的辞书编纂模式

《说文解字》之前有字书，也有词典。字书的编排方式基本处于无序状态[①]，而词典如《尔雅》根据词的意义类别进行分类排列，而同类词仍然处于无序状态，这对于作为工具书的字书、词典来说，是缺乏实用性的，不便于查检。许慎在《说文解字》中首创部首编排法，建立540个部首，来统辖9353个汉字。这是辞书编纂史上的伟大创举，影响到以后众多字典辞书的编纂。后代辞书编纂者继承《说文解字》的优良传统并有所发展改进，形成了今天的成熟的部首排序法和编纂法，据以编纂大型字典词典，如《汉语大字典》、《汉语大词典》，而当今的古文字字典，因字形比较的需要，更是直接应用《说文解字》的部首编排方式。

（五）保留了成系统的传抄小篆资料和部分战国文字资料

小篆是秦代的法定文字，是从秦代统一以前的秦国文字发展而来，在秦代时经过李斯等人整理形成的。但是秦代立国太短，再加上当时已经形成了另一种通行度非常高的实用性字体隶书（秦隶），因而传下来的小篆资料不多，只有秦统一之前的一些铭文资料，秦立国后的一些石刻资料（而原石多残损或消失），后代人创作的小篆（如三体石经上的小篆）。这些资料都是小篆资料的残存部分，不成系统。今天我们能系统地了解小篆，主要依赖于《说文解字》的记录，《说文解字》9353个正篆均有小篆形体，虽然经历了传抄后篆法有失，但这也是无可奈何的事情。而小篆是我们据以上求甲骨文、金文、战国文字，下明隶书的枢纽，可以说无《说文解字》小篆，我们今天研究古文字的工作一定步履维艰。而《说文解字》里面保留了战国文字资料，有500多个战国东方六国文字，200多个秦国文字，这些都是我们正确释读今天考古发现的战国文字的重要基础。

（六）保留了大量汉语史研究资料

《说文解字》给我们留下了宝贵的财富，这些财富不仅仅属于文字学，还属于汉语史。

1.《说文解字》证明词义时，往往引通人（学养渊深的大家）、经典、方言来证明。“《说文》在证义时标出了书名、人名、方言区名的有1304个词条，其中引用西周至

---

① 参见本书第十一章·第二节·四·定序。

秦的典籍、方言的有1182个，占证义词条的91%，引用《周易》、《诗经》、《尚书》、《周礼》、《左传》的有920个，占70%；而引用汉代的典籍、通人说的只有122个，占9%"[①]。许慎一书，引通人之说有姓名的即有27位。这些都是非常难得的训诂资料，很多通人的著作今已失传，赖《说文解字》才能为后人所了解。

2.《说文解字》虽然成书于东汉，但是由于许慎分析字义的目标是探求本义，因而《说文解字》保存了成体系的先秦词义系统，特别是本义系统，这是进行汉语词汇史研究，探求汉语词义演变规律的重要资料。《说文解字》里面还保留了不少的联绵词，这是探求古代联绵词起源、发展的重要参考资料。

3.《说文解字》里有8000个左右的形声字，而形声字是研究上古音的主要材料。研究上古韵部的分类，我们可以利用韵文材料，但韵文对于声调的探求价值已经减弱，至于对声母的研究则毫无价值。《说文解字》保留的形声字，很多是先秦时期产生的，还有一部分汉代产生的，则去古未远，因而音韵学者自清儒以来就视形声字为主要研究材料。

(七)保留了大量文化史资料

文化依靠语言的记录得以流传，而语言赖以传播的则是文字。汉字通过记录汉语，记载了大量的文化信息，而且，汉字本身作为一种文化符号，在造字本身就承载了一定的文化信息，因而研究文字，研究文字记录的语言，是我们研究古代文化史的一方面的重要材料(另一方面的材料是考古发掘的新材料和传世实物材料)。而《说文解字》"六艺群书之诂，皆训其意，而天地、鬼神、山川、草木、鸟兽、昆虫、杂物、奇怪、王制、礼仪、世间人事，莫不毕载。"(许冲《上〈说文解字〉表》)，这正是研究汉及其以前的文化史的重要参考资料，20世纪80年代兴起的汉字文化学，有众多以《说文解字》为研究依托的论著，正是实际证明。

(八)述及不少文字学理论

许慎除了建立了文字学的基本理论外，还在《说文解字·叙》涉及许多文字学的基本理论。一是提到汉字的起源问题，陈述了从八卦、结绳记事到文字的人类记事工具的发展序列；二是对秦汉的书体进行了说明(秦书有八体……汉兴有草书……亡新居摄……时有六书)；三是对小篆、隶书的来历进行记载；四是谈到文字的功能问题(文字者，经艺之本，王政之始，前人所以垂后，后人所以识古)；五是涉及汉字形义统一的基本属性(厥意可得而说)。

---

① 宋永培，《当代中国训诂学》，广东教育出版社，2000年，第109页。

限于当时的学术条件，许慎没有办法看到比小篆形体更能反映构形理据的文字，如甲骨文、金文，就是“言语异声、文字异形”的战国文字都所见甚少，因而许慎的字形分析和字义解释不可避免地存在一些失误，如“元”、“为”。

《说文解字·一部》：“元，始也。从一从兀。”从金文“”来看，“元”是一个象形字，是一个突出了头部的侧面站立的人形。因而，许慎的字形分析是错误的，“元”不是从一从兀的会意字。表示头部的“”线条化就成了甲骨文的“”，古文字往往在单独一横上面再增添一横作为饰笔，增添饰笔的“元”就成了甲骨文的“”、“”、“”，金文的“”。西周中期师酉簋“元”作“”，已和小篆“”形近。“元”后来分化为“元”和“兀”，有饰笔的最后分化为“元”，没有饰笔的分化为“兀”。从字形与字义有密切联系来看，许慎的字义解释也是错误的，“开始”是“元”的引申义，许慎误以引申义当作本义。《尔雅·释诂》：“元，首也。”《左传·僖公三十三年》：“免胄入狄师，死焉。狄人归其元，面如生。”杜预注：“元，首。”这正是用的本义。

“为”的本义为作(做)。《说文解字·爪部》：“为，母猴也。其为禽好爪，爪，母猴象也；下腹为母猴形。王育曰：‘爪，象形也。’，古文为，象两母猴相对之形。”许慎的字义解释和字形分析都是错误的。《尔雅·释言》：“为，作也。”《诗经·小雅·北山》：“或出入风议，或靡事不为。”这里用的正是本义。从甲骨文字形来看，从又从象，以手役象，会劳作之意。金文“”、“”、“”的“象”已经讹变，“”、“”讹变更盛；小篆“”亦为面目全非的形体，许慎据以分析，自然错误。

汉代盛行阴阳五行学说，许慎也不可避免地受到阴阳五行这种时代思潮的影响，他在《说文解字》中用阴阳五行来解释天干地支字，又将五行与五方联系，这均是错误的。另外，他的部首编排采用“始一终亥”也是受到阴阳五行学说认为“物生于一，终于亥，周而复始”这种观念的影响。

另外，《说文解字》中还有一些奇怪的部首和不合理的单字归部。例如，许慎建立了四、六、七、甲、丙、庚、壬、癸、戌、亥等部首，而这些部首是没有统摄其他字的，只有一个部首字，这是不经济的。许慎对一些字的归部也不合情理，例如“凫”在几(shū)部而不在鸟部，“词”在司部而不在言部，“纠”在丩部而不在糸部，这些都让人难以理解。

当然，这些对于伟大的许慎来说不过是白璧微瑕，《说文解字》的成就是主要的，其错误的产生主要是受制于时代学术条件的局限。我们不能苛求古人，对于他们的失误，我们应该利用出土古文字材料去修正和补充。

第二节 《说文解字》的体例

许慎除了在《说文解字·叙》中提到了部首编排的法则外，没有谈到编排体例，学者们通过研究，对他隐含在《说文解字》中的编排体例进行了揭櫫，创获最多的是清代学者段玉裁的《说文解字注》和王筠的《说文释例》，下面根据前人研究，将《说文解字》的编排体例分部首例、部中字例、注音例、析形例、释义例五个方面分述如下。

一、部首例

许慎在《说文解字·后叙》中曾谈到部首排序原则。他说："其建首也，立一为耑，方以类聚，物以群分，同牵条属，共理相贯，杂而不越，据形系联。引而申之，以究万原，毕终于亥，知化穷冥。"通过总结，《说文解字》的部首排序主要依据三条原则。

（一）据形系联

这是部首排序的主要原则，《说文解字》540 部，将形体相近的系联到一起。例如：

1.第 1 部：一（一）；第 2 部：丄（丄）；第 3 部：示（示）；第 4 部：三（三）；第 5 部：王（王）；第 6 部：玉（玉）；第 7 部：珏（珏）。

2.第 26 部：走（走）；第 27 部：止（止）；第 28 部：癶（癶）；第 29 部：步（步）；第 30 部：此（此）；第 31 部：正（正）；第 32 部：是（是）；第 33 部：辵（辵）；第 34 部：彳（彳）；第 35 部：廴（廴）；第 36 部：㢟（㢟）；第 37 部：行（行）；第 38 部：齒（齒）。

3.第 479 部：二（二）；第 480 部：土（土）；第 481 部：垚（垚）；第 482 部：堇（堇）；第 483 部：里（里）；第 484 部：田（田）；第 485 部：畕（畕）；第 486 部：黄（黄）；第 487 部：男（男）；第 488 部：力（力）；第 489 部：劦（劦）。

（二）以类相从

这是部首排序的补充原则，《说文解字》540 个部首，不可能均能根据形体系联在一起，这样就有"以类相从"这一条原则来补充，就是把意义类别相近的部首排在一起。例如：

1.第 507 部：五（五）；第 508 部：六（六）；第 509 部：（七）（七）；第 510 部：九（九）。

2.第 495 部:斤(斤);第 496 部:斗(斗);第 497 部:矛(矛);第 498 部:車(車)。

很多时候,是据形系联与以类相从的组合。例如:

3.第 513 部:甲(甲);第 514 部:乙(乙);第 515 部:丙(丙);第 516 部:丁(丁);第 517 部:戊(戊);第 518 部:己(己);第 519 部:巴(巴);第 520 部:庚(庚);第 521 部:辛(辛);第 522 部:辡(辡);第 523 部:壬(壬);第 524 部:癸(癸);第 525 部:子(子);第 526 部:了(了);第 527 部:孨(孨);第 528 部:𠫓(𠫓);第 529 部:丑(丑);第 530 部:寅(寅);第 531 部:卯(卯);第 532 部:辰(辰);第 533 部:巳(巳);第 534 部:午(午);第 535 部:未(未);第 536 部:申(申);第 537 部:酉(酉);第 538 部:酋(酋);第 539 部:戌(戌);第 540 部:亥(亥)。

由甲到己为以类相从,都是天干字,由己到巴为据形系联,再到庚、辛又为以类相从,由辛到辡为据形系联,到壬,到子为以类相从,由子到𠫓为据形系联,到丑,到酉又为以类相从,由酉到酋为据形系联,再到戌、亥为以类相从。

(三)始一终亥

《说文解字》对部首的首尾安排也是有原则的,按照阴阳五行"万物始于一,终于亥"的观念,将"一"列为第 1 部,将"亥"列为最后一部第 540 部。

二、部中字例

根据清儒的研究,同一部首的字,《说文解字》一般按照以类相从的原则进行排序,再根据词义的虚实来排序,先实后虚,或是根据词义的美恶来排序,先美后恶。

(一)以类相从

一般来说,同部字,意义相同或相近,或是属于同一义类的排在一起。例如:

1.山部:山(1)嶽、岱、㠀、峱、嶧、嵎、嶷、嶅、屼、巀、嶭、崋、崞、崵;(2)岵、屺、嶨、嶅、岨、岡;(3)岑、崟、崒、巒;(4)密;(5)岫;(6)陖、嶞、嶘、崛、巏;(7)峯、巖、嵒;(8)[illegible]、嵳、嶨、嶐、嵯、峨、崝、嶸。

(1)组字均为具体的山名;(2)组为有特征之山或山之某一部分;(3)组为山的特征;(4)组为有特征之山,(5)组为山上之物;(6)组为山的特征;(7)组为山的一部分;(8)组为山的特征。

2.火部:火(1) 炟;(2)[illegible]、燬、燹、焌、㶴、然、爇、燔、燒;(3)烈、炪、燀、㸑、烝、烰、煦、熯、炥、熮、閔、㶿、熲、爚、熛。

(1)组为皇帝名;(2)组为焚烧之义;(3)组为火的特征。

(二)先实后虚

同部字又根据所记录的词的意义虚实来排序,先名词,次动词,再次形容词,再其他类别。例如:

1.水部:水(1)汃、河、泑、涷、涪、潼、江、沱、浙、涐……涓、瀧、浘、汝、汨、汗、沤、澥、漠、海;(2)溥、瀾、洪、洚、衍、淖、潒、滔、涓、混、潒、漦、汭、潚、演、涣、泌……

(1)组为河流名或湖泊名(漠为形似之物),名词;(2)组为水流的特征,为形容词。

2.手部:手(1)掌、拇、指、拳;(2)擥、攕、掔、摳、攘、揰、揖、攘、拱、撿、捧、揎、孪、推、捘、排、擠、抵、摧、拉、挫……

(1)组为手部名称,名词;(2)组为手的动作,动词。

(三)先美后恶

按照字所记录的词的意义排列,一般形容事物美好品质的词在前,形容不好品质的在后。例如:

1.女部:女(1)嫵、媄、嬉、嫡、姝、好、嬹、嫛、媀、姣、嬛、娧、媌、嬗、婠、娙、嬪……(2)媟、嬻、嫢、嬖、嫛、妎、妒、娟、媄、佞、嫈、嫪、婣、姿、嫭、妨、妄、婾……

(1)组字记录的词均为表示美好品质的词,而(2)组则是表示不好(恶)品质的词。

2.心部:心(1)悰、恬、恢、恭、憼、恕、怡、慈、怟、慷、悛、恩……(2)慺、懼、怙、恃、憎……

(1)组均为美好方面的,(2)组则是不好(恶)的方面。

(四)特殊字的排序

1.皇帝私名用字,排在部首字之后。例如:

(1)示部:示、祜、禮、禧、禛、祿、禠……

(2)禾部:禾、秀、稼、穡、穜、稙、種……

“祜”汉安帝名,“秀”为汉光武帝名。

2.与部首字形体相反的字排在部末。例如:

(1)示部:丄、帝、旁、丅 。

(2)邑部:邑、邦、郡、都、鄰……郙、酈、鄨、邑。

3.用部首字重叠形成的字,如果这个字不是部首,则排在部末。例如:

(1)耳部:耳、耴、貼、耽、聃……聝、耶、聻、聑、聶。

(2)石部:石、磺、碭、碝、砮……砭、碣、砢、磊。

三、注音例

《说文解字》注音主要有两种形式，一是用读若的形式注音，二是利用形声字声符表示读音。

（一）读若注音

1."读若X"，例如：

（1）瓔，玉也。从玉，夓声。读若柔。

（2）磺，铜铁朴石也，从石，黄声。读若穬。

2."读若XX之X"，例如：

（1）禶，数祭也，从示，毳声。读若舂麦为禶之禶。

（2）琦，朽玉也，从玉，有声。读若畜牧之畜。

3.读若经典文献中某字。例如：

（1）玤，石之次玉者，以为系璧。从玉，丰声。读若《诗》曰"瓜瓞菶菶"。

（2）醶，酒味淫也，从酉，竷省声。读若《春秋传》曰"美而艳"。

4."读若X同"，例如：

（1）赽，半步也，从走，圭声。读若跬同。

（2）𤔔，治也，幺子相乱，𠬪治之也。读若乱同。

5."读与X同"，例如：

（1）繕，缓也，从纟，盈声。读与听同。

（2）範，範軷也，从车，笵省声。读与犯同。

（二）形声字声符示音

形声字的声符在造字之初，与这个形声字的读音是相同或极其相近的，指出声符，就间接地指出了读音。例如：

（1）菉，王刍也，从艹，录声。《诗》曰："菉竹猗猗。"

（2）範，艸也，从艸，氾声。

四、析形例

《说文解字》在分析形体时，对用不同造字法造的字所采用的术语是有区别的，下面分类说明。

（一）象形字

1."象形"。直接用"象形"来指明，例如：

(1)口,人所以言食也。象形。

(2)爪,丮也,覆手曰爪。象形。

2.“象X之形”或“象X形”,例如:

(1)自,鼻也。象鼻形。

(2)囗,回也。象回帀之形。

3.“象XX”,例如:

(1)丮,持也,象手有所丮据也。

(2)文,错画也。象交文。

(二)指事字

1.“指事”。《说文解字》正文中用“指事”说明的只有上、下两字。

(1)丄,高也。此古文上,指事也。

(2)丅,底也。指事。

2.“从X,象X之形”,例如:

亦,人之臂亦也。从大,象两亦之形。

3.从X,X在XX,例如:

(1)末,木上曰末。从木,一在其上。

(2)本,木下曰本。从木,一在其下。

4.“象XX之形”,例如:

(1)刃,刀坚也。象刀有刃之形。

(三)会意字

1.“从XX”,例如:

(1)争,引也。从妥厂。

(2)共,同也。从廿廾。

2.“从X,从X”,例如:

(1)及,逮也。从又,从人。

(2)取,捕取也。从又,从耳。

3.“从X,XX”,例如:

(1)父,矩也,家长率教者。从又举杖。

(2)秉,禾束也。从又持禾。

4.“象XX之形”例如:

(1)鬥,两士相对,兵杖在后,象鬥之形。

(2)刍，刈艸也。象包束艸之形。

(四)形声字

1."从X，X声"，例如：

(1)盎，盆也。从皿，央声。

(2)驯，马顺也。从马，川声。

2."从X，从X，X亦声"，例如：

(1)奘，妄强犬也。从犬，从壮，壮亦声。

(2)煣，屈申木也。从火，柔，柔亦声。

3."从X，X省声"，例如：

(1)赨，赤色也。从赤，蟲省声。

(2)恬，安也。从心，甛省声。

五、释义例

《说文解字》解释字义时主要采用三种方法进行：义训、声训和义界。

(一)义训

义训是用同义词或近义词作为解释词来解释被解释词。例如：

(1)考，老也。从老省，丂声。

(2)追，逐也。从辵，𠂤声。

(二)声训

声训是用读音相近或相同的词(同源词)来解释被解释词。例如：

(1)天，颠也，至高无上，从一、大。

(2)帝，谛也，王天下之号也，从丄朿声。

"天"上古音透母真部，"颠"上古音端母真部，读音相近，意义相同，为同源词；"帝"、"谛"上古音端母锡部，读音相同，意义相通，为同源词。

(三)义界

义界就是用下定义的方式或用描写的方式来解释被解释词。例如：

(1)口，人所以言食也，象形。

(2)熑，火煣车网绝也，从火，兼声。

(3)犀，南徼外牛，一角在鼻，一角在顶，似豕，从牛，尾声。

(4)狼，似犬，锐头，白颊，高前，广后，从犬，良声。

"口"、"熑"采用下定义的方式，"犀"、"狼"采用描写的方式。

第三节 《说文解字》部首今读

本节列《说文解字》540部首的今读，依照《说文解字》部目顺序排列，今读依据徐铉所加反切确定，个别根据读若确定。

《说文解字》第一

1.一 一 yī（於悉切）
2.丄 丄 shàng（时掌切）
3.示 示 shì（神至切）
4.三 三 sān（穌甘切）
5.王 王 wáng（雨方切）
6.玉 玉 yù（鱼欲切）
7.玨 玨 jué（古岳切）
8.气 气 qì（去既切）
9.士 士 shì（鉏里切）
10.丨 丨 gǔn（古本切）
11.屮 屮 chè（丑列切）
12.艸 艸 cǎo（仓老切）
13.蓐 蓐 rù（而蜀切）
14.茻 茻 mǎng（模朗切）

《说文解字》第二

15.小 小 xiǎo（私兆切）
16.八 八 bā（博拔切）
17.釆 釆 biàn（蒲苋切）
18.半 半 bàn（博幔切）
19.牛 牛 niú（语求切）
20.犛 犛 máo（莫交切）
21.告 告 gào（古奥切）
22.口 口 kǒu（苦后切）
23.凵 凵 qiǎn（口犯切）
24.吅 吅 xuān（况袁切）
25.哭 哭 kū（苦屋切）
26.走 走 zǒu（子苟切）
27.止 止 zhǐ（诸市切）
28.癶 癶 bō（北末切）
29.步 步 bù（薄故切）
30.此 此 cǐ（雌氏切）
31.正 正 zhèng（之盛切）
32.是 是 shì（承旨切）
33.辵 辵 chuò（丑略切）
34.彳 彳 chì（丑亦切）
35.廴 廴 yǐn（餘忍切）
36.㢟 㢟 chān（丑连切）
37.行 行 háng（户庚切）
38.齒 齒 chǐ（昌里切）
39.牙 牙 yá（五加切）
40.足 足 zú（即玉切）
41.疋 疋 shū（所菹切）
42.品 品 pǐn（丕饮切）
43.龠 龠 yuè（以灼切）
44.冊 冊 cè（楚革切）

《说文解字》第三

45.㗊 㗊 jí（阻立切）
46.舌 舌 shé（食列切）
47.干 干 gān（古寒切）
48.谷 谷 jué（其虐切）

49.只 zhǐ(诸氏切)
50.㕯 nè(女滑切)
51.句 gōu(古侯切)
52.丩 jiū(居蚪切)
53.古 gǔ(公户切)
54.十 shí(是执切)
55.卅 sà(苏沓切)
56.言 yán(语轩切)
57.誩 jìng(渠庆切)
58.音 yīn(於今切)
59.䇂 qiān(去虔切)
60.丵 zhuó(士角切)
61.菐 pú(蒲沃切)
62.収 gǒng(居竦切)
63.𠬜 pān(普班切)
64.共 gòng(渠用切)
65.異 yì(羊吏切)
66.舁 yú(以诸切)
67.臼 jū(居玉切)
68.晨 chén(食邻切)
69.爨 cuàn(七乱切)
70.革 gé(古覈切)
71.鬲 lì(郎激切)
72.䰜 lì(郎激切)
73.爪 zhǎo(侧狡切)
74.丮 jǐ(几剧切)
75.鬥 dòu(都豆切)
76.又 yòu(于救切)
77.𠂇 zuǒ(臧可切)
78.史 shǐ(疏士切)
79.支 zhī(章移切)
80.聿 niè(尼辄切)
81.聿 yù(余律切)
82.畫 huà(胡麦切)
83.隶 dài(徒耐切)
84.臤 qiān(苦闲切)
85.臣 chén(植邻切)
86.殳 shū(市朱切)
87.殺 shā(所八切)
88.几 shū(市朱切)
89.寸 cùn(仓困切)
90.皮 pí(符羁切)
91.㼱 ruǎn(而兖切)
92.攴 pū(普木切)
93.教 jiào(古孝切)
94.卜 bǔ(博木切)
95.用 yòng(余讼切)
96.爻 yáo(胡茅切)
97.㸚 lǐ(力几切)

《说文解字》第四

98.旻 xuè(火劣切)
99.目 mù(莫六切)
100.䀠 jù(九遇切)
101.眉 méi(武悲切)
102.盾 dùn(食问切)
103.自 zì(疾二切)
104.白 zì(疾二切)
105.鼻 bí(父二切)
106.皕 bì(彼力切)
107.習 xí(似入切)
108.羽 yǔ(王矩切)
109.隹 zhuī(职追切)
110.奞 xùn(息遗切)
111.萑 huán(胡官切)

112.丫 guǎ(工瓦切)
113.苜 mò(徒结切)
114.羊 yáng(与章切)
115.羴 shān(式连切)
116.瞿 jù(九遇切)
117.雔 chóu(市流切)
118.雥 zá(徂合切)
119.鳥 niǎo(都了切)
120.烏 wū(哀都切)
121.華 bān(北潘切)
122.冓 gòu(古候切)
123.幺 yāo(於尧切)
124.𢆶 yōu(於虯切)
125.叀 zhuān(职缘切)
126.玄 xuán(胡涓切)
127.予 yǔ(余吕切)
128.放 fàng(甫妄切)
129.𠬪 biào(平小切)
130.𣦼 cán(昨干切)
131.歺 è(五割切)
132.死 sǐ(息姊切)
133.冎 guǎ(古瓦切)
134.骨 gǔ(古忽切)
135.肉 ròu(如六切)
136.筋 jīn(居银切)
137.刀 dāo(都牢切)
138.刃 rèn(而振切)
139.㓞 qià(恪入切)
140.丰 jiè(古拜切)
141.耒 lěi(卢对切)
142.角 jiǎo(古岳切)

《说文解字》第五

143.竹 zhú(陟玉切)
144.箕 jī(居之切)
145.丌 jī(居之切)
146.左 zuǒ(则箇切)
147.工 gōng(古红切)
148.㠭 zhǎn(知衍切)
149.巫 wū(武扶切)
150.甘 gān(古三切)
151.曰 yuē(王伐切)
152.乃 nǎi(奴亥切)
153.丂 kǎo(苦浩切)
154.可 kě(肯我切)
155.兮 xī(胡鸡切)
156.号 hào(胡到切)
157.亏 yú(羽俱切)
158.旨 zhǐ(职雉切)
159.喜 xǐ(虚里切)
160.壴 zhù(中句切)
161.鼓 gǔ(工户切)
162.豈 qǐ(墟喜切)
163.豆 dòu(徒候切)
164.豊 lǐ(卢启切)
165.豐 fēng(敷戎切)
166.䖒 xī(许羁切)
167.虍 hū(荒乌切)
168.虎 hǔ(呼古切)
169.虤 yán(五闲切)
170.皿 mǐn(武永切)
171.凵 qū(去鱼切)
172.去 qù(丘据切)
173.血 xuè(呼决切)

174.丶 zhǔ(知庾切)
175.丹 dān(都寒切)
176.青 qīng(仓经切)
177.井 jǐng(子郢切)
178.皀 bī(皮及切)
179.鬯 chàng(丑谅切)
180.食 shí(乘力切)
181.亼 jí(秦入切)
182.會 huì(黄外切)
183.倉 cāng(七冈切)
184.入 rù(人汁切)
185.缶 fǒu(方九切)
186.矢 shǐ(式视切)
187.高 gāo(古牢切)
188.冂 jiōng(古荧切)
189.𩫏 guō(古博切)
190.京 jīng(举卿切)
191.亯 xiǎng(许两切)
192.𣆪 hòu(胡口切)
193.畐 fú(芳逼切)
194.㐭 lǐn(力甚切)
195.嗇 sè(所力切)
196.來 lái(洛哀切)
197.麥 mài(莫获切)
198.夊 suī(楚危切)
199.舛 chuǎn(昌兖切)
200.舜 shùn(舒闰切)
201.韋 wéi(宇非切)
202.弟 dì(特计切)
203.夂 zhǐ(陟侈切)
204.久 jiǔ(举友切)
205.桀 jié(渠列切)

《说文解字》第六

206.木 mù(莫卜切)
207.東 dōng(得红切)
208.林 lín(力寻切)
209.才 cái(昨哉切)
210.叒 ruò(而灼切)
211.之 zhī(止而切)
212.帀 zā(子荅切)
213.出 chū(尺律切)
214.𣎵 pò(普活切)
215.生 shēng(所庚切)
216.乇 zhé(陟格切)
217.𠂹 chuí(是为切)
218.𠌶 huā(况于切)
219.華 huá(户瓜切)
220.禾 jī(古兮切)
221.稽 jī(古兮切)
222.巢 cháo(鉏交切)
223.桼 qī(亲吉切)
224.束 shù(书玉切)
225.㯻 hùn(胡本切)
226.囗 wéi(羽非切)
227.員 yuán(王权切)
228.貝 bèi(博盖切)
229.邑 yì(於汲切)
230.𨛜 xiàng(胡绛切)

《说文解字》第七

231.日 rì(人质切)
232.旦 dàn(得案切)
233.倝 gàn(古案切)
234.㫃 yǎn(於幰切)

235.冥 míng(莫经切)
236.晶 jīng(子盈切)
237.月 yuè(鱼厥切)
238.有 yǒu(云九切)
239.朙 míng(武兵切)
240.囧 jiǒng(俱永切)
241.夕 xī(祥易切)
242.多 duō(得何切)
243.毌 guàn(古丸切)
244.𢎘 hàn(乎感切)
245.㮳 hàn(胡感切)
246.卣 tiáo(徒辽切)
247.齊 qí(徂兮切)
248.朿 cì(七赐切)
249.片 piàn(匹见切)
250.鼎 dǐng(都挺切)
251.克 kè(苦得切)
252.彔 lù(卢谷切)
253.禾 hé(户戈切)
254.秝 lì(郎击切)
255.黍 shǔ(舒吕切)
256.香 xiāng(许良切)
257.米 mǐ(莫礼切)
258.毇 huǐ(许委切)
259.臼 jiù(其九切)
260.凶 xiōng(许容切)
261.朩 pìn(匹刃切)
262.𣏟 pài(匹卦切)
263.麻 má(莫遐切)
264.尗 shū(式竹切)
265.耑 duān(多官切)
266.韭 jiǔ(举友切)
267.瓜 guā(古华切)
268.瓠 hù(胡误切)
269.宀 mián(武延切)
270.宫 gōng(居戎切)
271.吕 lǚ(力举切)
272.穴 xué(胡决切)
273.㝱 mèng(莫凤切)
274.疒 nè(女戹切)
275.冖 mì(莫狄切)
276.𠔼 mǎo(莫保切)
277.冃 mào(莫报切)
278.㒳 liǎng(良奖切)
279.网 wǎng(文纺切)
280.襾 xià(呼讶切)
281.巾 jīn(居银切)
282.巿 fú(分勿切)
283.帛 bó(旁陌切)
284.白 bái(旁陌切)
285.㡀 bì(毗祭切)
286.黹 zhǐ(陟几切)

《说文解字》第八

287.人 rén(如邻切)
288.七 huà(呼跨切)
289.匕 bǐ(卑履切)
290.从 cóng(疾容切)
291.比 bǐ(毗至切)
292.北 běi(博墨切)
293.丘 qiū(去鸠切)
294.㐺 yín(鱼音切)
295.𡈼 tǐng(他鼎切)
296.重 zhòng(柱用切)
297.臥 wò(吾货切)

298.身 shēn(失人切)
299.㐆 yī(於機切)
300.衣 yī(於稀切)
301.裘 qiú(巨鳩切)
302.老 lǎo(卢皓切)
303.毛 máo(莫袍切)
304.毳 cuì(此芮切)
305.尸 shī(式脂切)
306.尺 chǐ(昌石切)
307.尾 wěi(无斐切)
308.履 lǚ(良止切)
309.舟 zhōu(职流切)
310.方 fāng(府良切)
311.儿 rén(如邻切)
312.兄 xiōng(许荣切)
313.兂 zēn(侧岑切)
314.皃 mào(莫教切)
315.𠑹 gǔ(公户切)
316.先 xiān(稣前切)
317.秃 tū(他谷切)
318.見 jiàn(古甸切)
319.覞 yào(弋笑切)
320.欠 qiàn(去剑切)
321.㱃 yǐn(於锦切)
322.次 xián(叙连切)
323.旡 jì(居未切)

《说文解字》第九

324.頁 xié(胡结切)
325.百 shǒu(书九切)
326.面 miàn(弥箭切)
327.丏 miǎn(弥兖切)
328.首 shǒu(书九切)
329.県 jiāo(古尧切)
330.須 xū(相俞切)
331.彡 shān(所衔切)
332.彣 wén(无分切)
333.文 wén(无分切)
334.髟 biāo(必凋切)
335.后 hòu(胡口切)
336.司 sī(息兹切)
337.卮 zhī(章移切)
338.卩 jié(子结切)
339.印 yìn(於刃切)
340.色 sè(所力切)
341.卯 qīng(去京切)
342.辟 bì(必益切)
343.勹 bāo(布交切)
344.包 bāo(布交切)
345.茍 jì(己力切)
346.鬼 guǐ(居伟切)
347.甶 fú(敷勿切)
348.厶 sī(息夷切)
349.嵬 wéi(五灰切)
350.山 shān(所閒切)
351.屾 shēn(所臻切)
352.屵 è(五葛切)
353.广 yǎn(鱼俭切)
354.厂 hǎn(呼旱切)
355.丸 wán(胡官切)
356.危 wēi(鱼为切)
357.石 shí(常隻切)
358.長 cháng(直良切)
359.勿 wù(文弗切)
360.冄 rǎn(而琰切)

361.而 ér(如之切)
362.豕 shǐ(式视切)
363.㣇 yì(羊至切)
364.彑 jì(居例切)
365.豚 tún(徒魂切)
366.豸 zhì(池尔切)
367.𤉡 sì(徐姊切)
368.易 yì(羊益切)
369.象 xiàng(徐两切)

《说文解字》第十

370.馬 mǎ(莫下切)
371.廌 zhì(宅买切)
372.鹿 lù(卢谷切)
373.麤 cū(仓胡切)
374.㲋 chuò(丑略切)
375.兔 tù(汤故切)
376.萈 huán(胡官切)
377.犬 quǎn(苦泫切)
378.㹜 yín(语斤切)
379.鼠 shǔ(书吕切)
380.能 néng(奴登切)
381.熊 xióng(羽弓切)
382.火 huǒ(呼果切)
383.炎 yán(于廉切)
384.黑 hēi(呼北切)
385.囱 chuāng(楚江切)
386.焱 yàn(以冄切)
387.炙 zhì(之石切)
388.赤 chì(昌石切)
389.大 dà(徒盖切)
390.亦 yì(羊益切)
391.夨 zè(阻力切)
392.夭 yāo(於兆切)
393.交 jiāo(古爻切)
394.尣 wāng(乌光切)
395.壺 hú(户吴切)
396.壹 yī(於悉切)
397.㚔 niè(尼辄切)
398.奢 shē(式车切)
399.亢 gāng(古郎切)
400.夲 tāo(土刀切)
401.夰 gǎo(古老切)
402.大 dà(他达切)
403.夫 fū(甫无切)
404.立 lì(力入切)
405.竝 bìng(蒲迥切)
406.囟 xìn(息进切)
407.思 sī(息兹切)
408.心 xīn(息林切)
409.惢 suǒ(才规切)

《说文解字》第十一

410.水 shuǐ(式轨切)
411.沝 zhuǐ(之垒切)
412.瀕 bīn(符真切)
413.く quǎn(姑泫切)
414.巜 kuài(古外切)
415.川 chuān(昌缘切)
416.泉 quán(疾缘切)
417.灥 xún(详遵切)
418.永 yǒng(于憬切)
419.𠂢 pài(匹卦切)
420.谷 gǔ(古禄切)
421.仌 bīng(笔陵切)
422.雨 yǔ(王矩切)

423.雲 yún(王分切)
424.魚 yú(语居切)
425.𩺰 yú(语居切)
426.燕 yàn(於甸切)
427.龍 lóng(力鍾切)
428.飛 fēi(甫微切)
429.非 fēi(甫微切)
430.卂 xùn(息晋切)

《说文解字》第十二

431.乙 yǐ(乌辖切)
432.不 bù(方久切)
433.至 zhì(脂利切)
434.西 xī(先稽切)
435.鹵 lǔ(郎古切)
436.鹽 yán(余廉切)
437.戶 hù(侯古切)
438.門 mén(莫奔切)
439.耳 ěr(而止切)
440.𦣝 yí(与之切)
441.手 shǒu(书九切)
442.𠦬 guāi(古怀切)
443.女 nǚ(尼吕切)
444.毋 wú(武扶切)
445.民 mín(弥邻切)
446.丿 piě(房密切)
447.𠂆 yì(余制切)
448.乁 yí(弋支切)
449.氏 shì(承旨切)
450.氐 dǐ(丁礼切)
451.戈 gē(古禾切)
452.戉 yuè(王伐切)
453.我 wǒ(五可切)
454.亅 jué(衢月切)
455.琴 qín(巨今切)
456.乚 yǐn(於谨切)
457.亡 wáng(武方切)
458.匸 xì(胡礼切)
459.匚 fāng(府良切)
460.曲 qū(丘玉切)
461.甾 zī(侧词切)
462.瓦 wǎ(五寡切)
463.弓 gōng(居戎切)
464.弜 jiàng(其两切)
465.弦 xián(胡田切)
466.系 xì(胡计切)

《说文解字》第十三

467.糸 mì(莫狄切)
468.素 sù(桑故切)
469.絲 sī(息兹切)
470.率 shuài(所律切)
471.虫 huǐ(许伟切)
472.䖵 kūn(古魂切)
473.蟲 chóng(直弓切)
474.風 fēng(方戎切)
475.它 tā(託何切)
476.龜 guī(居追切)
477.黽 měng(莫杏切)
478.卵 luǎn(卢管切)
479.二 èr(而至切)
480.土 tǔ(它鲁切)
481.垚 yáo(吾聊切)
482.堇 qín(巨斤切)
483.里 lǐ(良止切)
484.田 tián(待年切)

485.畕 jiāng(居良切)
486.黄 huáng(乎光切)
487.男 nán(那含切)
488.力 lì(林直切)
489.劦 xié(胡颊切)

《说文解字》第十四

490.金 jīn(居音切)
491.幵 jiān(古贤切)
492.勺 zhuó(之若切)
493.几 jǐ(居履切)
494.且 qiě(千也切)
495.斤 jīn(举欣切)
496.斗 dǒu(当口切)
497.矛 máo(莫浮切)
498.車 chē(尺遮切)
499.𠂤 duī(都回切)
500.𨸏 fù(房九切)
501.𨺅 fù(房九切)
502.厽 lěi(力轨切)
503.四 sì(息利切)
504.宁 zhù(直吕切)
505.叕 zhuó(陟劣切)
506.亞 yà(衣驾切)
507.五 wǔ(疑古切)
508.六 liù(力竹切)
509.七 qī(亲吉切)
510.九 jiǔ(举有切)
511.内 rǒu(人九切)
512.嘼 shòu(许救切)
513.甲 jiǎ(古狎切)
514.乙 yǐ(於笔切)
515.丙 bǐng(兵永切)
516.丁 dīng(当经切)
517.戊 wù(莫候切)
518.己 jǐ(居拟切)
519.巴 bā(伯加切)
520.庚 gēng(古行切)
521.辛 xīn(息邻切)
522.辡 biàn(方免切)
523.壬 rén(如林切)
524.癸 guǐ(居诔切)
525.子 zǐ(即里切)
526.了 liǎo(卢鸟切)
527.孨 zhuǎn(旨兖切)
528.𠫓 tū(他骨切)
529.丑 chǒu(敕九切)
530.寅 yín(弋真切)
531.卯 mǎo(莫饱切)
532.辰 chén(植邻切)
533.巳 sì(详里切)
534.午 wǔ(疑古切)
535.未 wèi(无沸切)
536.申 shēn(失人切)
537.酉 yǒu(与久切)
538.酋 qiú(字秋切)
539.戌 xū(辛聿切)
540.亥 hài(胡改切)

附:《说文解字·叙》及今译

(一)《说文解字·叙》①

欽定四庫全書

說文解字卷十五上

漢 許慎 撰

宋 徐鉉 增釋

古者庖犧氏之王天下也仰則觀象於天俯則觀法於
地視鳥獸之文與地之宜近取諸身遠取諸物於是始
作易八卦以垂憲象及神農氏結繩為治而統其事庶
業其繁飾偽萌生黃帝之史倉頡見鳥獸蹏迒之迹知

欽定四庫全書 說文解字 卷十五上 一

分理之可相別異也初造書契百工以乂萬品以察蓋
取諸夬夬揚于王庭言文者宣教明化於王者朝廷君
子所以施祿及下居德則忌也倉頡之初作書蓋依類
象形故謂之文其後形聲相益即謂之字字者言孳乳
而浸多也著於竹帛謂之書書者如也以迄五帝三王
之世改易殊體封于泰山者七十有二代靡有同焉周
禮八歲入小學保氏教國子先以六書一曰指事指事
者視而可識察而可見上下是也二曰象形象形者畫
成其物隨體詰詘日月是也三曰形聲形聲者以事為
名取譬相成江河是也四曰會意會意者比類合誼以
見指撝武信是也五曰轉注轉注者建類一首同意相
受考老是也六曰假借假借者本無其字依聲託事令
長是也及宣王太史籀著大篆十五篇與古文或異至
孔子書六經左丘明述春秋傳皆以古文厥意可得而
說其後諸侯力政不統於王惡禮樂之害己而皆去其
典籍分為七國田疇異畮車涂異軌律令異法衣冠異

欽定四庫全書 說文解字 卷十五上 二

制言語異聲文字異形秦始皇帝初兼天下丞相李斯
乃奏同之罷其不與秦文合者斯作倉頡篇中車府令
趙高作爰歷篇太史令胡毋敬作博學篇皆取史籀大
篆或頗省改所謂小篆者也是時秦燒滅經書滌除舊
典大發隸卒興役戍官獄職務繁初有隸書以趣約易
而古文由此絕矣 徐鍇曰王僧虔云秦獄吏程邈善大篆得罪繫雲陽獄增減大篆去其繁複始皇善之出為御史名其書曰隸書班固云謂施之於徒隸也即令之隸書而無點畫俯仰之勢 自爾
秦書有八體一曰大篆二曰小篆三曰刻符四曰蟲書

① 节选,录自文渊阁本四库全书。

徐鍇曰案漢書注蟲書即鳥書以書幡信首象鳥形即下云鳥蟲是也五曰摹印蕭子良以刻符摹印合為一體徐鍇以為符者竹而中剖之字形半分理應別為一體摹印屈曲填密則秦璽文也子良誤合之六曰署書蕭子良云署書漢高六年蕭何所定以題蒼龍白虎二闕羊欣云何覃思累月然後題之七曰殳書徐鍇曰書於殳也殳體八觚隨其勢而書之八曰隸書漢興有艸書徐鍇曰案書傳多云張芝作艸又云齊相杜探作據說文則張芝之前已有矣蕭子良云藁書者董仲舒欲言災異藁艸未上即為藁書藁者艸之初也史記上官奪屈原藁艸今云漢與有艸知所言藁艸是創詞非艸書也尉律徐鍇曰尉律漢律篇名學僮十七已上始試諷籀書九千字乃得為吏又以八體試之郡移太史并課最者以為尚書史書或不正輒舉劾之今雖有尉律不課小學不修莫達其說久矣孝宣時召通倉頡讀者張敞從受之涼州刺史杜業沛人爰禮講學大夫秦近亦能言之孝平時徵禮等百餘人令說文字未央廷中以禮為小學元士黃門侍郎揚雄采以作訓纂篇凡倉頡以下十四篇凡五千三百四十字羣書所載略存之矣及亡新居攝使大司空甄豐等校文書之部自以為應制作頗改定古文時有六書一曰古文孔子壁中書也二曰

奇字即古文而異者也三曰篆書即小篆秦始皇帝使下杜人程邈所作也徐鍇曰李斯雖改史篇為秦篆而程邈復同作也四曰佐書即秦隸書五曰繆篆所以摹印也六曰鳥蟲書所以書幡信也壁中書者魯恭王壞孔子宅而得禮記尚書春秋論語孝經又北平侯張倉獻春秋左氏傳郡國亦往往於山川得鼎彝其銘即前代之古文皆自相似雖叵復見遠流其詳可得略說也而世人大共非訾以為好奇者也故詭更正文鄉壁虛造不可知之書變亂常行以燿於世諸生競說字解經誼稱秦之隸書為倉頡時書云父子相傳何得改易乃猥曰馬頭人為長人持十為斗虫者屈中也廷尉說律至以字斷法苛人受錢苛之字止句也若此者甚衆皆不合孔氏古文謬於史籀俗儒鄙夫翫其所習蔽所希聞不見通學未嘗覩字例之條怪舊埶而善野言以其所知為祕妙究洞聖人之微恉又見倉頡篇中幼子承詔因號古帝之所作也其辭有神僊之術焉其迷誤不諭豈不悖哉書曰予欲

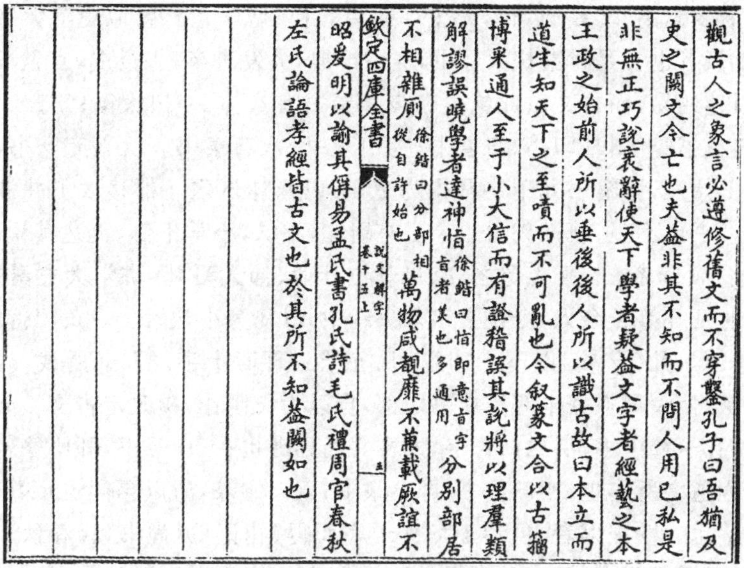
觀古人之象言必遵修舊文而不穿鑿孔子曰吾猶及
史之闕文今亡也夫蓋非其不知而不問人用己私是
非無正巧說衺辭使天下學者疑蓋文字者經藝之本
王政之始前人所以垂後後人所以識古故曰本立而
道生知天下之至嘖而不可亂也今叙篆文合以古籀
博采通人至于小大信而有證稽譔其說將以理羣類
解謬誤曉學者達神恉徐鍇曰恉即意旨字旨者美也多通用分別部居
不相雜厠徐鍇曰分部相從自許始也萬物咸覩靡不兼載厥誼不
欽定四庫全書　說文解字 卷十五上
昭爰明以諭其偁易孟氏書孔氏詩毛氏禮周官春秋
左氏論語孝經皆古文也於其所不知蓋闕如也

（二）《说文解字·叙》（标点）

东汉·许慎

古者庖牺氏之王天下也，仰则观象于天，俯则观法于地，视鸟兽之文与地之宜，近取诸身，远取诸物，于是始作易八卦，以垂宪象。及神农氏结绳为治而统其事，庶业其繁，饰伪萌生。黄帝之史仓颉，见鸟兽蹏迒之迹，知分理之可相别异也，初造书契。“百工以乂，万品以察，盖取诸夬。”“夬：扬于王庭。”言文者宣教明化于王者朝廷，君子所以施禄及下，居德则忌也。仓颉之初作书，盖依类象形，故谓之文；其后形声相益，即谓之字。字者，言孳乳而浸多也。著于竹帛谓之书。书者，如也。以迄五帝三王之世，改易殊体。封于泰山者，七十有二代，靡有同焉。周礼：八岁入小学，保氏教国子先以六书。一曰指事。指事者，视而可识，察而可见，上下是也。二曰象形。象形者，画成其物，随体诘诎，日月是也。三曰形声。形声者，以事为名，取譬相成，江河是也。四曰会意。会意者，比类合谊，以见指撝，武信是也。五曰转注。转注者，建类一首，同意相受，考老是也。六曰假借。假借者，本无其字，依声托事，令长是也。及宣王太史籀著大篆十五篇，与古文或异。至孔子书六经，左丘明述春秋传，皆以古文，厥意可得而说。其后诸侯力政，不统于王，恶礼乐之害已，而皆去其典籍，分为七国，田畴异畮，车涂异轨，律令异法，衣冠异制，言语异声，文字异形。秦始皇帝初兼天下，丞相李斯乃奏同之，罢其不与秦文合者。斯作《仓颉篇》，中车府令赵高作《爰历篇》，太史令胡毋敬作《博学篇》，皆取史籀大篆，或颇省改，所谓小篆者也。是时秦烧灭经书，涤除旧典，大发隶卒，兴役戍，官狱职务繁，初有隶书，以趣约易，而古文由此绝矣。自尔秦书有八体：一曰大篆；二曰小篆；三曰刻符；四曰虫书；五曰摹印；六曰署书；七曰殳书；八曰隶书。汉兴有艸书，尉律：学僮十七已上始试，讽籀书九千字乃得为吏；又以八体试之。郡移太史并课，最者以为尚书史。书或不正，辄举劾之。今虽有尉律，不课，小学不修，莫达其说久矣。孝宣时召通仓颉读者，张敞从受之，凉州刺史杜业、沛人爰礼、讲学大夫秦近亦能言之。孝平时征礼等百余人，令说文字未央廷中，以礼为小学元士。黄门侍郎杨雄采以作《训纂篇》，凡《仓颉》以下十四篇，凡五千三百四十字。群书所载，略存之矣。及亡新居摄，使大司空甄丰等校文书之部，自以为应制作，颇改定古文。时有六书：一曰古文，孔子壁中书也；二曰奇字，即古文而异者也；三曰篆书，即小篆，秦始皇帝使下杜人程邈之所作也；四曰佐书，即秦隶书；五曰缪篆，所以摹印也；六曰鸟虫书，所以书幡信也。壁中书者，鲁恭王坏孔子宅而得《礼记》、《尚书》、《春秋》、《论语》、《孝经》，又北平侯张仓献《春秋左氏传》，郡国亦往往于山川得鼎彝，其铭即前代之古文。皆自相似，虽叵复见远流，其详可得略说也。而世人大共非訾，以为好奇者也，故诡更正文，乡壁虚造不可知之书，变乱常行，以耀于世。诸生竞说字解经，諠称秦之隶书为仓颉时书。云："父子相传，何得改易？"乃猥曰：马头人为长；人持十为斗；虫者，屈中也。廷尉说律，至以字断法，"苛人受钱"，苛之字，止句也。若此者甚众，皆不合孔氏古文，谬于史籀，俗儒啚夫，翫其所习，蔽所希闻，不见通学，未尝覩字例之条，怪旧埶而善野言，以其所知为祕妙，究洞圣人之微恉。又见《仓颉篇》中"幼子承诏"因号古帝之所作也，其辞有神仙之术焉。其迷误不谕，岂不悖哉！《书》曰："予欲观古人之象。"言必遵修旧文而不穿凿。孔子曰："吾犹及史之阙文，今亡也夫！"盖非其不知而不问，人用己私，是非无正，巧说衺辞，使天下学者疑。盖文字者，经艺之本，王政之始，前人所以垂后，后人所以识古。故曰"本立而道生"，"知天下之至啧而不可乱也"。今叙篆文，合以古、籀，博采通人，至于小大，信而有证。稽譔其说，将以理群类，解谬误，晓学者，达神恉，分别部居，不相杂厕。万物咸覩，靡不兼载。厥谊不昭，爰明以谕。其偁《易》，孟氏；《书》，孔氏；《诗》，毛氏；《礼》、《周官》、《春秋》、《左氏》、《论语》、《孝经》，皆古文也。于其所不知，盖阙如也。

(三)《说文解字·叙》译文

周秉钧　译①

古代庖羲氏统治天下的时候,上则观察星象于天,下则观察现象于地,又看到鸟兽的纹理和地理的形状,近则取法于身,远则取象于物,于是开始作了八封,用它来表示法定的图像。至神农时代,用结绳的办法记录事物,诸事繁杂,饰伪的事情不断发生。黄帝的史官仓颉,看到鸟兽足迹,知道纹理可以互相区别,始创造了文字。"百官以乂,万民以察,大概取象于分别,""分别了,扬于王庭,"这就是说,文字是在王者朝廷里宣教明化的,是百官用以对下布施教化,增修德行,明白禁忌的。仓颉在开始创造文字的时候,大抵是依照事物的形象画出它们的图形,所以叫作"文"。后来形旁、声旁相互结合就叫作"字"。"文"是表示事物的本然现象,"字"就是由文孳生出来而逐渐增多的。写在竹帛上的叫作"书","书"就是"如"的意思。到了五帝三王的时代,文字逐渐改变成不同形体。在泰山祭天地的有很多朝代,使用的文字竟没有相同的呢。周朝的制度,儿童八岁入小学,保氏先用"六书"来教育王室的子弟。第一种叫作指事。所谓指事,就是一见就可以认识,细致观察就可以了解它的意义,丄丅(上下)二字就是这样。第二种叫作象形。所谓象形,就是画成那个东西,随着它的形体而曲折,日、月二字就是这样。第三种叫作形声。所谓形声,就是根据事物造字,再取一个近似的声符配合而成,江、河二字就是这样。第四种叫作会意。所谓会意就是组合两个以上的字,表示一个新的意义,武、信二字就是这样。第五种叫作转注。所谓转注,就是说造这种文字要统一部首,用一个同义的字辗转注释,老、考的关系就是这样。第六种叫作假借。所谓假借,就是本来没有这个字,借用一个同音字来表示这个概念,令、长二字就是这样。到周宣王的时候,太史官名叫籀的作大篆十五篇,跟古文稍有不同。直到孔子编写六经,左丘明写《春秋传》,都用古文,字的意义还能够说明。此后,各国诸侯互相征伐,不服从周天子,他们讨厌礼乐妨害自己,于是都废弃旧时的典章书籍。当时天下分为七国,各国田亩划分的制度不同,车路轨道的宽窄不同,法律制度不同,衣冠形式不同,语言的声音不同,文字的形体也不同。秦始皇统一天下以后,丞相李斯就上书建议把这些混乱现象统一起来,废除那些跟秦朝文字不同的书写形式。李斯作《仓颉篇》,中车府令赵高作《爰历篇》,太史令胡毋敬作《博学篇》,都是取史籀大篆,或者稍微进行一些改变或简化,这就是所说的小篆。这个时候,秦王朝烧毁了经书,

---

① 周秉钧《古代汉语纲要》,湖南教育出版社,1981年,第71～82页。

废除了过去的典籍，大量发动隶卒，兴起役戍，行政事务、监狱案件一天天繁杂起来，开始产生隶书，以求简便，于是古文便从此不用了。自此以后秦国文字有八种体式：一叫大篆，二叫小篆，三叫刻符，四叫虫书，五叫摹印，六叫署书，七叫殳书，八叫隶书。汉朝初年，出现了草书。廷尉的法律规定：学童十七岁以上才得应考，能讽诵理解九千字的文章才能充当史官；同时也要考秦代八体的写法。地方送到朝廷去会试，成绩最好的录取为尚书史。书写有不正确的就检举处分他。现在虽然还有廷尉的法令，可是不考试了，小学也不讲求，一般人早就不懂得文字的道理了。孝宣皇帝的时候，召集了精通《仓颉篇》的人，派张敞跟他学习；此外，凉州刺史杜业、沛人爰礼、讲学大夫秦近也能够讲授文字的知识。孝平皇帝的时候，征聘爰礼等百多人，在未央宫中讲述文字，封爰礼作小学博士。黄门侍郎扬雄采集他们所讲的编成《训纂篇》。《仓颉篇》到《训纂篇》共十四篇，合计五千三百四十字，各书所记载的文字大致都保存着。到王莽摄政的时候，派大司空甄丰等人校正文字。甄丰自以为奉命而作，对古文有些改定。当时有六书：第一种叫作古文，就是从孔壁中得到的文字；第二种叫作奇字，就是古文的异体；第三种叫作篆书，就是小篆；第四种叫作左书，就是秦时的隶书，秦始皇命令下杜人程邈所作的；第五种叫作缪篆，是用来摹刻印章的字体；第六种叫作鸟虫书，是用来写在旗帜或符节上的。壁中书，就是指武帝时鲁恭王拆孔子住宅而得到的《礼记》、《尚书》、《春秋》、《论语》、《孝经》。又有北平侯张苍所献的《春秋左氏传》，各地又往往在地里挖掘出钟鼎彝器，上面的铭文就是前代的古文，它们的字体都相类似。虽然不能从这些材料看出文字的流变，但是造字详情还是可以大致说明的。然而当时的一些人对于这些古文，大加非议，认为这是好奇立异，故意变更正规文字，向着孔壁凭空虚构一些难以认识的东西，淆乱通行的文字来炫耀自己。太学的学生都争着解说文字，阐明经义，妄称秦朝的隶书就是仓颉时代的文字。他们说，文字是世代相传的，怎么会改变呢？竟歪曲地说："马头人"是"长"字，"人持十"是"斗"字，"虫"字是弯曲"中"字而成的。掌管法律的人说明法律，甚至根据隶书的字形判决案件，把"苛人受钱"的"苛"字说成"止句"，类似这种情况还很多。这些都同孔子壁中的古文不合，也不合于大篆。可是庸夫俗子玩弄他们的所学，不明了他们所少见的东西，没有看到宏通的学者，也没有明白文字的条例，把旧艺当作怪异，把野言当成宝贝，认为自己所知道的是非常奥妙的东西，认为自己透彻地领会了圣人的深意。他们又看到《仓颉篇》中有"幼子承诏"这句话，就说《仓颉篇》是古代帝王所作的，这里面还记载着神仙的法术哩！这样迷误不明，难道不是悖乱吗？《尚书》说"余想观看古人之象"，这就是说，必须遵守古代的记载，不应穿凿附会。孔子说："我还看到过古史上的阙文，现在没有了啊！”这就是批评不懂不问，各逞己见，是非无定，巧言邪说，使天下学者疑惑的那些人。文字是经艺的基础，也是政治的基础，前人用它，将文化传给后人，后人用它认识古代文化。所以说：“基本建立了，其他事物才能产生”，“知道天下的深奥道理就不可错乱”。我现在编次小篆和古文籀文，广泛地采取通人的意见，至于各种解释，都是可信而有证据的。稽考诠释那些解说，目的在于拿它解释文字，剖析错误，告诉读者通达文字构造的深意。分别部类排列，不使杂乱。在这里，万事万物都可以看到，没有什么遗漏。那些意义不明的就清楚地加以说明。书中所引《周易》是孟氏本；《尚书》是孔氏本；《诗经》是毛氏本；《礼经》、《周官》、《左氏春秋》、《论语》、《孝经》都是古文经。至于那些还不清楚的，只好阙而不解了。

第九章

古文字

中国文字演变到甲骨文，已经是非常成熟的成体系的文字。从今天发现的文字资料来看，商代除了甲骨文外，还有青铜器上的文字，称为“金文”。从字体演变的角度看，从商代甲骨文、金文一直到秦代李斯统一文字形成的规范字体小篆，都属于古文字的范畴。而隶书分为两种，一种是古隶，又称为“秦隶”；还有一种是汉隶。现在学术界一般把古隶也归入古文字的范畴。从汉隶起，到草书、行书、楷书，都属于今文字的范畴，而古今文字的分水岭就是隶书。本章和下一章，将分别对此进行阐述。

第一节　甲骨文

甲骨文是商周两代刻或写在龟甲兽骨上的文字，分为商代甲骨文和周代甲骨文两类。商代甲骨文最初是 1899 年金石学者王懿荣发现的，后来近代著名学者罗振玉、罗振常兄弟通过调查，找到了甲骨文的出土地为河南安阳洹水之滨的小屯村。该地是商代著名帝王盘庚迁都后的都城遗址，就是有名的“殷墟”。唐代张守节《史记·殷本纪》正义引《竹书纪年》说：“盘庚迁殷，至纣之灭，二百五十三年，更不徙都。”殷墟当时作为晚商都城，共经 8 代 12 王，历时 253 年，年代大约在公元前 14 世纪到公元前 11 世纪。甲骨文主要的书写材料是龟甲和兽骨。龟甲主要是乌龟的腹甲和少量的背甲；兽骨主要是牛的肩胛骨及其他少量的，如鹿、虎等动物的骨头，因而最初甲骨文曾被称为“龟甲兽骨文字”，或是“甲文”、“龟甲文”、“龟版文”、“龟甲文字”、“龟刻文”。从书写方式来说，甲骨文主要是刻在甲骨上的，少量是用毛笔书写的，所以甲骨文曾被称为“殷墟书契”（因出土地为殷墟）、“契文”。从甲骨文的内容来看，有少量的记事刻辞、干支表，绝大多数都是商王和高级贵族占卜的记录，所以甲骨文曾被称为“甲骨卜辞”、“殷墟卜辞”或是“贞卜文字”。后来，王国维先生的弟子朱芳圃1933年出版了著作《甲骨学文字编》，1935年又出版了一部书《甲骨学商史编》，这样“甲骨学”作为学科名称逐渐被学者们认同，“甲骨文”作为比较规范的术语也慢慢得到了学术界的认可。

新中国成立后，在全国各地又零星发现了一些甲骨文。其中值得注意的是，1953年在郑州二里岗出土了少量商代甲骨文，这是在殷墟之外发现的甲骨文。另外，在山西省洪洞县坊堆村、陕西省长安县张家坡、北京昌平白浮西周墓、陕西省岐山县凤雏村、湖北省襄樊檀溪村、河北省邢台南小汪、北京房山琉璃河遗址等地先后发现了一些周代的甲骨文，但数量不多。[①] 真正值得重视的是在周原遗址发现的大量甲骨。1977年陕西省岐山县凤雏村建筑遗址西厢房的11号灰坑和31号灰坑共出土甲骨17 275片，其中卜甲16 371片，卜骨678片，有字者292片。[②] 发现地是周王室先祖古公亶父率族人从豳地迁来的聚居地，是周人的发祥地。各地发现的西周有字甲骨共310片，总字数1131个。[③]

自周代甲骨文发现后，“甲骨文”的所指就不仅仅指殷墟出土的甲骨文，还包含周代的甲骨文，一般以殷墟甲骨文（见下页图9-1）为商代甲骨文的代表，周原甲骨文（见本书第183页图9-2）为周代甲骨文的代表。

① 参见王宇信，《中国甲骨学》，上海人民出版社，2009年，第457～461页。

② 陈全方，《陕西岐山凤雏村西周甲骨文概论》，《古文字研究论文集》（《四川大学学报丛刊》第十辑），1982年。陈文中云289片。参见王宇信，《中国甲骨学》，上海人民出版社，2009年，第464页注②。

③ 王宇信，《中国甲骨学》，上海人民出版社，2009年，第461页。

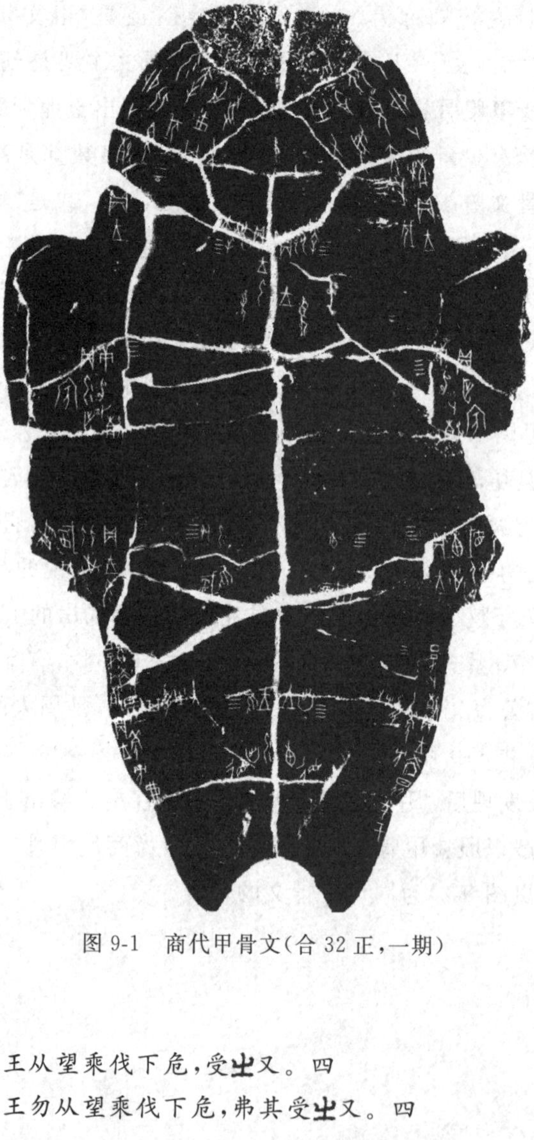

图 9-1　商代甲骨文(合 32 正,一期)

释文:

乙卯卜,㱿,貞王从望乘伐下危,受㞢又。四

乙卯卜,㱿,貞王勿从望乘伐下危,弗其受㞢又。四

貞王从望乘。四

貞王勿从望乘。四

丁巳卜,㱿,貞王學众,伐于𢀛方,受㞢又。四

丁巳卜,㱿,貞王勿學众,伐于𢀛方,弗其受㞢又。四

貞王从甾沚戓伐[巴]。四

貞王勿从𢀛沚𢦏伐巴。四
𢀛𢦏从。四
勿隹𢦏从。四
庚申卜,㱿,貞乍宊。四
庚申卜,㱿,貞勿乍宊。四
王𢀛出𨑖。四
王勿隹出𨑖。四

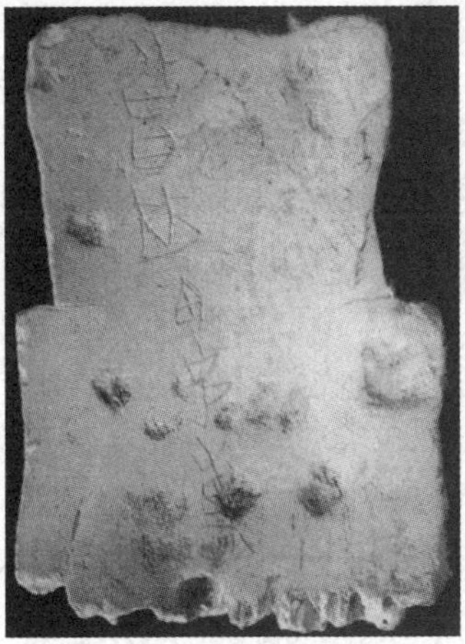

《周原》H11:6

《周原》FQ2①

图 9-2 周原甲骨文

图 释文:

曰竝甶克事。(《周原》H11:6)

甶自于永冬。(《周原》FQ2①)

甲骨文从发现到现在已经一百多年了,到底有多少甲骨片呢?单字又有多少?由于学者们掌握的资料不同,且甲骨片出土后容易断裂,收藏之地和收藏者分散各地,各家著录又往往重出,很难精确统计。20 世纪 50 年代初,陈梦家先生估计为 10 万片;[①]而胡厚宣先生统计认为目前全世界收藏的甲骨大约有 15 万片左右,如果每片以 10 字计算,总字数已超过 100 万字;[②]而陈炜湛统计为商代甲骨 10 万片,

① 陈梦家,《解放后甲骨的新资料和整理研究》,《文物参考资料》,1954 年第 6 期。

② 胡厚宣,《八十五年来甲骨文材料之再统计》,《史学月刊》1984 年第 5 期;《90 年来甲骨资料的新情况》,《中国文物报》1989 年 9 月 1 日。

有字者 6.2 万片左右。[1] 这些统计相差很远，精确的统计还需要进一步深入调查。相对来说，目前比较认可的是有字甲骨数量在 10 万片左右。

关于甲骨文不重复的单字的数量，于省吾先生说："截至现在为止，甲骨文不重复的字约四千五百多个，我们所认识的还不超过一千字。"[2]孙海波《甲骨文编》正编收字 1723 字(已识字)，附录 2949 字(不识字)，合文 371 组。[3] 刘钊、洪飏、张新俊《新甲骨文编》正编收字约为 2350 字，附录收字 1204 字；[4]李宗焜《甲骨文字编》收录 2010 年底所见殷墟甲骨文，"单字 4378 号，残文 52 个，摹本 26 个，合文 328 组，单字 4378 号中，隶定 2369 号，其中可释者 1682 号"。[5] 而陈炜湛认为殷墟甲骨文单字只有 3978 个。到目前为止，甲骨文的单字数量的多寡还需要进一步研究，但要得到一致的数据是不可能的，因为不同学者对几个字形是否为同一字的认定是不同的。我们保守地说，甲骨文单字大约 4000 多个，则是没有问题的。

从内容上看，甲骨文绝大多数为卜辞。卜辞内容大致涉及 10 个方面：年岁(农业)、天象(风雨)、旬夕(吉凶)、祭祀、征伐(方国)、田猎(渔牧)、疾梦、使令、往来、妇事(婚娶)。非卜辞主要为干支表，有关甲骨纳贡、收藏的记事刻辞和有关历史事件的纯粹记事刻辞。[6]

卜辞从结构上看，可以分为四个部分：前辞、命辞、占辞、验辞。下面举例说明。

《合》8884

摹本[7]

① 陈炜湛，《关于殷墟甲骨文的两个基本数字》，《中国文物报》，2002 年 1 月 8 日。
② 于省吾，《关于古文字研究的若干问题》，《文物》，1973 年第 2 期。
③ 孙海波，《甲骨文编》，中华书局，1965 年。
④ 刘钊、洪飏、张新俊，《新甲骨文编》，福建人民出版社，2009 年。正编字数为著者《后记》所言。
⑤ 李宗焜，《甲骨文字编》，中华书局，2012 年。
⑥ 陈炜湛，唐钰明，《古文字学纲要》，中山大学出版社，2009 年第 2 版，第 42～46 页。
⑦ 王宇信，杨升南，聂玉海，《甲骨文精粹选读》，语文出版社，1996 年，第 160 页。

《合》8884 是一条前辞、命辞、占辞、验辞俱全的完整的卜辞。“丁丑卜，宾贞，棘得？王固(占)曰：其得隹(唯)庚，其隹(唯)丙，其齿。四日庚辰，棘允得。二月。”

前辞又称叙辞，即占卜的时间和贞人。在这条卜辞中，“丁丑卜，宾贞”就是前辞。命辞又称贞辞，即占卜所问的内容，“棘得”就是命辞。占辞是商王(卜主)看了卜兆后所下的判断，“其得隹(唯)庚，其隹(唯)丙，其齿”就是占辞。验辞，即征验之辞，“四日庚辰，棘允得”就是验辞。

甲骨卜辞中，形式完整的不是很多，多数没有验辞。例如《合》20769“甲辰卜：乙其焚，又(有)[illegible]在风艮？小风。”“甲辰卜”为前辞，“乙其焚，又(有)[illegible]在风艮”为命辞，“小风”为占辞。

甲骨卜辞中最常见的是省去占辞和验辞。例如《合》27219“甲辰卜，酒黍登祖乙？己丑卜，今夕大雨？”这是两条卜辞。“甲辰卜”、“己丑卜”是前辞，“酒黍登祖乙”、“今夕大雨”是命辞。

有时候甲骨卜辞可以只有命辞。例如《合》02131“父甲一牡？父庚一牡？父辛一牡？”这是三条卜辞，均只有命辞。下面列表来说明。

卜辞结构表

前辞(叙辞)	时间、贞人	常见
命辞(贞辞)	占问事项	必有
占辞	商王的判断	可省
验辞	征验情况	可省

由于甲骨文的书写材料和书写方式的原因，甲骨文字形具有一些独特之处，主要体现在以下几个方面：

一、具有很强的象形性。甲骨文虽然是刻写，但文字离起源之时还不是非常遥远，还保留了很强的象形性。参见下表：

楷书	须	齿	行	虞	网	叶	鱼	鹿	虎	鸟
甲骨文										
楷书	凤	龟	井	宫	墉	门	州	日	晶	雨
甲骨文										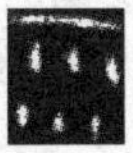

二、笔画瘦硬，多方折，富于刀笔味。甲骨文因为主要用刀刻写，因而很少有圆

润、丰腴肥厚的笔画，即使像圆形、曲形物的象形字，也多为方形，笔画细而硬。如下所示：

《合》559 正，一期

三、繁简异体并存。甲骨文中异体繁多，往往一个字多一笔少一笔没有区别，多一个形符或是少一个形符也没有区别。如下表：

字头	虎	子	且	元	舌	围	逐	典	牧	鱼
简体										
繁体										

四、构字部件的方向、位置多不固定。在甲骨文中，构字部件的方向、位置多不参与表意，是不固定的。当然也有固定的，如“陟”、“降”、“北”、“从”、“竝”、“替”等字（参见第四章第一节），见下表。

字头	人	元	目	止	老	步	益	毓	好	涉
形体 1										
形体 2										

五、存在异字同形的现象。甲骨文中，有一些字偶尔同形，或是极其近似，虽然不是很多，但仍然存在。如山和火，七和甲，今据刘钊等《新甲骨文编》所收形体制作如下表。

山	
火	
七	
甲	

六、书写空间不整齐。甲骨文的单字的书写空间还不整齐，差距比较大。这体现在几个方面：一是字与字之间形体差距比较大，此不用举例，看甲骨拓片自然清楚；二是几个字可以写在一个书写单位里，这种情况叫作合文，孙海波《甲骨文编》收有合文 371 组。今据刘钊等《新甲骨文编》所收合文列表举例如下：

文字	小丁	且丁	且辛	丙乙	小乙	三且丁	四且丁	小且乙	文武丁	小妣己
形体						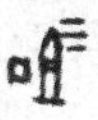				

七、偶有饰笔或装饰性部件。甲骨文中不少形体，有装饰性笔画或装饰性部件，并不起表意作用。如下表所示。

文字	元	天	矢	日	月	旦	明	启
形体								

“元”、“天”上的短横，“矢”中间的短横，“日”中间的短横，“月”中间的短斜笔，

"旦"两日中的短横,"明"字日中的"十"均是饰笔,"启"的"口"是装饰性部件,均不参与表意。

第二节 金文

金文是指商周两代,铸造或刻写在青铜器上的文字。我国很早就进入了青铜器时代。目前发现最早的青铜器是1975年在甘肃东乡林家发现的青铜刀和一些铜器残片,距今大约5000多年,历史上也有"禹收九牧之金铸九鼎"的传说。但从目前的发现来说,在青铜器上铸造文字最早始于商代早期。《商周青铜器铭文暨图像集成》收录商代早期金文已经达到20多篇。不过,青铜器上的铭文多为单字,为方国名或氏族名。商周(特别是西周)两代中国青铜器种类之多、造型之精美、纹饰之纷繁令人叹为观止。但战国以降,青铜器文化衰落,以致大量青铜器埋于地下,偶有出土,即以为天降祥瑞。班固《汉书·郊祀志》对此记载:

及汾阴得宝鼎,武帝嘉之,荐见宗庙,臧于甘泉宫,群臣皆上寿,贺曰:"陛下得周鼎。"寿王独曰:"非周鼎。"上闻之,召而问之,曰:"今朕得周鼎,群臣皆以为然,寿王独以为非,何也?有说则可,无说则死。"寿王对曰:"臣安敢无说?臣闻周德始乎后稷,长于公刘,大于太王,成于文武,显于周公,德泽上昭,天下漏泉,无所不通,上天报应,鼎为周出,故名曰周鼎,今汉自高祖继周,亦昭德显行,布恩施惠,六合和同,至于陛下,恢廓祖业,功德愈盛,天瑞并至,珍祥毕见,昔秦始皇亲出鼎于彭城而不能得。天祚有德而宝鼎自出。此天之所以与汉,乃汉宝,非周宝也。"上曰:"善。"群臣皆称万岁。是日。赐寿王黄金十斤。

汉武帝时在汾阴得到周代之宝鼎,以为天降祥瑞,荐之于宗庙。此鼎上有无文字,虽《汉书》未明言,但没有关于文字的讨论,多半是没有文字的。《汉书》另一段记载是:

是时美阳得鼎,献之,下有司议,多以为宜荐见宗庙,如元鼎时故事。张敞好古文字,按鼎铭勒而上议曰:"臣闻周祖始乎后稷,后稷封于斄,公刘发迹于豳,大王建国于岐梁,文武兴于酆镐,由此言之则岐梁、酆镐之间,周旧居也。固宜有宗庙坛场祭祠之臧,今鼎出于岐东,中有刻书曰:'王命尸臣,官此栒邑,赐尔旗鸾,黼黻,琱戈,尸臣拜手稽首,曰,敢对扬天子丕显休命。'臣愚不足以迹古文,窃以传记言之,此鼎殆周之所以褒赐大臣,大臣子孙刻铭其先功,臧之于宫庙也。昔宝鼎之出于汾脽也,河东太守以闻,诏曰:'朕巡祭后土,祈为百姓蒙丰年,今谷嗛未报,鼎焉为出哉?'博问耆老,意旧藏与? 诚欲考得事实也,有司验脽上,非旧藏处,鼎大八尺一寸,高三尺六寸,殊异于众鼎,今此鼎细小,又有款识,不宜荐见于宗庙。"

这是汉宣帝时发现周代青铜鼎,上有文字,当时文字学者张敞曾加以考释。当时欲仿效汉武帝汾阴得鼎荐之于宗庙的旧例而行。张敞据铭文反对,指出这是周代大臣尸臣受周王赏赐后所铸记功之鼎,不宜荐之于宗庙。这是我国历史文献上最早考释金文的记载。青铜器历代都有出土。许慎在《说文解字·叙》里也说:"郡国亦往往于山川得鼎彝,其铭即前代古文。"容庚《商周彝器通考》第二章辑录的许多文献上有关发现青铜器的记载。[①] 到了宋代,研究青铜器和上面的文字就成了一门专门的学问。皇帝公卿,收藏研究青铜器的兴趣极浓。有名的有杨元明、欧阳修、吕大临、赵明诚和南宋的薛尚功等,宋徽宗也曾敕命王黼编撰《博古图录》,经元明衰落后,到清代又兴起研究金文的热潮,乾嘉、同光时期达到高潮,二十世纪青铜器重器不断出土,金文研究一直长盛不衰。

约略来看,中国青铜器主要有以下这些类别:

一、烹煮器:鼎、鬲、甗等。

二、设食器:簋、盨、簠、敦、盂、豆等。

三、酒器:尊、卣、方彝、罍、瓿、壶、觚、爵、觯、角、斝、觥、盉等。

四、水器:盘、匜、缶、鉴等。

五、乐器:钟、镈、铙、鼓、錞于等。

六、兵器:戈、戟、矛、铍、剑、刀、殳、钺、镞、盾饰、胄等。

七、车马器:銮、軎、镳、衔、当卢、马冠等。

八、工具:斧、锛、凿、削、锯、铲臿、镢、耨等。

九、度量衡器:尺、权、量、衡杆等。

十、杂器:镜、带钩、灯、建筑饰件、棺椁饰件等。[②]

从书写方式来看,金文主要是铸造的,也有刻写的,特别是到了战国时期,兵器、量器上的铭文多为刻写。这样的书写方式使金文有两种呈现方式:阳文和阴文。因而过去有学者称金文为"款识"。颜师古注《汉书·郊祀志》"今此鼎细小,又有款识,不宜荐见于宗庙"说:"款,刻也;识,记也。"即阳文为识,阴文为款。由于商周青铜器中礼器以鼎为主,乐器以钟为主,所以"金文"又称为"钟鼎文"。商周青铜器主要是礼器,所以有学者称金文为"彝器文字"。也有学者称金文为"吉金文字"

---

① 容庚,《商周彝器通考》,上海人民出版社,2008 年。

② 参见李学勤,《古文字学初阶》,中华书局,1985 年,第 32 页。

的。关于"吉金"的意义，今人朱剑心早在1930年8月出版的《金石学》一书曾加以辨正："今人称金曰吉金……盖亦有所本。周代彝器之铭，多曰'吉金'，吉，坚结之意也。"1977年陕西扶风县法门镇云塘村出土的伯公父簠(《商周》05976)，铭文有"其金孔吉"一语，意思就是铸器的铜非常坚实。《历代钟鼎彝器款识法帖》卷八著录的周代石磬铭文中有"择其吉石"一语，"吉石"也就是坚实的石头。[①] 不过现在学者多以金文指称商周青铜器上的文字，或直接称之为"青铜器铭文"。

历代著录的青铜器铭文数量到底有多少呢？单字又有多少？这个问题比甲骨文的相关问题要简单一些。台湾严一萍编的《金文总集》收录历代金文7823篇；邱德修编的《商周金文集成》收录8974篇；中国社会科学院考古研究所编的1984～1994年出版的《殷周金文集成》收录金文11 983篇；[②]此后，刘雨、卢岩编著的《近出殷周金文集录》正编收录金文1258篇，附录收96篇；刘雨、严志斌编撰的《近出殷周金文集录二编》正编收录金文1346篇，台湾钟柏生、陈昭容、黄铭崇、袁国华编的《新收青铜器铭文暨器影汇编》收录金文2005篇，而吴镇烽《商周青铜器铭文暨图像集成》收录金文16 703篇，为金文著录集大成之作。

至于金文的单字，只怕如同甲骨文一样，难以精确定断。容庚《金文编》正编收单字2420字(已识字)，附录收单字1352字(未识字)；[③]张亚初《殷周金文集成引得》收录单字4972个。考虑到张亚初的依据为《殷周金文集成》，较吴镇烽《商周青铜器铭文暨图像集成》所收铭文少4000多篇，当另有新字，因而初步估计金文单字在5000以上。

从内容上看，金文主要涉及以下八个方面的内容：(一)记述分封和赏赐；(二)记功受赏；(三)记述战争；(四)记述祭祀；(五)记述册命经过；(六)记述土地交换；(七)记述诉讼事件；(八)记述媵女之事。[④]

从时代来看，金文早至商代早期，即公元前16世纪，晚到战国，时间长达1300多年。目前已经公布著录的金文16703篇中，有的金文只有一字，这种金文多达数千件，而长篇金文也不少，最长的金文为清代道光年间在陕西岐山县发现的毛公

---

① 裘锡圭，《说字小记》，《北京师院学报》，1988年第2期。又载《裘锡圭学术文集·金文及其他古文字卷》，复旦大学出版社，2012年。

② 赵诚，《二十世纪金文研究述要》，书海出版社，2003年，第361页。

③ 张振林，《金文编·后记》，载容庚编著，张振林，马国权摹补，中华书局，1985年。

④ 参见李学勤，《古文字学初阶》，中华书局，1985年，第39～45页。

鼎，现藏台北故宫博物院，全文长 497 字。① 曾传流落英国的晋侯盘(又名“蒲舍尔氏盘”)550 字，但经国内外学者鉴定，是一件连器带铭都是伪造的伪器，长篇金文主要集中在西周时期。总计商周两代，超过 100 字的长铭多达 190 篇，其中 200 字以上的长篇金文多达 31 篇，300 字以上的也有 19 篇，400 以上的 5 篇。西周金文最长的是毛公鼎，春秋金文最长的是由八件铜器铭文组成的叔夷钟，长达 500 字，如果算单件铜器铭文，则为叔夷镈，494 字，战国最长金文为中山王䢅鼎，469 字。

金文发展的一千三百多年中，金文的方方面面都发生了很大的变化，下面就字形重点进行说明。

商代金文比较短小，多为国名、氏族名或是私名，往往只有一个字，或是几个字。篇幅最长的为《小子畬卣》(《商周》13326)，上有铭文 45 字，另有国族名和私名 3 字，合计 48 字，其次最长的是《𠨘其壶》，有铭文 42 字，另有国族名，私名 4 字，合计 46 字。在商代近 6000 篇金文中，这种较长的金文是很少的。由于商代金文记载了很多国名、氏族名，我们把这种文字称为“族徽文字”，而族徽文字具有保守性，简省极少，而金文采用铸造的书写方式，这种文字象形性很强，一般笔画丰腴，填实之笔画和形体比较多见，如下表所示(并非全部为族徽文字)。

楷书	子	元	天	眉	齿	心	止	行	册	鼎
金文										
楷书	爵	皿	刀	戈	弓	车	壴	竹	箙	牛
金文										
楷书	豕	犬	马	象	鹿	虎	鱼	鸟	龙	虫
金文										
楷书	龟	墉	山	火	州	屰	渔	隻	保	涉
金文										

象形性强，笔画丰腴肥厚，多填实之笔，可以说是商代金文的显著特点。从字

① 《殷周金文集成释文》注为 481 字，又重文 9，合文 9，则为 499 字；而《殷周金文集成》、《殷周金文集成》修订增补本注为 479 字，又重文 9、合文 9497 字。

形的角度看，商代金文除了这个特点外，还有以下几个方面的特点：

文字的方向性大多是没有区别的，或是整字的方向不同，或构字部件的方向不同。如下表：

楷书	刀	豕	犬	马	象	鸟	受	伐	见	家
形 1										
形 2										

商代金文笔画中间粗首尾细，有明显的捺刀，称为波磔体或是古文体。例如小臣缶鼎铭文（《商周》02224，图 9-3）、作冊琴卣铭文（《商周》13312，图 9-4），其中很多字笔画都是头尾细中间粗，特别是斜笔，捺笔有很明显的捺刀。

商代金文布局比较随意，行款并不整齐，如上举小臣缶鼎铭文、作冊琴卣铭文、小子䍙鼎铭文（《商周》02202，图 9-5），每行字数都不一样，从横行来看，均不整齐。寏卣铭文（《商周》13247，图 9-6）两行，第一行五字，第二行六字，"辛卯"合写在一个书写单位，而"寏"字特大，"乍"字特小，"凡彝"两字又横写在一起。

商代金文单字书写空间不整齐，长短、宽窄、构字部件的疏密度均比较随意，这一点从小臣缶鼎和作册琴卣铭文都可以看出来。铭文中，字的大小不同，宽窄、长度都不一样，每行的字数也不一样。另外，商代金文单字书写空间不整齐还体现在商代金文存在一些合文（见"商代金文合文例表"）。

商代金文合文例表

楷书	北子	匕乙	二朋	嗣子	冬刃	五朋	小臣	辛卯	且丁	小子
合文										

金文字形总体上是向笔画线条化、字形方块化、行款整齐化发展。到了西周早期，金文字形与商代还比较接近，也属于波磔体，如利簋（《商周》05111，图 9-7）、史兽鼎（《商周》02423，图 9-8）铭文，史兽鼎铭文中的"史"、"尹"等字，特征非常明显（参见"西周早期金文例字表"）。不过西周金文笔画不似商代那么丰腴，也没有那么多图画性极强的字，字的行距趋向整齐，但是字距不一，大小也不一致，并且出现了一个字写成几个字的现象，即析书（见"西周早期金文析书例表"）；到了西周中晚

期，笔画变得匀称，粗细一致，没有波磔，称为玉箸体，如西周中期史墙盘铭文（《商周》14541，图 9-9）、西周晚期四十三年逨鼎铭文（《商周》02503，图 9-10），行款整齐，单字也变得方块化，大小渐趋一致（另见“西周晚期金文例字表”）。

西周早期金文例字表

楷书	武	玟	鼎	爵	帚	水	冬	ナ	交	父
字形										
楷书	保	史	休	及	家	沈	侯	生	至	既
字形										

西周早期金文析书例表

楷书	敢	肇	友	攸	肈	霸
字形	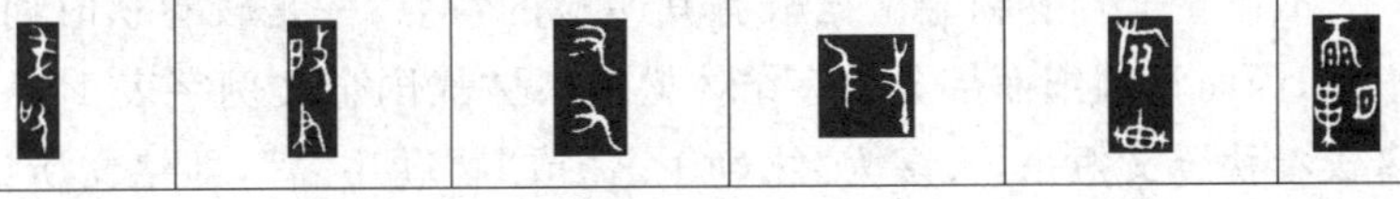					

西周晚期金文例字表

楷书	首	须	又	衣	册	鬲	鼎	干	矢	其
字形										
楷书	工	马	贝	向	雷	申	冬	占	朱	各
字形										

金文发展到春秋时期，尚有玉箸体，如春秋早期秦公簋铭文（《商周》05370，图 9-11），春秋晚期徐王義楚鍴铭文（《商周》10657，图 9-12；但是有不少金文笔画变细，字体变长，如春秋晚期的吴王光鉴（《商周》15066，图 9-13），王孙遗者钟（《商周》15632，图 9-14）；另外一个倾向是出现了很浓的美术化倾向，如春秋晚期与兵壶铭文（《商周》12445，图 9-15）字体细长，笔画细而长，有的笔画呈弯曲形。而蔡公子果戈铭文（《商周》16900，图 9-16），鼠子剑铭文（《商周》17815，图 9-17）则笔画屈曲，整

字细长，为鸟虫书之雏形，而南方一些地区的金文中鸟虫书已经成熟，即在字形上添加鸟虫之类的装饰性部件，不参与表意（见“春秋鸟虫书例字表”）。

春秋鸟虫书例字表

楷书	用	之	受	乍	正	为	郕	王	欱	潛
字形	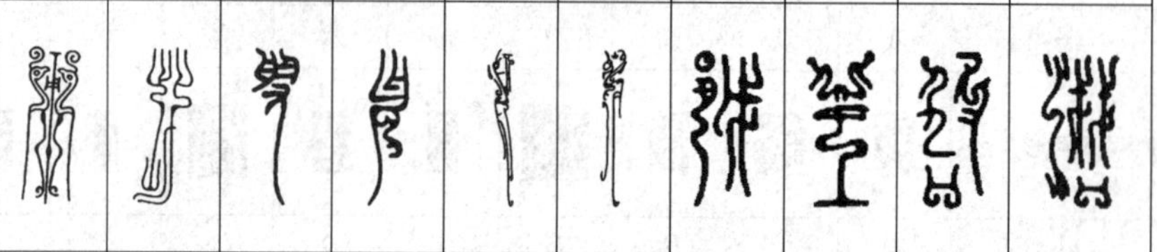									
楷书	自	蔡	以	玄	文	公	孙	兀	膚	吉
字形	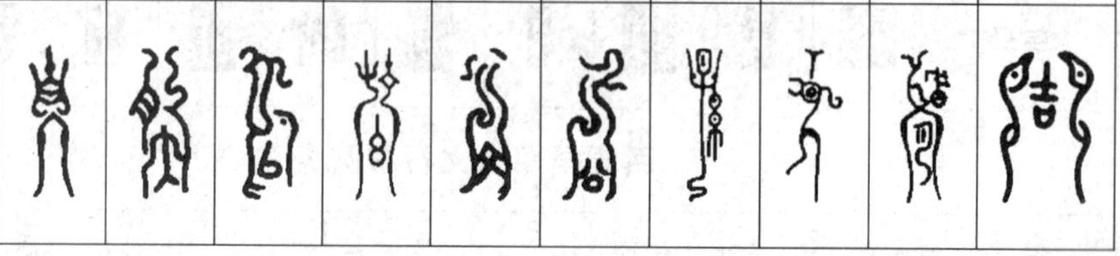									

战国金文与春秋金文比较有其明显的特点：一是较春秋时期刻写形成的金文增多，因而笔画细而部分文字结体松散（见“战国金文例字表 1”）；二是金文篇幅大多较春秋金文短小，大多为“物勒工名”或“物勒主名”，即铭文所记，为铸造铜器之官府、主管官员、铸造工人的名称，或是器物拥有者的名爵；三是美术化发展进一步增强，形成鸟虫书、垂露体、薤叶体、蝌蚪书等不同的美术字特征；四是地域性特征较春秋时期进一步增强，以秦、楚、三晋、燕、齐为中心的地域文字字形差别明显（见“战国金文例字表 2”），同一文字，不同地域有不同写法，如皇字，属于战国文字晋系的中山王鼎写作“”，楚系的曾侯乙钟写作“”，而属于齐系的陈侯午敦写作“”；五是部分文字简省、讹变严重，失去了表意特征（见“战国金文例字表 3”）。

战国金文例字表 1

楷书	煮	斤	年	正	马	攻	为	之	政	市
字形	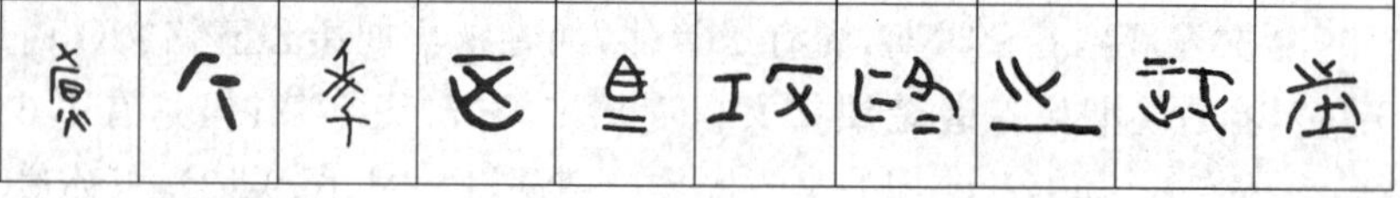									

战国金文例字表 2

秦	楷书	十	七	年	大	庶	长	之
	字形							
齐	楷书	关	之	月	安	墜	市	命
	字形							
楚	楷书	王	吉	以	共	日	正	楚
	字形							
楚（曾）	楷书	曾	侯	乙	诈	時	甬	冬
	字形	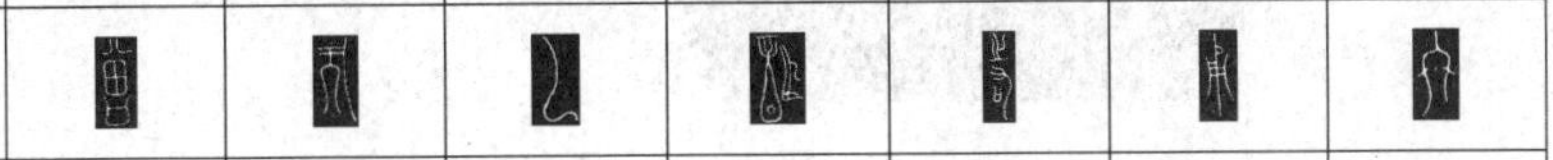						
燕	楷书	王	萃	乍	人	戎	郾	戈
	字形							
晋	楷书	国	年	昌	四	伐	冶	更
	字形	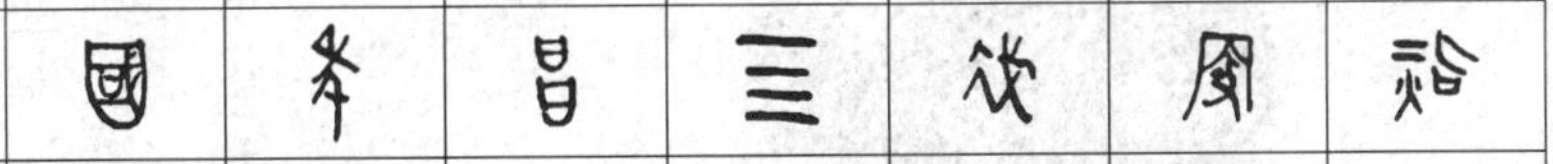						
晋（中山）	楷书	隹	年	中	山	曰	语	之
	字形	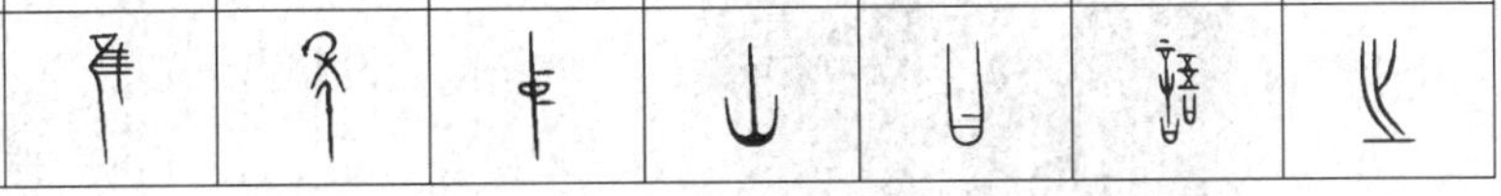						

战国金文例字表 3

楷书	枼	十	孙	许	左	尚	武	者	冢	使
字形	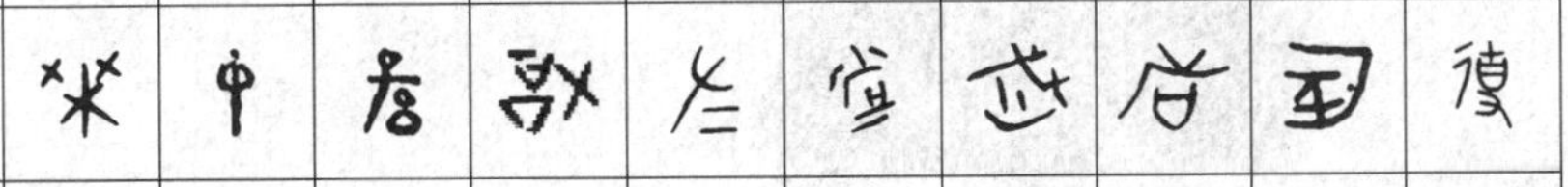									
楷书	去	啬	为	向	马	斗	刀	齎	年	四
字形	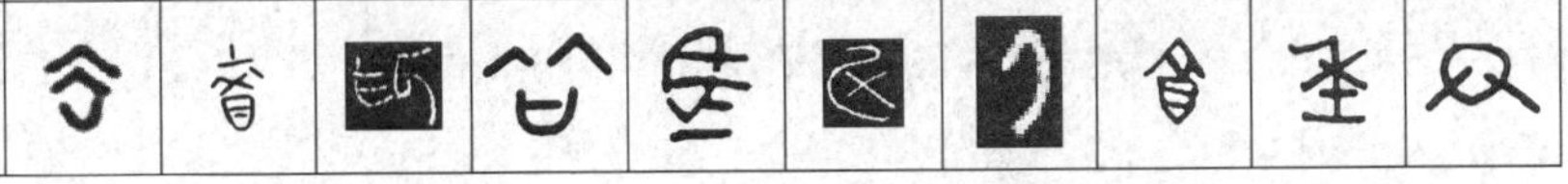									

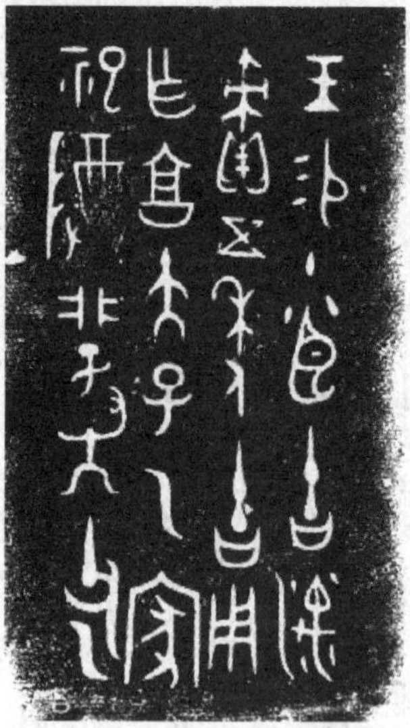

王(賜)小臣缶(缶)湡
賚(積)五年，缶用
乍(作)亯(享)大(太)子乙家
祀障(尊)。䩨(㠱)，父乙。

图 9-3　小臣缶鼎铭文

乙亥，𠨘甘(其)易(賜)乍(作)
冊嬰㞢(耑、賜)一、珏(玗)一、用乍(作)
且(祖)癸障(尊)彝。才(在)六
月，隹(唯)王六祀，𦐂(翌)日。　亞獏

图 9-4　作册嬰卣铭文

乙亥，子易(賜)小子𦋺(𦋹)王

商(賞)貝才(在)[illegible]師(次)，𦋺(𦋹)用

乍(作)父己寶隮(尊)。[illegible](冀)

图 9-5　小子𦋹鼎铭文

辛卯，子易(賜)寢貝，

用乍(作)彝，𢏚(𧅁)。

凡

图 9-6　寢卣铭文

珷(武)征商，隹(唯)甲𡦏(子)朝，戉(歲)

鼎(貞)，克䎽(昏)，夙(夙)又(有)商。辛未，

王才(在)𨳧(管)𠂤(師)，易(賜)又(右)事(史)利

金，用乍(作)旜公寶隮(尊)彝。

图 9-7　利簋铭文

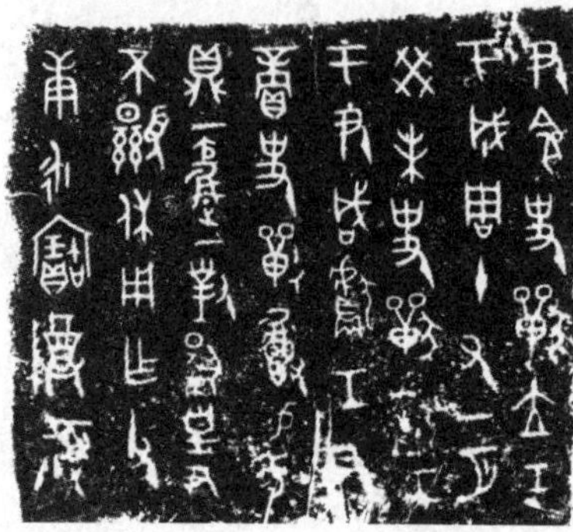

尹令史獸(獸)立(涖)工
于成周，十又一月
癸未，史獸(獸)獻工(功)
于尹，咸獻工(功)，尹
賞史獸(獸)𧷸(祼)，易(賜)豕
鼎一、𣪕(爵)一，對䚄(揚)皇尹
不(丕)顯休，用乍(作)父
庚永寶障(尊)彝。

图 9-8　史兽鼎铭文

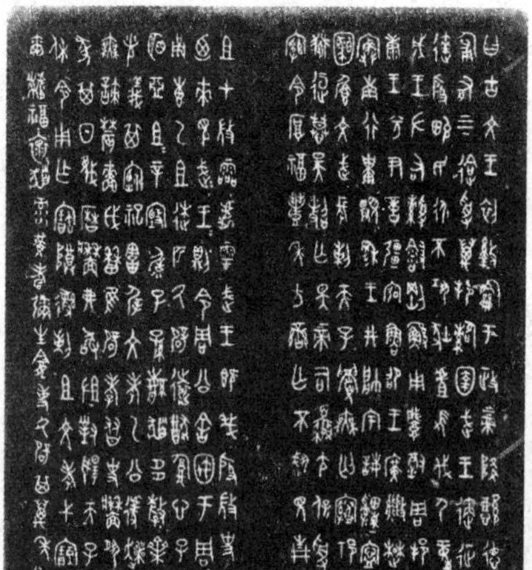

曰古文王，初𢿺(盭)龢(龢)于政，上帝降懿(懿)德大甹(屏)，
匍(敷)有(佑)上下。迨(會)受萬邦，𩁹圉武王，遹(遹)征三(四)方，
達殷畯(畯)民，永不(丕)巩(恐)狄虘，㣲(微)伐尸(夷)童，寍(憲)聖
成王，ナ(左)右綬(綬)𣪕剛鯀，用肇(肇)𢼄(徹)周邦，𣶒(淵)𢛳(哲)
康王，分(夻、勫)尹意(億)彊(疆)，宖(宏)魯(魯)卲(昭)王，廣䵣楚刑(荊)，隹(唯)
寏(煥)南行，𧡤(祇)䜌(景)穆王，井(型)帥宇(于)誨(謀)，𤔲(申)寍(寧)天子，天子
𨚕(恪)屖(纘)文武長剌(烈)，天子𧪠無匄(害)，𢦚(褰)卬(併)上下，亟(亟)
獄𨘂(宣)慕(謨)，昊𥃝(照)亡哭(斁)，上帝司𢉩(擾)尢保，受(授)天子
綰(綰)令(命)，厚(厚)福、豐年，方䜌(蠻)亡不𡠦見，青幽高
且(祖)才(在)㣲(微)霝(靈)處，雩(雩)武王既𢦏殷，㣲(微)史剌(烈)且(祖)
迺(乃)來見武王，武王𠟭(則)令周公舍(捨)寓(宇)于周，卑(俾)處
甬，叀(惟)乙且(祖)逨匹氒(厥)辟，遠猷𨄅(腹)心，子(茲)厤(納)粦(粦)
明(明)，亞且(祖)且(祖)辛，𢼸毓(育)子孫，𩏢(繁)髮(福)多孷(釐)，𣪕(齊)角𢍰(熾)
光，義(宜)其(其)𥜶(禋)祀，害(胡)屖(遲)文考乙公，遽(遽)趩(爽)㝵(得)屯(純)
無諫，𡴎嗇(穡)戉(越)𥝉(曆)，隹(唯)辟孝𠬪(友)，史牆(牆)夙(夙)夜不
㒸(墜)，其(其)日蔑曆(曆)，牆(牆)弗敢(敢)取(沮)，對䚄(揚)天子不(丕)顯
休令(命)，用乍(作)寶障(尊)彝，剌(烈)且(祖)、文考，弋(式)𡨦(貯)受(授)牆(牆)
爾𩁹(𩁹)福，褱(懷)髮(福)彔(祿)、黃耇、彌生，龕(堪)事氒(厥)辟，其(其)萬年永寶用。

图 9-9　史墙盘铭文

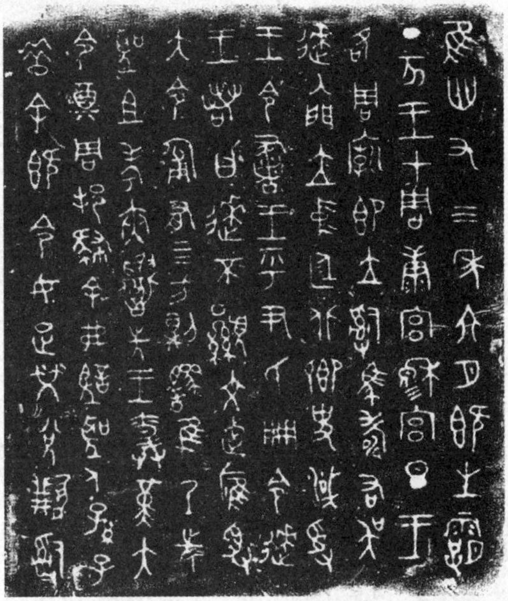

隹(唯)卌又三年六月既生霸
丁亥，王才(在)周康宫穆宫，旦，王
各(格)周廟，即立(位)，嗣(司)馬壽(壽)右吳
逨入門立中(中)廷，北卿(嚮)，史淢受(授)
王令(命)書。王乎(呼)尹氏冊令(命)逨，
王若曰：逨，不(丕)顯文武雁(膺)受
大令(命)，匍(敷)有(佑)亖(四)方，則繇隹(唯)乃先
聖且(祖)考，夾召(紹)先王，爵(聞)堇(勤)大
令(命)，奠周邦。肆余弗諲(忘)聖人孫子，
昔余既令(命)女(汝)疋燮(榮)兌觏嗣(司)

图 9-10　四十三年逨鼎铭文

秦(秦)公曰：不(丕)顯
朕(朕)皇且(祖)，受天
命，鼏(幂)宅禹責(蹟)，
十又二公，才(在)
帝之坏(坯)，嚴(嚴)龔(恭)
夤天命，保鑾(業)
氒(厥)秦(秦)，虩(赫)事緣(蠻)
夏，余雖小子，穆穆
帥秉明德，剌剌(烈烈)
趄趄(桓桓)，邁(萬)民是敕(敕)

图 9-11　秦公簋盖铭文

佳(唯)正月吉日丁酉，郐(徐)王義

楚睪(擇)余吉金，自酢(作)祭鍴(觶)，用亯(享)

于皇天，及我文攷(考)，永保幻(台)

身，子孫寶。

图 9-12　徐王義楚鍴铭文

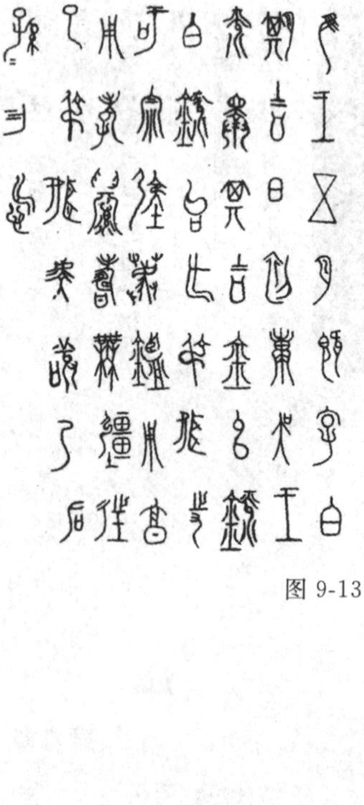

佳（唯）王五月，既字白

期，吉日初庚，吴王

光睪（擇）其吉金，幺（玄）銧（礦）白銧（礦），

台（以）乍（作）弔（叔）姬寺

吁宗彝（彝）薦鑑，用亯（享）

用孝，釁（眉）耇（壽）無疆，往

巳（已）弔（叔）姬，虔敬乃后，

孫＝（子孫）勿忘。

图 9-13　吴王光鉴

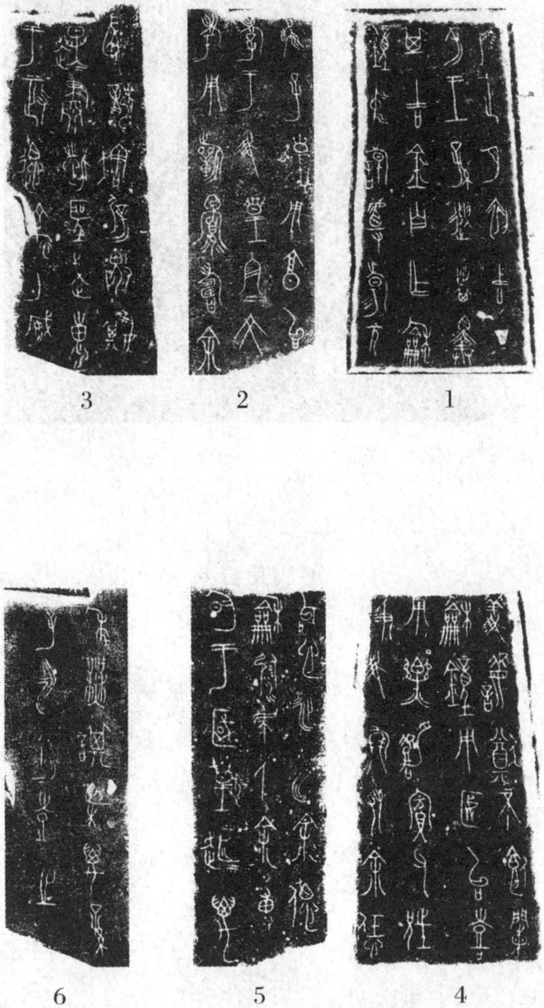

隹(唯)正月初吉丁
亥，王孫遺者(者)羼(擇)
其吉金，自乍(作)龢
鐘，中(中)翰(翰)叡(且)鴋(颺)，元
1

鳴孔煌，用享(享)台(以)
孝，于我皇且(祖)文
考，用旛(祈)釁(眉)耆(壽)，余
2

圅龏(龔)散(舒)屖(遲)，敗(畏)嬰(忌)
趩趩，肅忻(哲)聖武，惠
于德政，思(淑)于威
3

義(儀)，誨猷(猷)不(丕)飤，闌闌(簡簡)
龢鐘，用匽(宴)台(以)喜(饎)，
用樂(樂)嘉(嘉)賓，父雓(兄)，
及我倗(朋)友，余恁
4

台(台)心，征(誕)中余德(值)，
龢泳(沴)民人，余尃(溥)旬(徇)
于國(國)，皝皝(皇皇)趄趄(熙熙)，萬
5

萬年無諆(期)，枼(世)萬孫子，
永保鼓之。
6

图 9-14　王孙遗者钟铭文

2

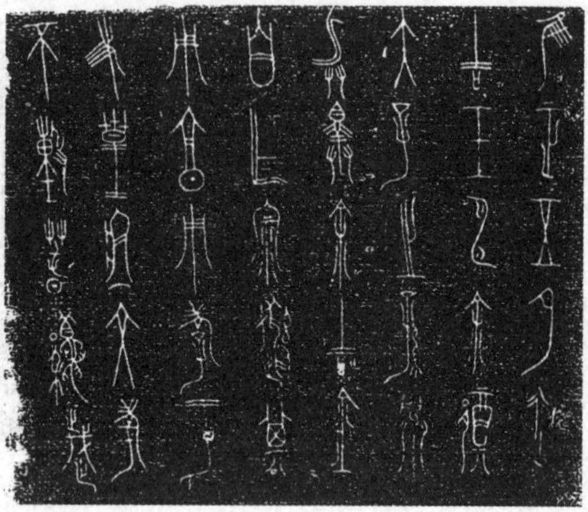

1

佳(唯)正五月初
吉壬申，余鄭
大(太)子之孫與
兵，羼(擇)余吉金，
自乍(作)宗遴(彝)，其
用亯(享)用孝于
我皇俎(祖)文考，
不(丕)敟(陳)萅(春)龝(秋)歲

1

祟(嘗)。余嚴敬丝(茲)
禋盟(盟)，穆穆趣趣(熙熙)，至
于子子孫孫。參捧(拜)
頂(頴)首于皇考剌(烈)俎(祖)，
卑(俾)邁(萬)枼(世)
無諆(期)，亟(亟、極)于遂(後)
民，永寶孝(教)之。

2

图 9-15　与兵壶

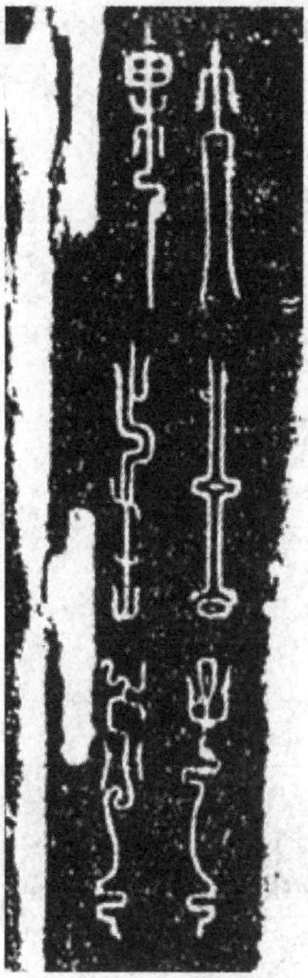

图 9-16　蔡公子果戈铭文

图 9-17　䑺子剑铭文

第三节　战国文字

战国文字主要有两大类，一类是历代传抄流传下来的古文字资料(包括《说文解字》所说的籀文)，还有一类是考古发掘发现的文字资料。从书写材料的角度说，主要有简帛文字、货币文字、陶文、玉石文字、玺印文字。战国金文也属于战国文字的范畴，但我们上节已经介绍过了，本节不再叙述。

一、传抄古文

传抄古文指的是“汉以后历代辗转抄写的古文字(主要指战国文字)”①。根据徐在国的研究，目前的传抄古文字资料主要有《说文解字》中的古文、石经古文、碧

① 徐在国，《传抄古文字编·前言》，《传抄古文字编》，线装书局，2006 年。

落碑、阳华岩铭,《汗简》、《古文四声韵》、《三体阴符经》、《集篆古文韵海》、宋古文砖、宋代墓志、金代墓志11种。[①] 清代学者吴大澂、陈介祺曾认为古文是周末文字。王国维先生曾以为《说文解字》所说古文为战国时期东方六国文字,裘锡圭先生和李学勤先生认为所谓古文就是简帛文字。[②] 裘锡圭和李学勤先生的意见是很有道理的,战国时期主要的书写材料是竹木简,从战国时期传下来的古文,自然主要是竹木简上的文字。目前的传抄古文字资料主要经徐在国先生整理,已汇集于其2006年出版的《传抄古文字编》中。

曾宪通先生认为传抄古文来源复杂,形体奇诡。[③] 从字形上看,传抄古文和考古发掘出土的战国文字资料有区别,传抄古文字形上最大的特点是笔画上的特征:头尾细而中间粗(参见"传抄古文例字表")。

传抄古文例字表

《说文解字》古文	一	帝	旁	祡	王	毒	庄	息	咳	哲

《汉简》古文	一	扑	君	动	秉	受	乃	杏	市	春

说明:《说文解字》古文据日本藏陈昌治刻一篆一行本。

二、籀文

据说周宣王时期太史籀曾写了一本文字学方面的著作《史籀篇》,大约和李斯所编的《仓颉篇》是同一个类型的著作,但这部书已经失传。许慎在《说文解字·叙》里谈到他的著作所收录的文字时说:"今叙篆文,和以古籀文。"在《说文解字》里,他收录了五百多个古文,两百多个籀文。他的意思是,这些文字是《史籀篇》中的文字,因而称之为籀文。王国维先生曾以为籀文是战国时期秦国所使用的文字。这大致是没有错的。《说文解字》中的籀文和刻于春秋中晚期的石鼓文上的文字比

① 徐在国,《传抄古文字编·前言》,《传抄古文字编》,线装书局,2006年。

② 参见徐在国,《传抄古文字编·前言》,《传抄古文字编》,线装书局,2006年。

③ 曾宪通,《〈传抄古文字编〉序》,《传抄古文字编》,线装书局,2006年。

较接近，[1]籀文笔画也如古文一样，首尾尖细而中间粗，这应当是传抄形成的。见下面“《说文解字》籀文例字表”。

《说文解字》籀文例字表

楷书	旁	祺	禋	斋	祷	祟	璿	中	薇	蓬
籀文										
楷书	蓐	薅	犅	嗌	啸	是	趌	迹	迌	述
籀文										

三、简帛文字

简帛是简牍和缣帛的合称，简帛文字指书写在竹木简和丝帛上的文字。

从现有史料来看，殷商时代就主要以竹木简为书写材料了。简是将竹子截筒，剖片制成。《说文解字·竹部》：“简，牒也，从竹间声。”段玉裁《说文解字注》：“按：简，竹为之；牍，木为之。”通称“竹简”。“牍”是锯木削片而成的。《说文解字·片部》：“牍，书版也，从片。”“片，断木也。”简而言之，简是竹制的，牍是木质的，“简牍”就是竹简和木牍的简称。后来又把文字写在丝织品上，用缣帛一类的丝织品作书写材料形成的文献，称为“帛书”。《说文解字·糸部》：“缣，并丝缯也，从糸兼声。”《巾部》曰：“帛，缯也，从巾白声。”缣、帛之义与缯同，因而帛书也叫作“缯书”。因为丝织品属于比较贵重的物品，用来书写成本比较大，所以一直到造纸术发明和改进之前，竹木简一直都是主要的书写材料。

战国时期的帛书目前发现的比较少，只有在1942年在湖南省长沙市东南郊子弹库古墓发现的楚帛书。

比秦简和楚简时代更久远的竹木简目前还没有发现。竹木简、丝织品都属于容易残坏腐烂的东西，难以长时间保留，只在原秦国和楚国所在地有发现，这可能与两地的地质条件有关。

① 关于石鼓文的年代据徐宝贵，《石鼓文整理研究》，中华书局，2008年。

(一)战国楚简

现在发现的楚简可以分成两类,一类是先秦古文献,主要有以下7种:

1.1956年发现的信阳长台关119枚楚简,其中内容与《墨子》相关;

2.1987年慈利发现楚国残简4371枚,整理后有1000余枚,其中有《国语》、《逸周书》残篇和《管子》、《宁越子》佚文 ;

3.1993年郭店楚墓发现竹简804枚,有字简726枚,其中有《缁衣》、《五行》、《老子》甲乙丙等多种古文献;

4.1994年从香港购回,现藏上海博物馆的战国楚简1200余枚,有《周易》、《孔子诗论》等古文献80多种;

5.香港中文大学藏的战国楚简10枚,与上海博物馆藏本为同一批;

6.清华大学所藏2008年由校友捐赠的战国楚简2400余枚,有古《尚书》等多种文献;

7.浙江大学藏战国楚简100多枚①,为《左传》襄公九年和襄公十年一部分。

战国楚简的第二大类是古代事务性文书,主要有以下18种:

1. 1951年,中国科学院考古研究所湖南调查发掘团在长沙近郊五里牌406号战国楚墓发现的38枚楚简,内容为遣册;

2. 1953年7月,在长沙市南门外仰天湖25号战国楚墓发现的竹简43枚,内容为遣册;

3. 1954年,在湖南省长沙市杨家湾6号战国楚墓发现72枚竹简,54枚有字;

4. 1956年3月河南省文化局文物工作队在河南信阳长台关小刘庄后岗战国楚墓发现29枚竹简,内容为遣册;

5. 1965年到1966初,湖北省文物考古研究所在湖北江陵望山1、2号战国楚墓发现的楚简273枚,为卜筮祭祷记录和遣册;

6. 1973年,湖北江陵藤店公社战国中期墓发现竹简24枚;

7. 1978年1—3月,荆州地区博物馆,湖北江陵观音垱公社五山大队天星观1号楚墓发现竹简70余枚,内容为卜筮记录、遣册;

8. 1978年3月,湖北省文物工作者在湖北随州市郊擂鼓墩1号墓发现240余枚竹简,记载用于葬礼的车马及其车上的配件、武器、甲胄、驾车官吏等;

9. 1980年,湖南临澧县九里1号战国楚墓发现竹简数十枚,内容为遣册;

---

① 这批竹简的真伪目前有争议。

10. 1981 年到 1989 年，湖北省博物馆江陵工作站，江陵九店公社砖瓦厂东周古墓第 56 号战国楚墓发现竹简 205 枚，记载农作物的称谓和数量；日书、占卜书；在 621 号墓发现残简 127 枚，32 枚可辨，57 枚模糊，38 枚无字；411 号墓发现竹简 2 枚；

11. 1982 年，荆州地区博物馆，江陵马山公社砖瓦厂 1 号战国楚墓发现竹简 1 枚，内容为随葬品清单；

12. 1983 年冬，在湖南常德市德山夕阳坡 2 号楚墓发现竹简 2 枚，54 字，为记事简；

13. 1986 年末到 1987 年初，湖北省荆沙铁路考古队在湖北荆门十里铺镇王家场村包山岗 9 座战国楚墓发现的楚简 448 枚，有字简 278 枚，竹牍 1 枚，内容为司法文书，卜筮祭祷记录和遣册；

14. 1986 年到 1987 年，湖北荆沙铁路考古队在江陵秦家嘴 49 座楚墓 1 号墓发现竹简 7 枚，13 号墓发现竹简 18 枚，99 号墓发现竹简 16 枚，内容为卜筮祭祷记录和遣册；

15. 1987 年 5、6 月，湖南省文物考古研究所和慈利县文管所在湖南慈利县城关石板村战国 36 号楚墓发现 4557 枚竹简，无一完整，记载黄池之盟、吴越争霸等；

16. 1994 年 5 月，河南省文物考古研究所等在河南驻马店新蔡县西李桥镇葛陵村平夜君成墓发现竹简 1500 枚，内容为卜筮祭祷记录和遣册；

17. 2002 年 9 月到 2003 年 1 月，湖北省文物考古研究所在湖北襄樊枣阳市吴店镇东赵湖村与兴隆镇乌金村以西低岗上 2 号墓发现竹简 1359 枚，无文字，内容为绘画，可能为乐谱和舞谱；

18. 2002 年 10 月，河南省文物考古研究所在河南信阳平桥区长台关乡 M7 号战国中期墓发现竹简 1 组，内容为遣册。

(二)战国秦简①

战国秦简也可以分为两类，一类为古文献，主要有以下两种：

1.1986 年在甘肃天水放马滩秦墓简牍发现秦简 460 枚，其中有《志怪故事》，《志怪故事》是我国目前发现最早的志怪小说；

2.1993 年在湖北江陵王家台秦墓发现竹简 394 枚，内有《归藏》两种。

战国秦简第二类为事务性文书，主要有以下 11 种：

1.1975 年 12 月到 1976 年初，湖北省博物馆，孝感地区亦工亦农考古训练班，

---

① 秦代立国短，这里所说战国秦简也有一部分是秦统一天下后的简牍。

孝感地区和云梦县文化部门在云梦睡虎地 11 号墓中发现 1155 枚竹简，内容为《编年记》、《语书》、《秦律十八种》、《效律》、《秦律杂抄》、《法律问答》、《封诊式》、《为吏之道》、《日书》甲乙种等；

2.1986 年在甘肃天水放马滩秦墓中发现竹简 460 枚，主要为事务性文书，另在 1 号秦墓发现木版地图 4 块；

3.1989 年 10～12 月，湖北文物考古研究所、孝感地区博物馆、云梦县博物馆在云梦县龙岗 9 座秦汉墓葬 6 号秦墓中发现木牍 1 枚，竹简 150 余枚，为法律和司法文书的抄本；

4.1993 年，湖北荆州地区博物馆，江陵荆州镇郢北村王家台 16 座秦汉墓葬 15 号墓中发现的竹简 800 余枚，主要是事务性文书；

5.1979 年到 1980 年，四川省博物馆和青川县文化馆在四川青川县郝家坪 50 号战国秦墓发现木牍 2 枚；

6.1975 年到 1976 年，湖北省博物馆在云梦县睡虎地 4 号秦墓发现木牍 2 枚，为信件；

7.1986 年 9、10 月，湖北省江陵县文物局和荆州地区博物馆在江陵县岳山岗古墓群 36 号秦墓中发现木牍 2 枚，为日书；

8.1991 年到 1992 年，湖北荆州地区博物馆在江陵县荆州镇黄山村杨家山一带的古墓群 135 号秦墓发现竹简 75 枚，为遣册；

9.1993 年 6 月，湖北省沙市博物馆（今荆州市周梁玉桥遗址博物馆前身）在荆州市沙市西北郊秦家台 30 号秦墓发现竹简 381 枚，木牍 1 枚，内容为《历谱》、《日书》、《病方及其他》；

10.2002 年 4 到 6 月，湖南省文物考古研究所，湘西土家族苗族自治州文物处和龙山县文管所在龙山县里耶镇战国、秦代古城遗址 1 号古井发现竹简37 000余枚，为秦洞庭郡迁陵县档案；

11.2007 年 12 月，湖南大学岳麓书院从香港购回秦简 2098 号，较完整简 1300 余枚，主要为律令、数书、占梦书等。[①]

楚简上的文字具有鲜明的楚文字特征（见“楚简例字表”），楚文字是战国文字里的一大类，现在竹简形成了专门的研究学科。

秦简上的文字就是古隶。古隶虽然是隶书的一种，但是从字形上来看，与小篆

---

① 以上资料参考了李均民，刘国忠，刘光胜，邬文玲，《当代中国简帛学研究》，中国社会科学文献出版社，2011 年。

有很密切的联系，属于古文字的一种(见“秦简例字表”)。

简帛研究在当前古文字研究中已经形成一门独立的分支学科，成为古文字研究的显学。

楚简例字表

楷书	绝	智	弃	下	民	利	百	伓	巧	亡
郭店简	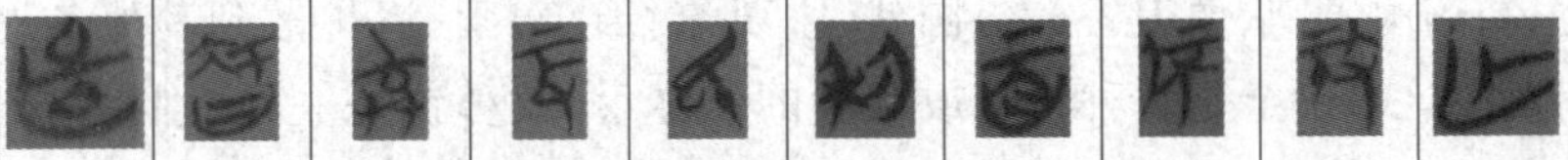									
楷书	之	也	行	子	道	曰	长	又	元	年
上博简										
楷书	于	不	庶	万	眚	之	多	欲	下	身
清华简										

秦简例字表

楷书	朱	五	尺	步	大	斤	可	以	廿	租
岳麓简										
楷书	尚	公	必	牝	半	余	牲	物	告	牢
睡虎地简[1]	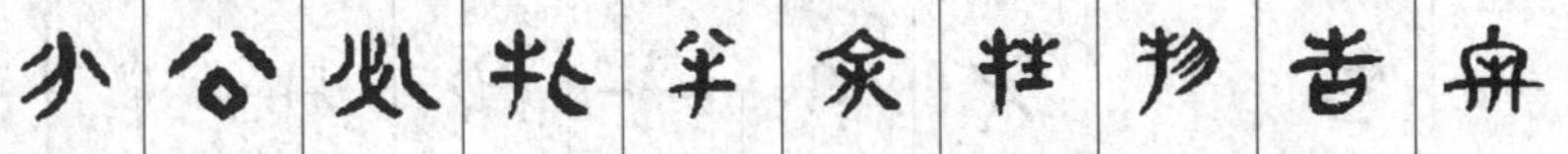									
楷书	不	郡	何	入	乃	能	名	计	之	至
里耶简										

① 据张守中,《睡虎地秦简文字编》,文物出版社,1994年。

四、货币文字

货币文字是指先秦时期金属货币上的文字。我国商周时期，使用过贝币，春秋开始出现了金属货币。现存先秦古钱，大多是战国时物。金属货币主要有以下几种。(一)布币，流行于韩、赵、魏等国，燕国也曾受影响使用过。布币的“布”是“鎛”的假借字，“鎛”本是一种铲形农具，布币即铲形的金属货币。(二)刀币，流行于齐国和燕国，形状像刀。(三)圆钱，主要流行在秦国，后扩散到其他各地。(四)饼金和蚁鼻钱，饼金是一种饼状或版状的黄金币，蚁鼻钱是一种铜制的像贝的货币，主要流行于楚国(参见图 9-18)。

金属货币上记录的多是币值和地名，文字较少，而且讹变比较严重，很难释读。据吴良宝研究，现在货币文字大约有 900 多单字，能够认识的不足一半，[①]今据吴良宝《先秦货币文字编》编“货币文字例字表”，以见一斑。

货币文字例字表

楷书	中	少	邑	邦	日	昌	明	齐	向	定
字形							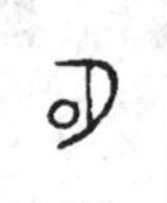			
楷书	同	两	白	伐	昜	非	武	曲	垣	封
字形				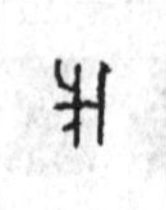					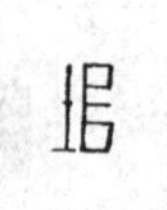	
楷书	斤	阳	五	六	七	九	成	子	五	丑
字形							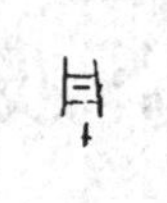			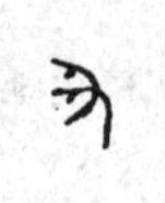

① 据吴良宝，《先秦货币文字编》，福建人民出版社，2006 年。

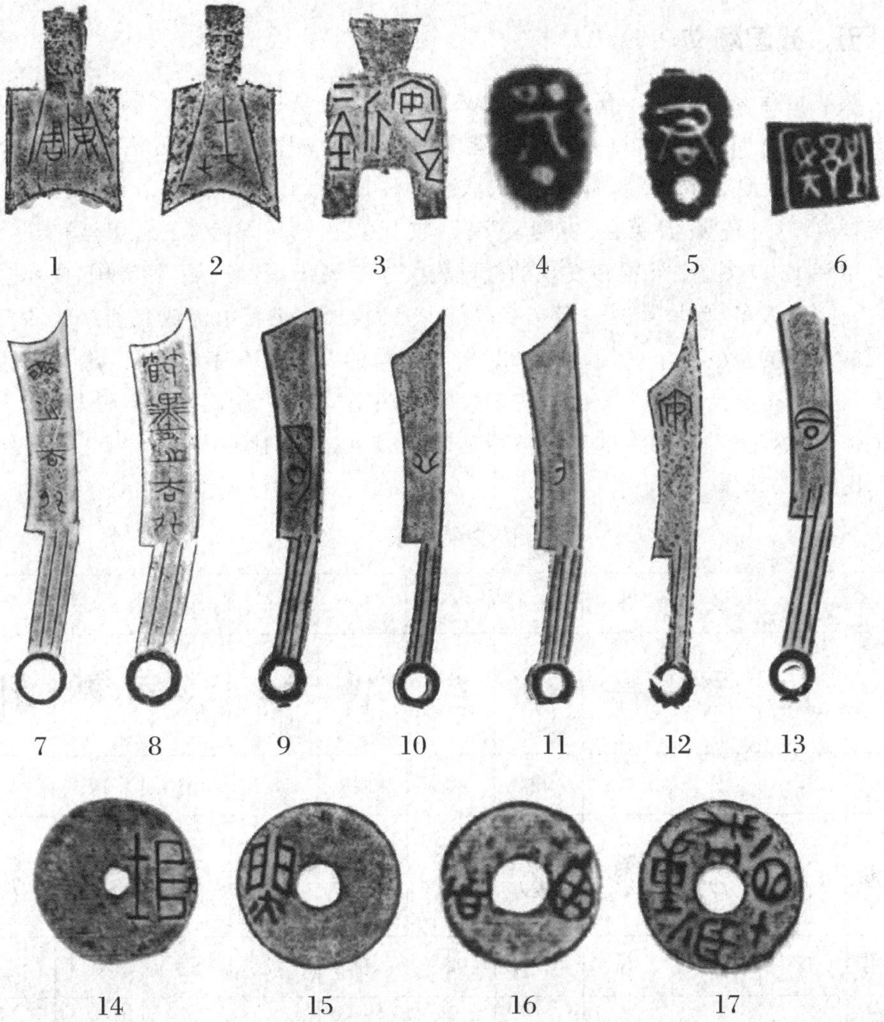

1.空首布，东周；2.空首布，武；3.平首布，安邑二斤；4.蚁鼻钱，巽；5.蚁鼻钱，君；6.饼金，郢爰；7.齐刀币，齐之法化；8.齐刀币，节墨之法化；9.齐明刀，明；10，燕刀币，六；11.燕刀币，化；12.燕刀币，安；13.燕明刀，明；14.魏圆钱，垣；15.赵圆钱，閔；16.周圆钱，西周；17.秦圆钱，一珠重一两十四。

图 9-18　货币文字[①]

① 据天津市历史博物馆编，《天津市博物馆藏中国历代货币（先秦部分）》，天津杨柳青书画社，1990 年。

五、战国陶文

陶文是指刻写或钤印在陶器上的文字。目前发现的陶文大多属于战国时期。陶文晚清时期即已发现，目前发现的陶文到底有多少片，单字到底有多少，这还没有办法精确统计。高明《古陶文汇编》收有陶片拓片 2400 余片，王恩田《陶文图录》收有12 000片；高明、葛英会《古陶文字征》收有单字 1800 多个，王恩田《陶文字典》收有单字 2400 多个。[①] 现在发现的战国陶文主要属于秦、齐、燕、韩等国，内容多为官名、地名、人名，单片陶文一般文字数量少，比较长的是新中国成立前在陕西户县发现的秦国的宗邑瓦书(《商周》19920)，有刻写的文字 119 字，记载秦惠文王四年右庶長歜获得封邑之事。由于陶文多为刻印，书写者多为制陶工人，所以陶文为民间俗体，结体比较散，构字部件的位置变动比较大，简省比较严重(参见“陶文例字表”，图 9-19)。

陶文例字表[②]

楷书	上	交	井	京	今	付	仔	余	来	信
字形						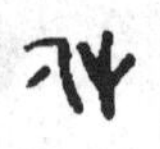				
楷书	仓	公	再	出	利	胜	北	卅	博	友
字形		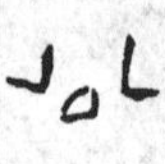								
楷书	反	古	右	向	周	和	咸	国	在	堂
字形	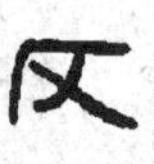		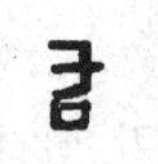							

① 高明《古陶文汇编》，中华书局，1990 年；高明、葛英会，《古陶文字征》，中华书局，1991 年；王恩田，《陶文图录》，齐鲁书社，2007 年；《陶文字典》，齐鲁书社，2007 年。

② 据高明，葛英会，《古陶文字征》，中华书局，1991 年。

1

1.陕西出土陶文，咸阳衣

2

2.山东出土陶文，祙子里

3

3.河北出土陶文，左宫谆

图 9-19　陶文[1]

六、玉石文字

玉石文字指刻或者写在玉或石头上的文字。战国时期的石刻文字不是很多。能确信为战国时期的石刻文字的主要有中山国守丘石刻(图 9-20)，曾侯乙墓石磬。以玉为书写材料的重要的文字资料主要有战国行气玉杖首(图 9-21)和山西侯马发现的盟书(图 9-22)。[2] 行气玉杖首为十二面体，每面刻三字(不含重文)，共 45 字(含重文)，从内容来看，当是阐述古时养生之法的，也就是今天讲的气功。守丘石刻 20 世纪 30 年代发现于中山国故城附近，共 19 字。曾侯乙墓石磬共 32 件，内容均为古代乐律，与曾侯乙编钟同。侯马盟书是 1965 年在山西侯马晋国遗址发现的，出土 5000 多件，《侯马盟书》摹写收录 656 件。侯马盟书文字为毛笔丹书，笔画首尾尖细，中间较粗，传抄古文笔画特征与此相似(见“侯马盟书例字表”)。

---

① 据高明，《古陶文汇编》，中华书局，1990 年。

② 侯马盟书的时代今依高明先生之说。参见高明，《侯马盟书载主考》，《古文字研究》第一辑，中华书局，1979 年。

[鱼童](監)罟尤臣公乘㝵(得)守丘，

丌(其)臼(柩)[爿酉](將)曼敔(敢)謁𢓍(後)先賢者。

图 9-20　守丘石刻及释文(《商周》19831)

行気(氣)，宎(吞)
則𨗛(蓄)，𨗛(蓄)則
神(伸)，神(伸)則下，下
則定，定則
固，固則明(萌)，明(萌)
則䠆(長)，䠆(長)則
𨑨(復)，𨑨(復)則天。天
丌(其)沓(本)才(在)上，
墜(地)丌(其)
沓(本)才(在)下。
巡(順)則生，
逆則死。

图 9-21　行气玉杖首及释文(《商周》19750)

侯马盟书例字表[①]

楷书	竝	沽	其	宗	定	明	者	政	事	利
字形										
楷书	舍	志	邦	弟	言	每	改	角	地	而
字形										
楷书	守	死	尼	兄	可	不	仁	犬	今	及
字形										

① 据山西省文物工作委员会,《侯马盟书》,文物出版社,1976 年。

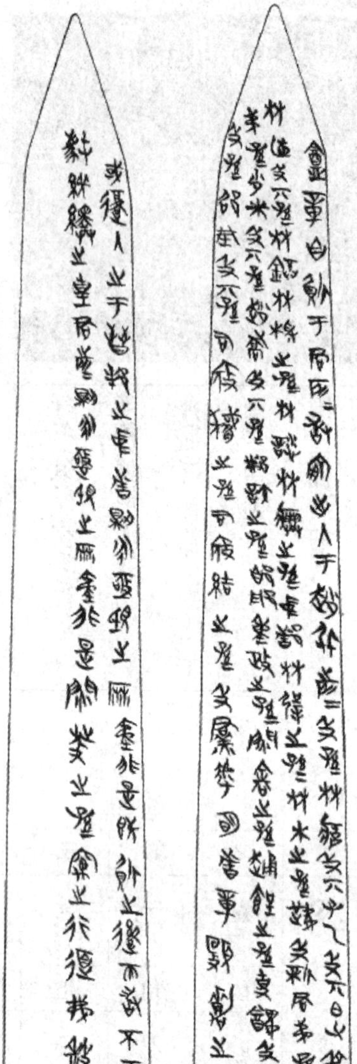

图版1

1 盦章自質于君所，敢俞（偷）出入于趙尼之所及子孫，兟（先）痜及丌（其）子乙，及丌（其）白（伯）父、弔（叔）父、弟子孫，

2 兟（先）直及丌（其）子孫，兟（先）鑿兟（先）桴之子孫，兟（先）僓兟（先）瘨之子孫，中都兟（先）迋之子孫，兟（先）木之子孫，趴及新君

3 弟子孫，隥及新君弟子孫，肖（趙）朱及丌（其）子孫，趙喬丌（其）子孫，郙詨之子孫，邯邢(鄲)重政之子孫，閔舍之子孫，趙鍟之子孫，史醜及其子孫，重瘫

4 及子孫，邵城及丌（其）子孫，司寇豬之子孫，司寇結之子孫，及群虖明（盟）者，章頸嘉之身及子孫。

1 或（有）復入之于晉邦之中者，則亟閱之，麻（滅）臺（夷）非（彼）是（氏）。既質之後，而敢不巫覡，史

2 歔兟繹之皇君之所，則永亟閱之，麻（滅）臺（夷）非（彼）是（氏）。閔癸之子孫，寓（遇）之行道弗殺，君丌（其）閱之。

释文

图 9-22-1　侯马盟书

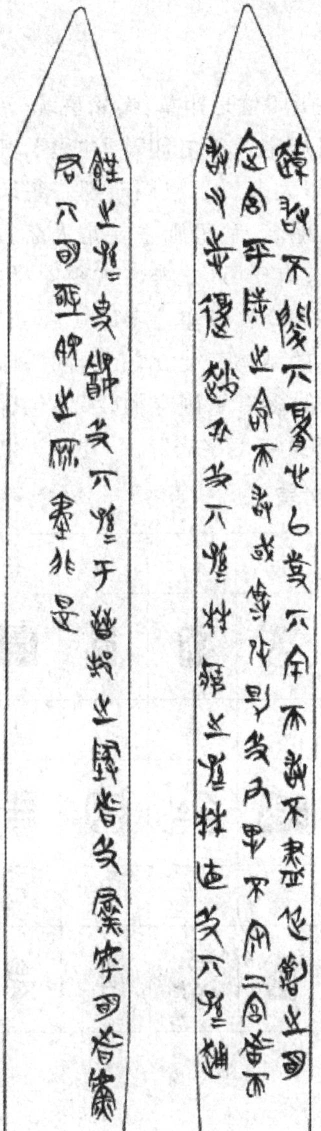

图版2

1 趙敢不閈（剖）丌（其）腹心，以事丌（其）宗而敢不盡從嘉之明（盟）
2 定宮平陟之命，而敢或（有）㝵改助及奐（换），卑（俾）不守二宮者，而
3 敢又（有）志复趙尼及丌（其）子孫，兟（先）痥之子孫，兟（先）直丌（其）子孫，趙
1 餛之子孫，史醜及丌（其）子孫于晉邦之地者，及群虖明（盟）者虘（吾）
2 君丌（其）明亟覗之，麻（滅）𡐦（夷）非（彼）是（氏）。

释文

图 9-22-2　侯马盟书

七、玺印文字

玺印文字是指玺印上的文字(图 9-23)。玺印就是印章,秦始皇统一中国前,公私印章,不分贵贱都可以称“玺”,后来秦始皇规定帝王之印章称“玺”,其余称“印”或“章”。玺印大约发源于春秋,现存先秦玺印大多属于战国时期。玺印分为官玺和私玺。官玺上多为官名、官府名,或前冠以地名,私玺则主要是人名。还有一类玺印上,主要是一些吉祥的话语如“和善”、“宜有千万”之类。古玺印材料较多,罗福颐《古玺汇编》收录玺印 5708 方,《古玺文编》收录单字 2773 字,可释者 1432 字。[①] 玺印文字因书写空间有限制,因而文字的结构变化比较大,同一印上的文字的大小不一,构字构件布局与其他文字不一样,多有笔画穿插,部件包容的情况出现,讹变也多,简省严重,不容易释读(见“玺印文字例字表”)。

玺印文字例字表[②]

楷书	王	皇	士	中	屯	茖	茈	苞	春	墓
字形										
楷书	尔	尚	公	吾	哲	均	和	右	吉	周
字形										
楷书	徒	遇	言	语	信	章	共	畋	眂	鲁
字形		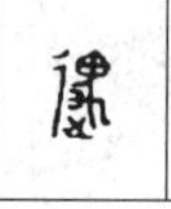	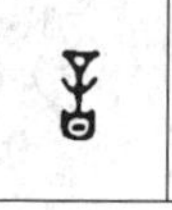	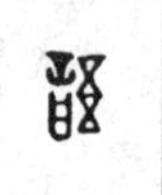				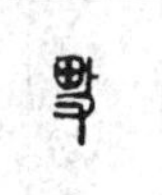		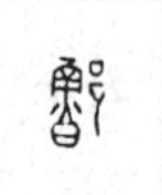

① 据罗福颐,《古玺汇编》,文物出版社,1981 年;《古玺文编》,文物出版社,1981 年。

② 据罗福颐,《古玺文编》,文物出版社,1981 年。

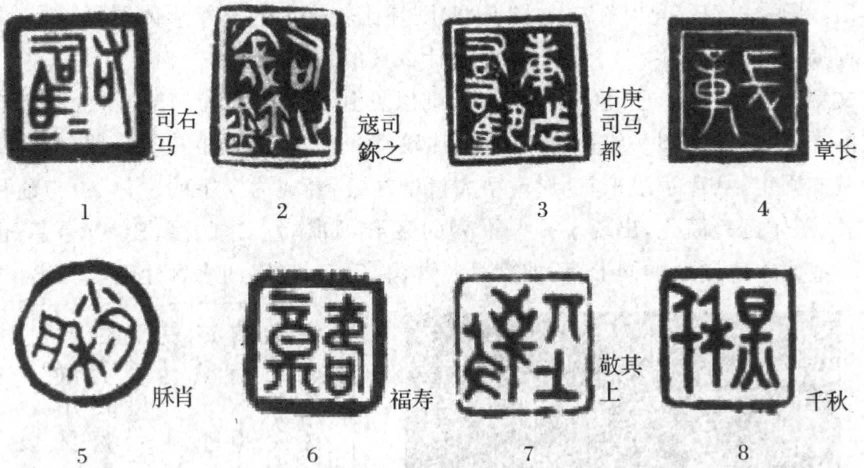

1、2、3 为官玺；4、5 为私玺；6、7、8 为吉语玺。

图 9-23 玺印及释文①

第四节 小篆

小篆是秦统一中国后的法定文字。许慎《说文解字·叙》说："其后诸侯力政，不统于王，恶礼乐之害已，而皆去其典籍，分为七国，田畴异畮，车涂异轨，律令异法，衣冠异制，言语异声，文字异形。秦始皇帝初兼天下，丞相李斯乃奏同之，罢其不与秦文合者。斯作《仓颉篇》，中车府令赵高作《爰历篇》，太史令胡毋敬作《博学篇》，皆取史籀大篆，或颇省改，所谓小篆者也。"据许慎的说法，李斯等人废弃了东方六国文字中与秦国文字不合的形体，根据史籀大篆简化形成规范字体小篆。实际上，据现在考古发现的古文字资料来看，在李斯等统一文字之前，小篆已经形成，李斯等人应该是对既有小篆进行规范整理。从文字发展来看，西周金文虢季子白盘铭文（《商周》14538，图 9-24）就有了小篆的一些笔法，而春秋晚期的石鼓文笔法则与小篆更为近似（参见"石鼓文小篆对照表"）②。而秦宗邑瓦书（《商周》19920，图 9-25）、秦骃玉牍甲（《商周》19829、19830，图 9-26）、新郪虎符（《商周》19176，

① 据罗福颐，《古玺汇编》，文物出版社，1981 年。

② 石鼓文断代依徐宝贵，《石鼓文整理研究》，中华书局，2008 年。本章石鼓文字形也取自该书。

图 9-27)、阳陵虎符(《商周》19174,图 9-28)则是比较标准的小篆形体了,与始皇诏椭量(《商周》18827,图 9-29)上的小篆没有什么大的差别了。

文字演变到小篆,已经完全笔画化,难以见到填实的粗壮的笔画,也不再有图形式的文字,笔画匀圆一致;书写行款也比较整齐了,字的大小基本一致,构字部件位置基本固定;从造字法来看,形声字大量增加,已经成为汉字的主体了;与前代文字比较,形体已趋简化,出现了一些讹变的字形,如(为)、(龙)、(㫃)等字;也出现了一些原本不同形的同形字,如(月)、(肉)等字,汉字的表意性趋于弱化。

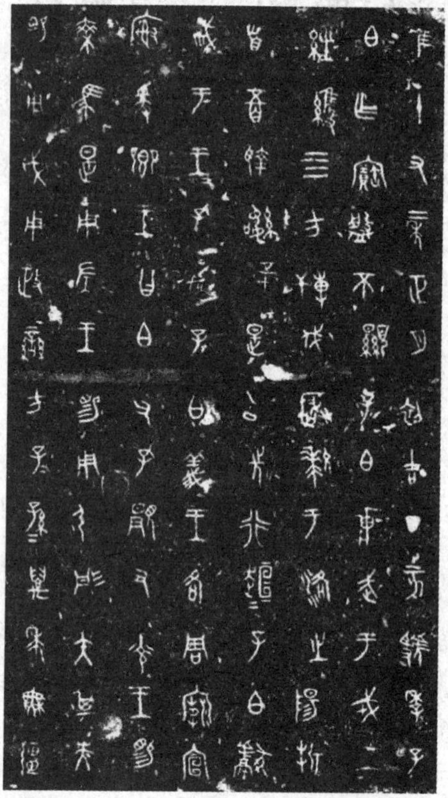

隹(唯)十又二年正月初吉丁亥,虢季子
白乍(作)寶盤,不(丕)顯子白,㬪(壯)武于戎工(功),
經纕(維)亖(四)方,䐗(搏)伐厰(玁、獫)執(狁),于洛之陽,折
首五百,執嗾(訊)五十,是㠯(以)先行,趄趄(桓桓)子白,獻
聝(馘)于王,王孔加(嘉)子白義,王各(格)周廟宣
廚(榭),爰卿(饗),王曰:白父,孔覭又(有)光,王睗(賜)
乘馬,是用左(佐)王,睗(賜)用弓,彤矢其央,
睗(賜)用戉(鉞),用政(征)縊(蠻)方,子子孫孫,萬年無彊(疆)。

图 9-24　虢季子白盘及释文

石鼓文小篆对照表

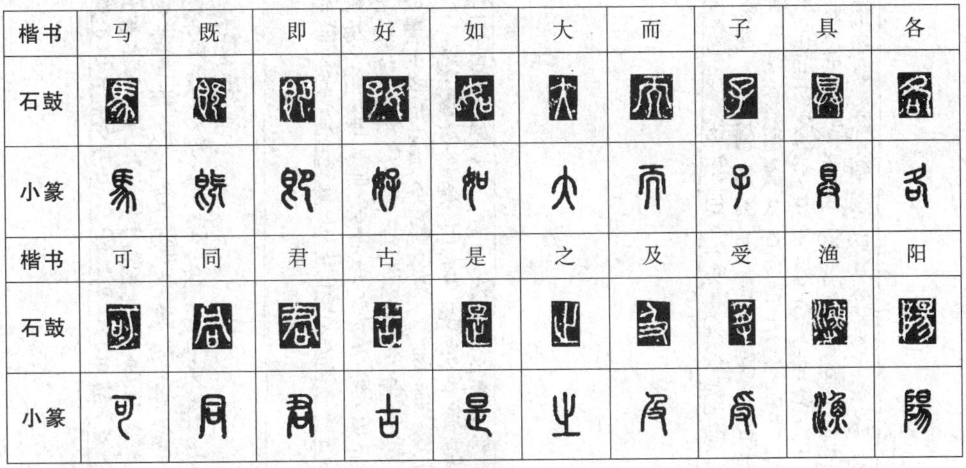

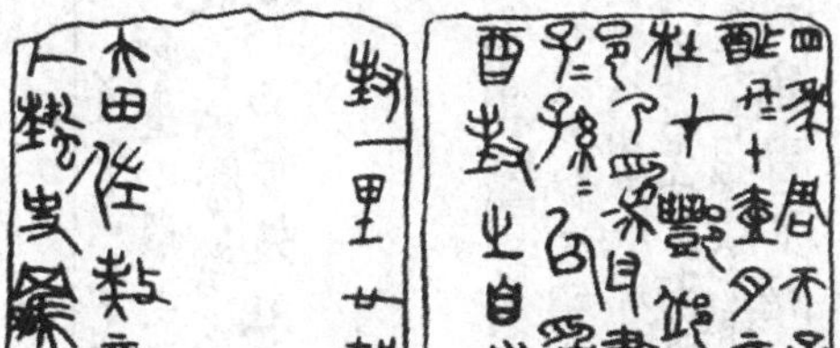

背　　　　正

四年，周天子使卿大夫辰來致文武之
酢(胙)，冬十壹月辛酉，大良造庶長游出命曰：取
杜才(在)酆邱到潏水，以爲右庶長歜宗
邑。乃爲瓦書。卑司御不更顝封之，曰：
子子孫孫以爲宗邑。顝以四年冬十壹月癸
酉封之。自桑淳(郭)之封以東，北到桑匽(堰)之
封，一里廿輯。

大田佐敖童曰未，史曰初。
卜蟄(蟄)，史羈(羈)手，司御心，志是霾(埋)封。

正　　　　背

释文

图 9-25　秦宗邑瓦书及释文

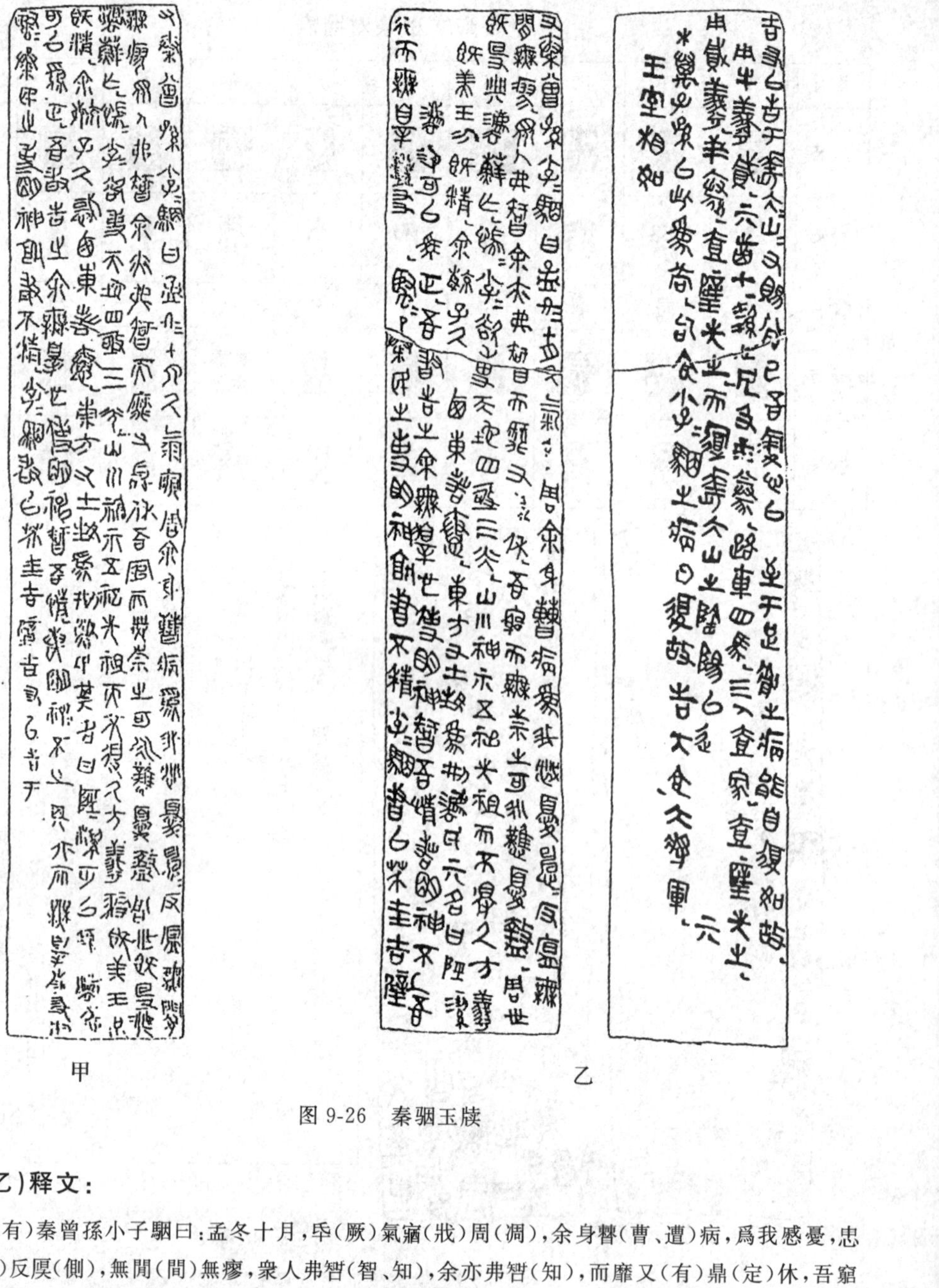

甲　　乙

图 9-26　秦骃玉牍

(乙)释文:

又(有)秦曾孫小子駰曰:孟冬十月,氒(厥)氣𤸎(戕)周(凋),余身𨿅(曹、遭)病,爲我慼憂,忐忐(申申)反𠩺(側),無閒(間)無瘳,衆人弗智(智、知),余亦弗智(知),而靡又(有)鼎(定)休,吾竆(窮)而無奈之可(何),永(咏)𣪘(嘆)憂盩(愁)。周世既叟(沒),典灋(法)蘚(散)亡,惴惴小子,欲事天地，四亟(亟、極)三光，山川神示(祇)，五祀先祖，而不得氒(厥)方，犧(犧)豭既美，玉帛既精，余毓子氒(厥)惑，西東若惷(惷)。東方有(有)土姓，爲刑(刑)灋(法)民，亓(其)名曰陘(經)，潔(絜)可㠯(以)爲灋(法)，□可㠯(以)爲正(政)。吾敢告之，余無辠(罪)也，使明(明)神智(知)吾情，若明(明)神不□其行，而無辠(罪)□友(宥)，□□豎豎，桼(烝)民之事明(明)神，孰(孰)敢不精。小子駰敢㠯(以)芥(玠)圭、吉璧、吉丑(紐)㠯(以)告于華大山，大山又(有)賜□，已吾復(腹)心㠯(以)下至于足髀之病，能自復如故，請□祠用牛犧(犧)貣(貳)，亓(其)齒七，□□□及羊豢，路車四馬，三人壹家，壹璧先之，□□用貣(貳)犧(犧)羊豢，壹璧先之，而復華大山之陰陽，㠯(以)□□咎，□咎□□，其□□里，枼(世)萬子孫，㠯(以)此爲尚(常)，句(苟)令小子駰之病日復故，告大令、大將軍，人壹□□，王室相如。

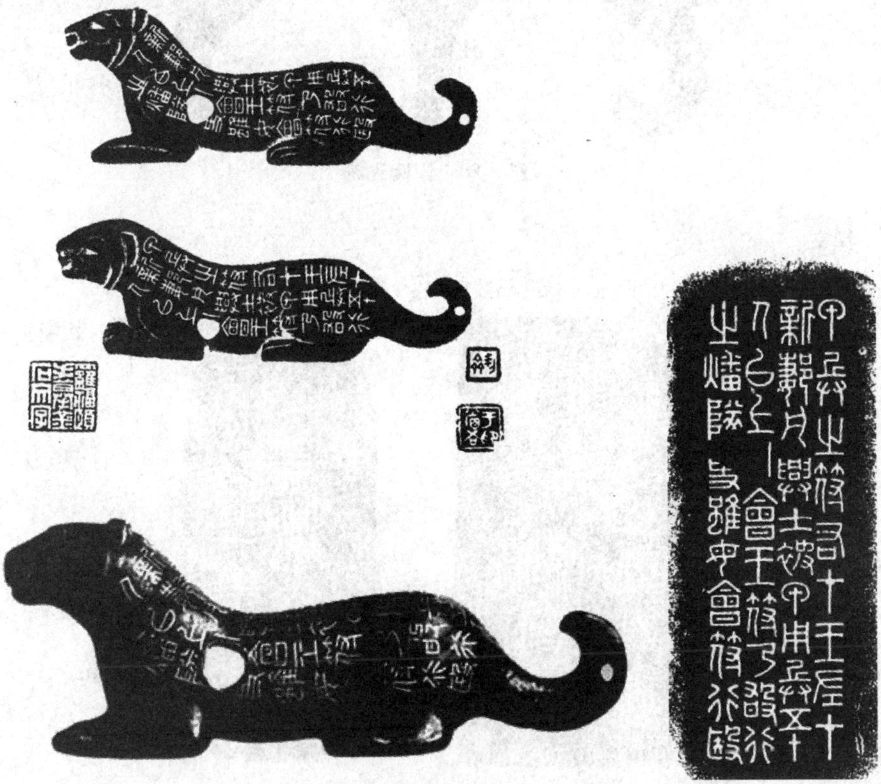

图 9-27　新郪虎符

释文：

甲兵之符，右才王，左才新郪。凡興士被甲，用兵五十人㠯(以)上，[必]會王符，乃敢行之。燔燧事，雖母會符，行殹。

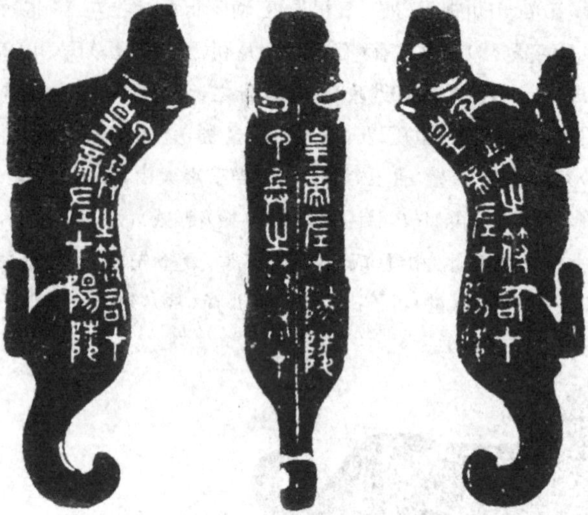

图 9-28　阳陵虎符

释文：

甲兵之符，右才（在）皇帝，左才（在）陽陵。

图 9-29　始皇诏椭量

释文：

廿六年，皇帝盡并兼天下諸侯，黔首大安，立號爲皇帝，乃詔丞相狀、綰，灋（法）度量鼎（則）不壹，歉疑者皆明壹之。

第十章
今文字

文字演变到古隶，从字体来看是一大变化，古隶及其以前的字体属于古文字，而汉隶及其以后的字体为今文字，包括汉隶、草书、行书、楷书。字体发展到楷书后，从笔画形态、书写单位的大小、行款来看，就基本上没有变化了，一直沿用至今，直到 20 世纪下半叶才略有变化，由竖排左行变为横排右行。

第一节　汉隶

隶书传说是程邈所创，但从考古文字资料来看，这是不正确的，可能程邈也是如李斯等人整理小篆一样整理过隶书。

隶书分为古隶和汉隶。古隶属于古文字，汉隶属于今文字。古隶又称为秦隶，是秦代通行的实用字体，秦骃玉牍乙（参见第九章图 9-26）上字体就属于古隶，今岳麓书院藏秦简、湘西里耶秦简、云梦睡虎地秦简上的文字均属于秦隶。比较秦骃玉牍甲（小篆）、乙（古隶），我们发现秦隶与小篆相比的主要区别体现在笔画形态上，变小篆匀圆的笔画为方折的笔画，而结体和结构上的变化并不大。从秦简来看，古隶笔画已经出现波磔的趋势，整字也变小篆的窄长为方正。（参见第九章“秦简例字表”）

汉字演变到隶书，是文字形体上的重大变化，称为“隶变”。汉隶是汉代的通行字体，当时人大多已经不认识前代文字，书籍也主要是用汉隶抄写的，当时人用汉隶来转写新发现的战国文字资料，叫作“隶古定”，譬如孔安国用汉隶转写孔子旧宅墙壁发现的用战国文字抄写的经书。后人用楷书来转写古文字也被称为“隶定”。

汉隶从字形上来看，主要具有以下几个特点：一、笔画化基本完成。汉字从甲骨文到金文，再到小篆，是沿着笔画化的方向前进的，到汉隶这一进程基本完成。二、符号化基本完成。汉隶的形体，已经失去了古文字以形见义的特点，不再能见形知义，整个汉字系统的构字部件均不再象形，其表意性已经由文字本身的形体转移到构字部件单独成字时的意义上了。三、汉字基本笔画初步形成。笔画不再牵连不断，已经形成了横、竖、撇、捺等基本笔画。四、行款更趋整齐，文字书写空间大小基本一致。五、讹变现象比较严重，隶书字形已经不再能通过分析形体探求意义了。六、笔画具有波折。七、单字扁平。小篆单字是窄而长的，隶书是扁而宽平的，有的略向右上倾斜（见“隶书与小篆对照表”，图10-1、图10-2、图10-3、图10-4、图10-5）。

隶书与小篆对照表①

楷书	足	命	和	周	廿	言	史	反	式	曰
隶书	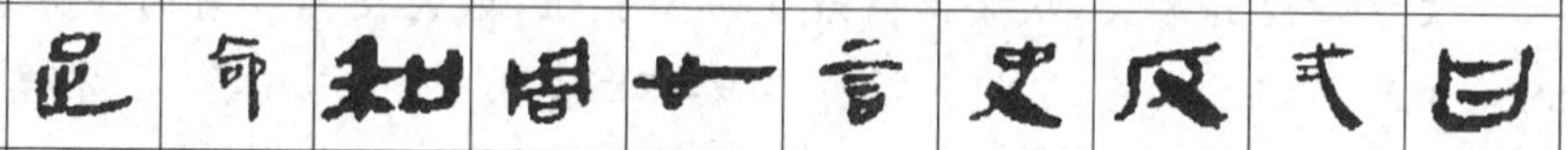									
小篆	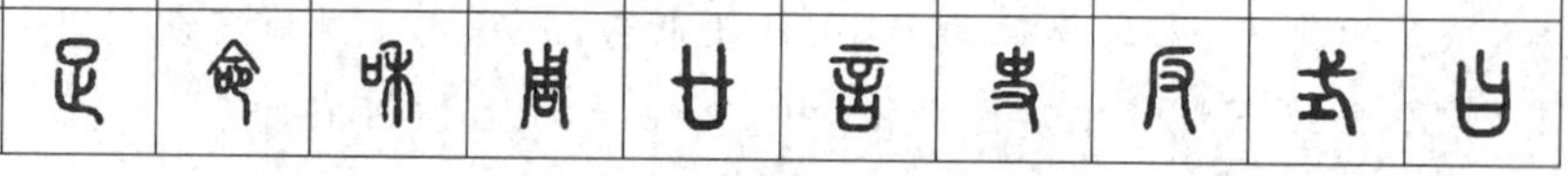									

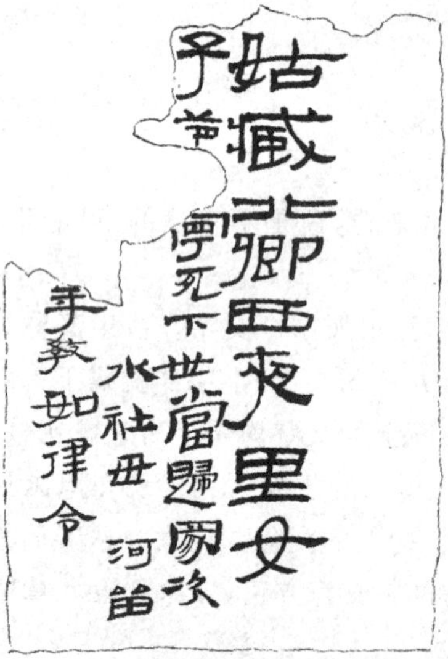

图10-1 武威汉简镇墓券摹本②

图10-2 老子乙本（局部）③

① 隶书字形依据陈松长等编，《马王堆简帛文字编》，文物出版社，2001年，小篆字形选自《汉语大字典》。
② 录自甘肃省博物馆，中国科学院考古研究所，《武威汉简》，文物出版社，1964年。
③ 录自李正光编，《马王堆汉墓帛书竹简》，湖南美术出版社，1988年。

图 10-3　华山碑①

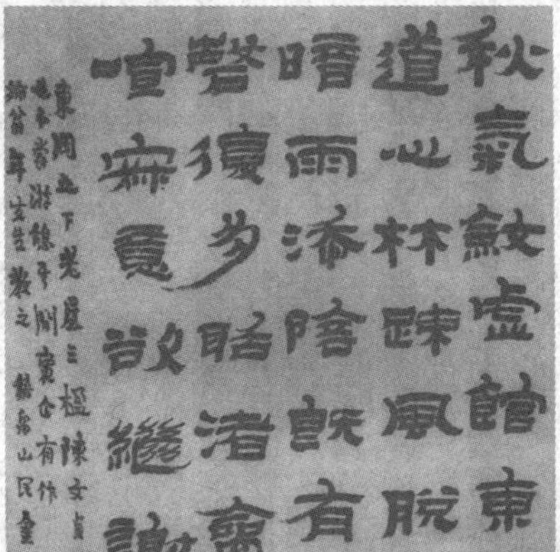

图 10-4　金农詠陈文贞公读书处诗②

① 录自高文,《汉碑集释》,河南大学出版社,1997 年。

② 录自刘正成主编,《中国书法全集》,荣宝斋出版社,1993 年,本章所录法帖,若不注明,均出自此书。

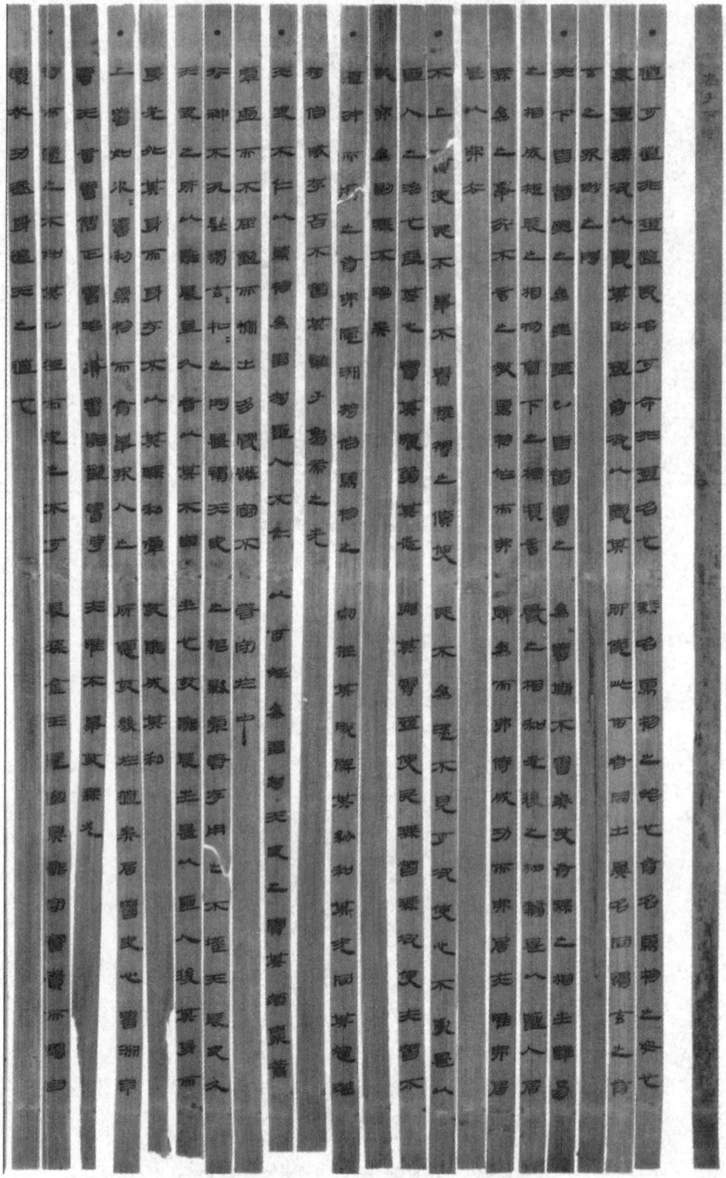

图 10-5　北京大学藏老子简(局部)①

① 录自北京大学出土文献研究中心编,《北京大学藏西汉竹简·二》,上海古籍出版社,2012 年,北大简的真伪存在争议。

第二节 草书

草书产生于汉代。许慎《说文解字·叙》说："汉兴有草书。"草书是汉隶通行后的草写体，书写便捷，又称为草隶。因为汉章帝爱好，所以汉魏时期的草书叫作章草，汉代传下的最早的章草作品据说是皇象书写的《急就章》(见图 10-6)。[①] 章草尚有隶书意味，不过笔画简省、牵连，但单字独立。后来草书得到发展，特别是经过著名书法家张芝、王羲之、王献之的发展，草书逐渐脱离隶书意味，用笔圆转，笔画牵连，多以笔画代替构字部件，单字之间也有笔画相牵连的，成为今草(图 10-7、图 10-8、图 10-9)。唐代著名书法家张旭、怀素等又发展为狂草。狂草字字牵连、笔笔相通，单字大小不一，多以笔画代构字部件(图 10-10、图 10-11)。草书中的今草与狂草，已经是艺术字体，非经专门学习，不能读写，失去了实用价值，在此不再叙述。

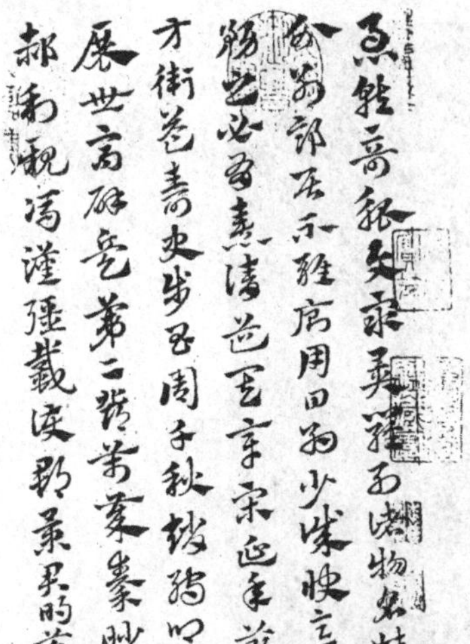

图 10-6 元赵孟頫摹皇象《急就章》[②]

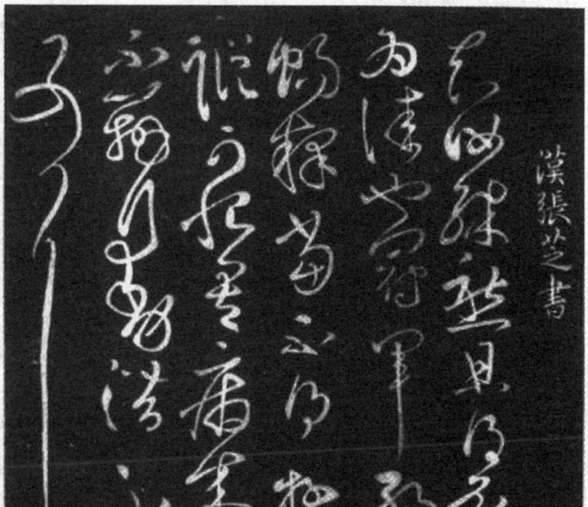

图 10-7 东汉张芝《冠军帖》

① 也有人认为"章草"得名于用草书书写的《急就章》。

② 《翰墨林影印历代丛帖》编写组编，《元赵文敏急就章真迹》，武汉市古籍书店，1991 年。

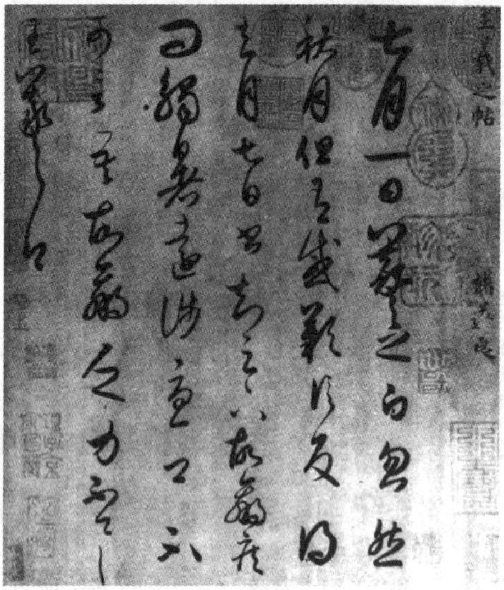

图 10-8　王羲之《七月帖》

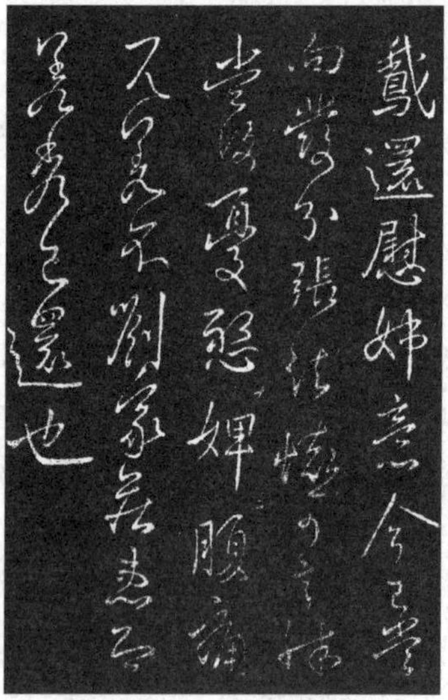

图 10-9　王献之《鹅还帖》

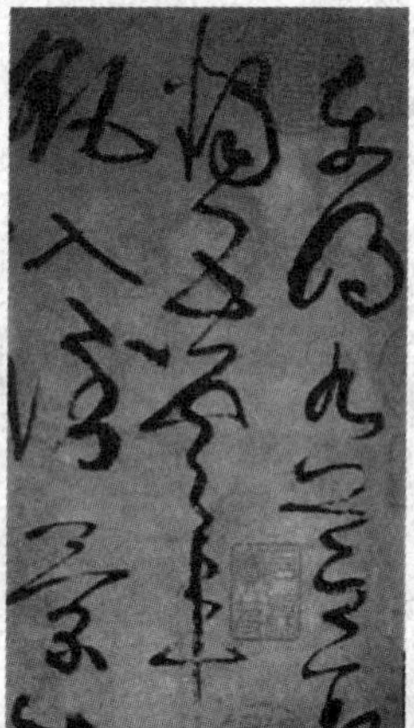

图 10-10　张旭古诗四帖(局部)①

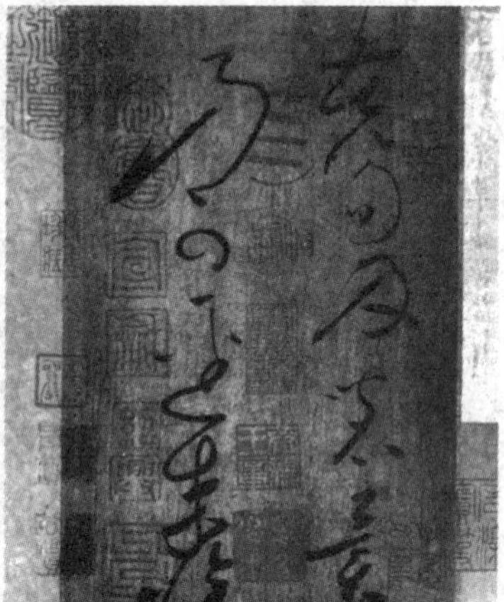

图 10-11　怀素《苦笋帖》(局部)

① 图 10-10、图 10-11 录自王元军,《怀素评传》,三秦出版社,2000 年。

第三节　行书

行书是两汉之交形成的一种字体，介于楷书和草书之间。“行书”一词最早见于西晋卫恒《四体书势》：“魏初，有钟（繇）、胡（昭）二家为行书法，俱学之于刘德升。”唐代张怀瓘《书断》说：“行书者，刘德升所作也。即正书之小伪，务从简易，相间流行，故谓之行书。”与楷书相比，行书没有那么拘泥，书写便捷，因而实用性非常强，受到人们重视，日常事务一般均用行书。根据行书的形体可以分为两类：行草和行楷。行草接近于草书，行楷接近楷书。草书难以辨认，实用性差，行草草化程度较高，因而实用性偏弱，主要成为一种艺术表现形式。行楷书写便捷而易于辨认，实用性强。

从字形上看，行书既不像楷书横平竖直、方方正正而书写较慢，也不似草书笔画牵连、字字相系而难以辨认。一般行书单字独立，字与字之间靠运笔、点画的内在气势相联系，单字的笔画之间圆转随意，笔画或有连通，间有以笔画代构字部件之处。

晋代著名书法家王羲之、王献之父子擅长行书，将行书的实用性与艺术性高度结合，促进了行书的发展。历代书法大家也都传下了许多不朽的行书名作，如王羲之的《兰亭序帖》被称为“天下第一行书”，而颜真卿的《祭侄文稿帖》则被称为“天下第二行书”。参见图 10-12、图 10-13、图 10-14、图 10-15。

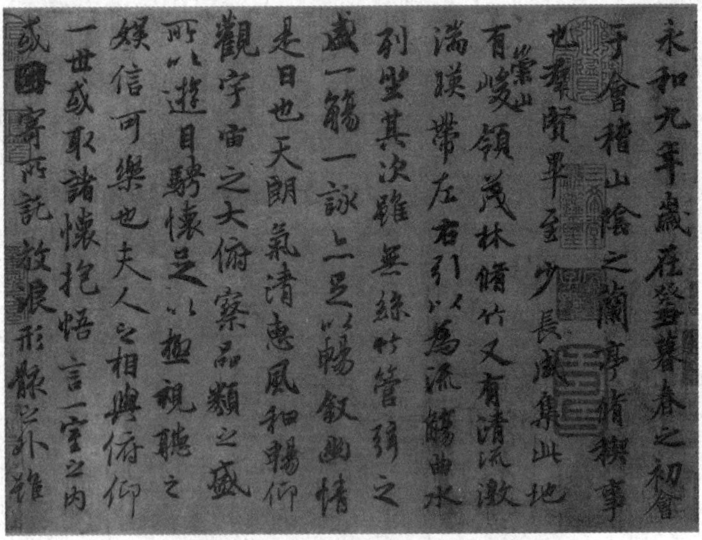

图 10-12　王羲之《兰亭序》①

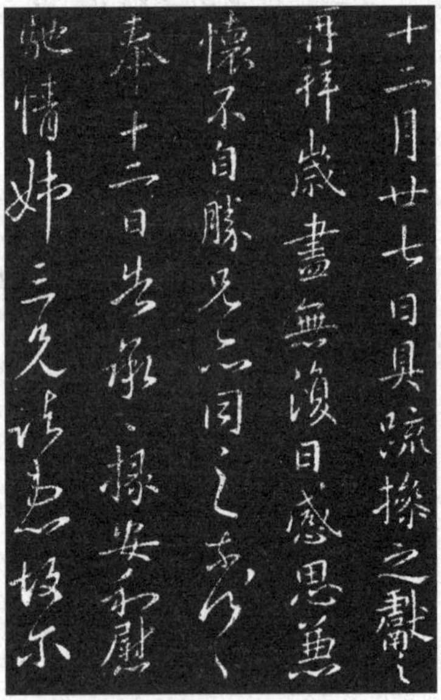

图 10-13　王献之《岁尽帖》

① 采自中国书法家园网(www.eshufa.com)。

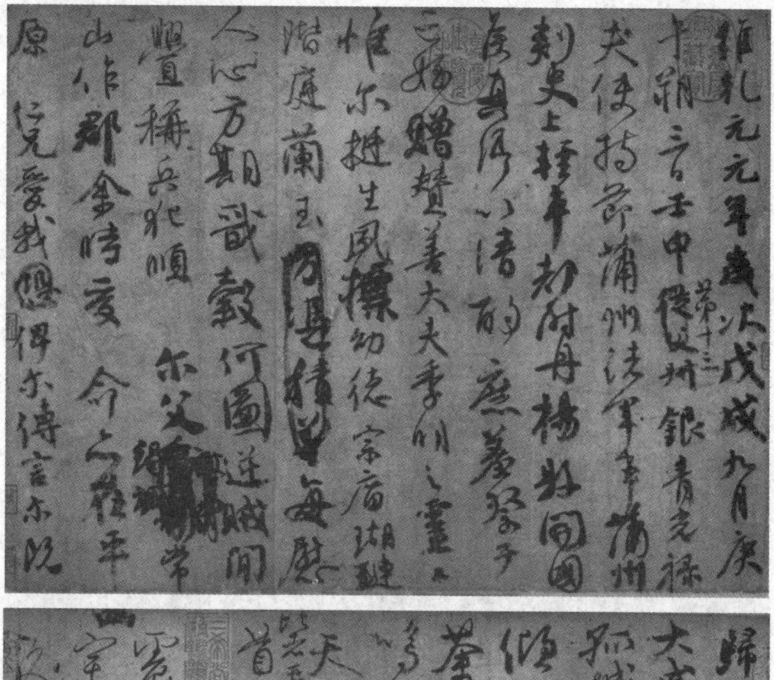

图 10-14　颜真卿《祭侄文稿》①

① 采自中国书法家园网（www.eshufa.com）。

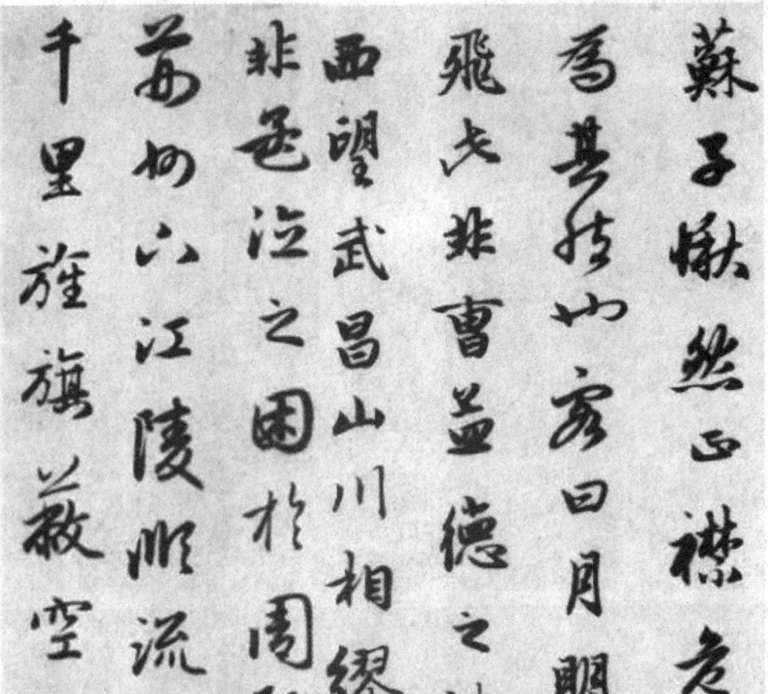

图 10-15　赵孟頫书《赤壁赋》

第四节　楷书

楷书又称为真书、正书，是从汉隶发展而来的。楷书“形体方正，笔画平直，可作楷模”(《汉语大词典》)。唐张怀瓘《书断·八分》说：“楷者，法也，式也，模也。”故名之为楷书，东汉末年形成，一直通行到现在。楷书最先指八分书和汉隶书，到了宋代才成为现代意义上的名称。王僧虔《论书·韦诞传》中说：“诞字仲将，京兆人，善楷书。”这个楷书还是指的八分书。楷书实用性强，因而得到社会的广泛应用，到了雕版印刷术发明后，历代刻书，均使用以楷书发展而来的印刷字体。楷书既是一种实用的字体，同时又是一种艺术字体，历代楷书大家数不胜数。

楷书与隶书相比，字形上具有如下特点：一、字形方块化，汉隶扁而宽，而楷书方正；二、汉隶笔画有波磔，楷书平直；三、楷书在隶书初步形成基本笔画的基础上，发展出了其他笔画，如点、长撇、短撇、钩、折等；四、楷书形态工整端庄，严谨大方，结体稳重；单字大小一致，行款整齐如一(参见图10-16、图10-17、图10-18、图10-19)。

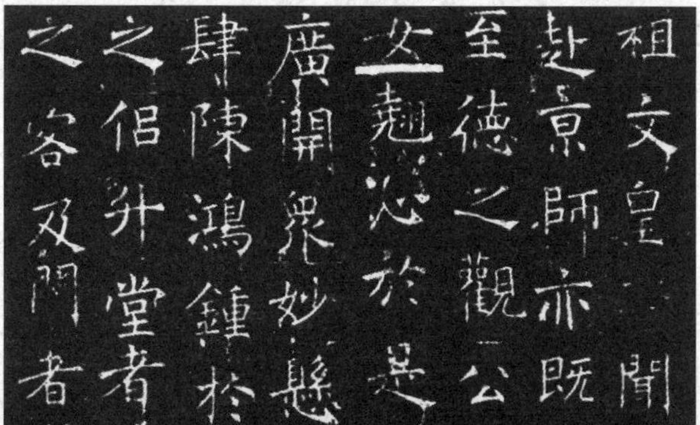

图10-16　褚遂良楷书《孟法师碑》(局部)

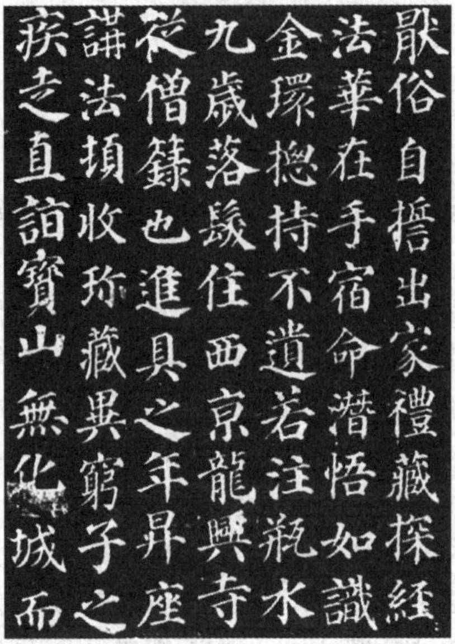

图 10-17　颜真卿楷书《多宝塔碑》

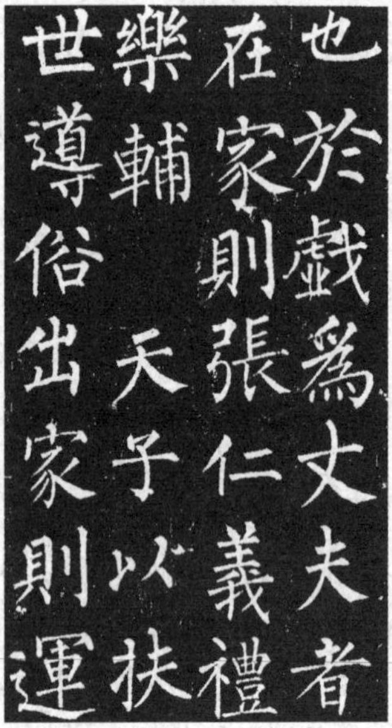

图 10-18　柳公权楷书《大达法师玄秘塔碑》

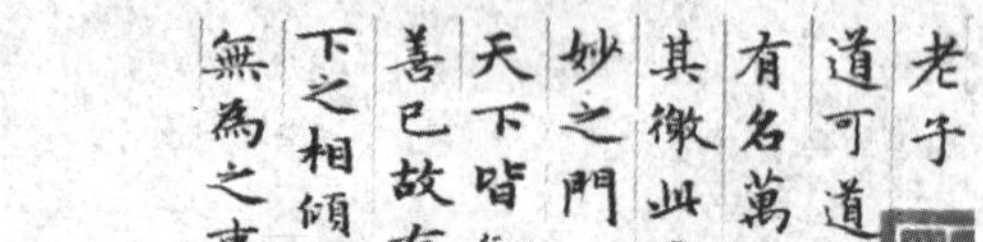

图 10-19　赵孟頫书《道德经》(局部)

第十一章
现代汉字

第一节　汉字规范简史

汉字自萌芽到成熟，从甲骨文到现代汉字，在演变过程中发生了许多变化，需要进行规范和整理。历史上的汉字规范运动可以上溯到黄帝时代。传说中的黄帝史官仓颉造字，近代学者推断其并非造字，而是对汉字进行过规范与整理。关于文字规范活动的简略记载，比较隐约的有三条。

《礼记·中庸》："今天下，车同轨，书同文。"

《周礼·秋官·大行人》："七岁，属象胥，谕言语，协辞命；九岁，属瞽史，谕书名，听声音。"孙诒让正义："此谓行人召侯国之象胥、瞽史来至于王国，则于王宫内为次舍，聚而教习语言、辞命、书名、声音等也。"

《周礼·春官·外史》："掌达书名于四方。"郑注："或曰：'古曰名，今曰字。使四方知书之文字，得能读之。'"孙诒让正义："审声正读则谓之名，察形究义则谓之文，形声孳乳则谓之字，通言之则三者一也。《中庸》云'书同文'，《管子·君臣篇》云'书同名'，《史记·秦始皇本纪·琅琊台刻石》云'书同文字'，则'名'即文字，古今异称之证也。云'使四方知书之文字，得能读之'者，谓以书名之形声，达之四方，使通其音义，即后世字书之权舆也。"

名，就是字。《周礼》所说召集各诸侯国相关官吏"教习书名"，"达书名于四方"应该都是规范文字的活动。

对文字规范活动，文献有明确记载的是秦始皇统一中国后，由李斯、赵高和胡毋敬三人主持进行的文字规范活动。

汉代许慎《说文解字·叙》说："诸侯力政，不统于王，恶礼乐之害已，而皆去其典籍，分为七国，田畴异畮，车涂异轨，律令异法，衣冠异制，言语异声，文字异形。

秦始皇帝初兼天下,丞相李斯乃奏同之,罢其不与秦文合者。斯作《仓颉篇》,中车府令赵高作《爰历篇》,太史令胡毋敬作《博学篇》。皆取史籀大篆,或颇省改,所谓小篆者也。"《史记·秦始皇本纪》也有相关记载:"二十六年……一法度衡石丈尺,车同轨,书同文字。"

根据这些记载,当时的文字规范活动是非做不可的,其规范标准是秦国文字,其方法是废弃六国文字中和秦文字不一致的异体字,利用秦国文字进行简化变更,由李斯、赵高、胡毋敬为文字规范活动的主要负责人,最终形成的法定字体是小篆,并制定了标准化的字表:《仓颉篇》、《爰历篇》、《博学篇》。

这以后历代刊刻石经,在规范文献文本的同时,也起到了规范文字的作用。这些石经主要有七种[①]:

一、熹平石经

东汉熹平四年(公元175年),汉灵帝敕命根据蔡邕用汉隶书写的儒学经典《鲁诗》、《尚书》、《周易》、《仪礼》、《春秋》、《公羊传》、《论语》七种文献刻石,立于太学,为刊刻石经之先河。

二、正始石经,即"三体石经"

曹魏正始年间(公元240～249年),用小篆、古文、汉隶三种字体刻《尚书》、《春秋》,立石于魏都洛阳的太学。

三、开成石经,也称为"雍石经"

唐文宗大和开成年间(公元833～887年),在长安用楷书刻《周易》、《尚书》、《毛诗》、《周礼》、《仪礼》、《礼记》、《左传》、《公羊传》、《谷梁传》、《孝经》、《论语》、《尔雅》十二经,附刻《五经文字》、《九经字样》两部字样学著作,立石于长安国子监太学。清代康熙七年(公元1668年)又复刻《孟子》。

四、后蜀石经,即"广政石经"

后蜀后主孟昶广政元年(公元938年)命毋昭裔主持,用楷书刊刻《孝经》、《论语》、《尔雅》、《周易》、《尚书》、《毛诗》、《仪礼》、《周礼》、《礼记》、《左传》(未刻完),立于成都学宫。宋代统一后,又补刻《公羊传》、《谷梁传》、《孟子》,并补完《左传》,宋

---

① 石经资料据《历代石经研究资料辑刊》,北京图书馆出版社,2005年。

徽宗宣和六年(公元 1124 年)最后完成,历时 186 年。

五、北宋石经,又称“嘉祐石经”或“二字石经”

北宋宋仁宗嘉祐六年(公元 1061 年),敕命用篆、隶两种书体将《周易》、《尚书》、《毛诗》、《周礼》、《礼记》、《左传》、《孝经》、《论语》、《孟子》九部经书刻石于汴梁,又称“汴学石经”或“二体石经”。

六、南宋石经,又称“宋高宗御书石经”

宋高宗赵构亲笔书写《周易》、《尚书》、《毛诗》、《周礼》、《礼记》、《左传》、《论语》、《孟子》等八部经书,又另书《礼记》中的《中庸》、《大学》、《学记》、《儒行》、《经解》五篇,绍兴十三年(公元 1143 年),敕命刻石于临安。

七、清石经

清乾隆五十八年(公元 1793 年),将《十三经》刻石于北京,嘉庆八年(公元 1803 年)又做磨改。

唐代字样学的兴起,实质是文字规范运动的兴起。唐代科举考试有明字科,考试《说文解字》、《字林》。另外科举取士,文字书写是非常关键的。需要有相关的著作加以参考。当时的字样学著作,主要有颜师古的《颜氏字样》,后来其侄孙颜元孙撰写《干禄字书》,张参撰有《五经文字》,玄度撰有《新加九经字样》,郭忠恕撰有《佩觿》。这些字样学著作,对文字起到了很大的规范作用。

对汉字规范起到作用的还有一种情况,这就是雕版印刷的流行。目前所能见到的雕版书籍最早的是唐代刊刻的《金刚经》。宋代刻书流行,除国子监外,浙江、福建、四川为大量刻书之地,这些刻本书今日称之为监本、浙本、闽本、蜀本。刻本书流行后,因为流通地域扩大,接触到书籍的人增多,而刻本书的字形无形中引导人们不自觉地进行文字规范活动,客观上起到了文字规范的作用。以致宋代字形,一直到近现代,没有显著的变化。一些俗体字、手写体的流行,主要在民间,而庙堂之上、正式场合,一般都用正体。

当代曾有大规模的卓有成效的文字规范活动。新中国成立后,于 1954 年成立了文字改革委员会,主持进行文字改革,同时也是一次文字规范活动。其最主要的文字规范方面的产品,就是广泛通行的简体字。直到今天,国家语言文字工作委员会主导对汉字的规范做了许多具体细致的工作,下节将一一详述。

第二节　现代汉字的规范与整理[①]

现代汉字是指记录现代汉语所用的汉字。新中国成立后，对现代汉字进行了一系列的规范工作，主要从定量、定形、定序、定音四个方面进行。为了保障汉字规范和汉语规范的顺利进行，全国2000年10月31日第九届全国人民代表大会常务委员会第十八次会议通过了《中华人民共和国通用语言文字法》。该法指出要推行规范汉字，并对汉字的使用进行了一些规定：规范汉字的使用范围；繁体字、异体字的使用范围。这从法律的角度肯定了汉字规范的合法地位，也让现代汉字规范活动有了有力的法律保障。

一、定量

定量就是确定汉字的用字量，据以制订常用字表和通用字表。

殷商甲骨文有单字4000多个，金文有单字5000左右，殷孟伦据光绪八年（公元1882年）刻的《十三经集字·凡例》统计，十三经总用单字为6544个，总字数为628 414字。[②] 历代编纂字典辞书，所收汉字字数越来越多（见“历代辞书收字简表”），有一些属于已经不再使用的已淘汰的死字，有一些则属于异体字，到底一个共时平面上通用汉字有多少，常用字有多少，这些是需要加以研究并规范的。

历代辞书收字简表

序号	辞书名	编者	字数	根据
1	《仓颉篇》	李斯、赵高、胡毋敬	3300	《汉书·艺文志》
2	《滂喜篇》	贾鲂	7380	蒋善国《说文解字论稿》第6页
3	《训纂篇》	杨雄	5340	《说文解字·叙》
4	《训纂篇》	班固	6120	《汉书·艺文志》
5	《说文解字》	许慎	10 516	《说文解字·后叙》
6	《字林》	吕忱	12 824	《封氏闻见记》

① 本节新中国文字规范资料来源于李行健，费锦昌，《语言文字规范使用指南》，上海辞书出版社，2001年；语文出版社编，《语言文字规范手册》（第四版），语文出版社，2006年。

② 殷孟伦，《子云乡人类稿》，齐鲁书社，1985年，第63、65页。

续表

序号	辞书名	编者	字数	根据
7	《原本玉篇》	顾野王	16 917	《封氏闻见记》
8	《切韵》	陆法言	12 150	《封氏闻见记》
9	《唐韵》	孙愐	16 100	唐作藩《音韵学教程》第 79 页
10	《广韵》	陈彭年等	26 194	唐作藩《音韵学教程》第 79 页
11	《宋本玉篇》	陈彭年等	22 561	孙钧锡《中国汉字学史》第 86 页
12	《集韵》	丁度等	53 525	唐作藩《音韵学教程》第 81 页
13	《类篇》	司马光等	31 319	孙钧锡《中国汉字学史》第 113 页
14	《龙龛手镜》	行均	26 430	李建国《汉语规范史略》第 141 页
15	《四声篇海》	韩孝彦	56 001	李建国《汉语规范史略》第 142 页
16	《字汇》	梅膺祚	33 179	孙钧锡《中国汉字学史》第 118 页
17	《正字通》	张自烈	33 549	《汉语大字典·历代字书收字情况简表》
18	《康熙字典》	张玉书等	47 035	孙钧锡《中国汉字学史》第 123 页
19	《中华大字典》	陆费逵等	46 867	《辞书研究》1979 年第 1 期，第 99 页
20	《汉语大字典》初版	徐中舒	54 678	《汉语大字典·历代字书收字情况简表》
21	《汉语大字典》二版	徐中舒	60 370	《汉语大字典·凡例》

在大量调查研究的基础上，国家语言文字工作委员会（现下属于教育部）、国家教育委员会（现教育部）1988 年 1 月 26 日联合发布了《现代汉语常用字表》，规定现代汉字常用字 2500 个，次常用字 1000 个。同年 3 月 25 日，国家语言文字工作委员会和中华人民共和国新闻出版署联合发布了《现代汉语通用字表》，收字 7000 个，这个字表是在 1965 年 1 月发布的《印刷通用汉字字形表》（收字 6196 个）的基础上制订的，删去原表 50 字，增收 854 字。2013 年 6 月 25 日发布了教育部、国家语言文字工作委员会研制的《通用规范汉字表》，收录规范汉字 8105 个。

二、定形

定形是对汉字字形进行规范，包括对繁简字、异体字（含异写字）的整理规范，还涉及计量单位的用字规范，统一汉字部首，确定一批地名用字，确定数字的写法，规定标点符号的用法，规定中国人名、地名汉语拼音字母的拼写法，中国省、直辖市、自治区汉语拼音的缩写，中国各民族名称罗马字母拼写法及代码，中文书刊名称汉语拼音拼写法。

中国文字改革委员会自 20 世纪 50 年代以来，一直致力于汉字简化。1954 年由国务院公布了《汉字简化方案》，又于 1964 年由中国文字改革委员会发布了《简化字总表》，1972 年中国文字改革委员会又发布了《第二次汉字简化方案（草案）》。1986 年 6 月 24 日，国务院批准了国家语言文字工作委员会《关于废止〈第二次汉字简化方案（草案）〉和纠正社会用字混乱现象的请示》，同年 10 月 10 日发布新的《简化字总表》，分三个分表：一、不作偏旁用的简化字 350 个；二、可作偏旁用的简化字 132 个，简化偏旁 14 个；三、应用第二表的简化字和简化偏旁得出来的简化字 1753 个。全表收字 2235 个，由于“须”、“签”两字在第一表和第三表重见，实收简化字 2233 个。

汉字异体字繁多，宋代《集韵》收字 53 525 字，如果去掉异体，实则只有20 000 多个。异体字多，给学习和交流带来了许多不便，需要加以整理规范。中国文字改革委员会经过调查研究，于 1955 年 12 月 22 日与文化部联合发布了《第一批异体字整理表》，列异体字 810 组，收异体字 1865 个，规定规范字形 810 个，淘汰异体字 1055 个。后来根据 1986 年重新发布的《简化字总表》和《现代汉语通用字表》进行了调整，新的《第一批异体字整理表》收异体字 794 组，异体字 1818 个，选择规范字形 794 个，淘汰异体字 1024 个。国家在 1964 年《印刷通用汉字字形表》的基础上又制订了《新旧字形对照表》来规范书写上的歧异。

教育部和国家语言文字工作委员会 2001 年联合发布了《第一批异形词整理表》，对 338 组书写形式不同的词进行了规范和整理，确立了正确的书写形式，又在附录里规范了含有不规范字的异形词 44 组。

字形的规范还涉及非单字的部首。国家文字改革委员会和国家出版局在 1983 年发布了《汉字统一部首（草案）》，制订了部首 201 个，这对现代语文辞书的编纂做出了有益的贡献。

现代社会飞速发展，国际交流日益增多，在现当代语言生活中出现了许多计量单位词，这些单位词本是外来词，或是音译，或是意译，或是音译加意译，其用字比较混乱，需要统一。中国文字改革委员会和国家标准计量局在 1977 年 7 月 20 日发布了《部分计量单位名称统一用字表》，对此进行规范。

地名用字，一些是方言字，一些是笔画比较繁复的字，还有一些是生僻字，在日常交流中造成了一些不便，对此，国务院经过批准，对黑龙江、青海等地的 36 个地名用字进行了改动。

现代标点符号、汉语拼音方案、拉丁字母、阿拉伯数字在现代语文生活中，是汉字的有益的补充。这些符号在书面文献中怎么运用，需要进行规范。对此国家制定了一系列规范标准来规定。

1995 年 12 月 13 日，国家技术监督局发布了《标点符号用法》、《出版物上数字用法的规定》，1996 年 6 月 1 日开始执行。

1958 年 2 月 11 日，第一届全国人民代表大会第五次会议通过了《汉语拼音方案》；1977 年联合国第三届地名标准化会议通过采用汉语拼音拼写地名的决议；1979 年 6 月 15 日，联合国秘书处采用汉语拼音作为各种拉丁字母文字转写中华人民共和国人名和地名的标准；1982 年 8 月 1 日，国际标准化组织（ISO）发布《文献工作—中文罗马字母拼写法》（ISO7098）规定用汉语拼音进行方案来拼写中文。

1974 年 5 月，中国文字改革委员会发布了《中国人名汉语拼音字母拼写法》。

1984 年 12 月 25 日，中国地名委员会、中国文字改革委员会和国家测绘局联合发布了《《中国地名汉语拼音字母拼写规则》（汉语地名部分）》。

1991 年 8 月 30 日，国家技术监督局发布了《中国各民族名称的罗马字母拼写法和代码》，1992 年 4 月 1 日实行。

1992 年 2 月 1 日，国家技术监督局发布了《中文书刊名称汉语拼音拼写法》，1992 年 11 月 1 日施行。

1996 年 1 月 22 日，国家技术监督局发布了《汉语拼音正词法基本规则》，1996 年 7 月 1 日施行。

2010 年 8 月 18 日，中华人民共和国民政部公布了《第一批月球地名标准汉字译名表》，规定了 486 个月球地名的汉译用字。

2013 年 6 月 25 日，中华人民共和国国务院公布了《通用规范汉字表》，收录规范汉字 8105 个，包括不见于《简化字总表》和《现代汉语通用字表》的 226 个简化字，并将《第一批异体字整理表》中的“昇”“邨”等 45 个异体字调整为规范字。

此外，中国地图出版社出版 1977 年出版的《中华人民共和国分省地图集》有中国各省、直辖市、自治区名称汉语拼音字母的缩写，这客观上形成了规范。

三、定音

定音就是给汉字确定读音。汉字在历史演变中，由于其表词功能的变化和方言的影响，一部分汉字具有多个读音，其中有的汉字的多个读音表达的意义是相同的，这不方便人们的学习，加大了记忆负担，需要进行规范整理。中国文字改革委员会所属普通话审音委员会1957年到1962年分三次发表了《普通话异读词审音表初稿》,并在1963年辑录为《普通话异读词三次审音总表初稿》。初稿存在一些问题,后来在1982年6月重新成立了普通话审音委员会,进行修订工作。1985年12月27日,国家语言文字工作委员会、国家教育委员会、广播电视局联合发布了《普通话异读词审音表》,共审订了异读词839条,对于一些人名、地名用字出现的异读,表内没有涉及的则没有审订。

四、定序

定序就是确定汉字的排列次序,这是辞书编纂和现代中文信息处理的重要工作。

中国古代,对汉字排序比较随意。如汉代字书《急就章》,开篇为"急就奇觚与众异,罗列诸物名姓字,勉力务之必有喜,请道其章,宋延年,郑子方,卫益寿,史步昌。"这些字的排列,除了尾字为了押韵一般为同韵字外,其他字的顺序是很随意的。据学者们推断,《说文解字》之前的字书应该如同《急就章》一样,文字的排列顺序没有一定的标准。

在古代辞书编纂中,我国最早的一部词典《尔雅》采用了类排序法。这是根据字所代表的词的意义的类别来排序,至于同一类的字的顺序则是随意的。由于《尔雅》在经学史和小学史上的巨大影响,出现了许多仿《尔雅》的著作,如《广雅》、《通雅》等,均使用这一排序法。

后来,许慎在《说文解字》中创立了部首排序法,就是根据汉字的形体特点,归纳出一定数量的部首(540部),把同一部首的字归为一类,部首之间,根据形体特征联系在一起(据形系联),再用意义相近的字排在一起的办法作补充(以类相从)。后来,这种部首排序法得到了发展和改进,减少部首,部首一般用笔画的多少来排列先后次序,同一部的字之间也以笔画数来排序。如明清之际的《字汇》和《正字通》就减为214个部首,而《汉语大词典》和《汉语大字典》统一使用200个部首。古代以形为主的字书均采用部首排序法。清代《康熙字典》、现当代《辞海》、《辞源》也使用这一方法,而一般古文字学字典大多采用许慎所确立的部首及排序。

从现有文献来看,隋代陆法言所编的《切韵》已经开始采用另外一种排序法——音序编排法,就是按汉字的读音来给汉字排序。陆法言是按照所收汉字的韵(一个音节除去声母和韵头的部分)来排序的,至于同韵的字的顺序排列原则并不是很清楚。后来和《切韵》一类的韵书都是这样排序的。今天常用的《新华字典》、《现代汉语词典》、《古代汉语常用字字典》也采用音序法排序，但是采用的是汉语拼音方案中的字母顺序来排序，音节首字母相同的再根据音节排序。

后来又有号码排序法，就是将汉字按一定的标准，制定出号码，再按号码排序，常用的有四角号码编排法，运用此法的有《四角号码词典》。

给汉字排序是具有实践意义的工作。现在汉字排序包括两个方面，一是单字中笔画的顺序，二是整个单字的顺序。

国家语言文字工作委员会在 1997 年 4 月 7 日联合新闻出版署发布了《现代汉语通用字笔顺规范》，用 250 个具有代表性的例字的笔顺来说明汉字的笔画书写顺序。

1999 年 10 月 1 日，国家语言文字工作委员会发布了《GB13000.1 字符集汉字字序（笔画序）规范》，说明了制订顺序的规则，同时制作了该字符集所收录的 20 902个汉字字序表。

这两项规范都直接影响到字典辞书的编纂和中文信息处理。这方面的工作，特别是中文信息处理方面的排序工作还会进一步深入和扩大。

第十二章

汉字字际关系

汉字的字际关系是指汉字单字之间的关系，根据不同的标准可以得出不同的字际关系，如根据读音是否相同，汉字之间可以分为同音字、音近字、异音字，而根据字形是否相同，可以得出同形字与非同形字的关系。甲骨文中的“七”和“甲”，小篆中的“肉”和“月”就是同形字。我们本章重点分析的是汉字记录同一个词时的字际关系，大致可以有这样四种：古今字、通假字、异体字、繁简字。这四种关系也是我们阅读古籍、分析汉字时需要着重注意的四种字际关系。

第一节 古今字

古今字是指记录同一个词的几个书写形式（字），从时间上来看，其中一个时间在前，另一个时间在后，这种字组就叫作古今字，时代在前的是古字，时代在后的是今字。

“古今字”这个名称，最早是书籍名，最早出现在《汉书·艺文志》中。《汉书·艺文志》的《六艺略》孝经类里有《古今字》一卷。这本著作没有流传下来，其到底是什么性质的著作也不得而知。段玉裁认为是收录古今异字的，如果确实这样，那当然与今天所讲的古今字一致了。①

在传统训诂材料里最早用到“古今字”这一术语的是东汉著名经学家郑玄。他在《礼记·曲礼》“予一人”下注：“余、予，古今字。”郑玄遍注群经，常常指出某字是

① 参见洪成玉，《古今字》，语文出版社，1995 年，第 5～6 页。

古字，某字是今字。

到了三国时期，魏国的张揖编了一部《古今字诂》，到北宋欧阳修、宋祁编撰《新唐书》时就已经失传。但是该书价值较大，得到训诂学家的重视并加以引用，一些零星论述散见于他人著作中。清代学者任大椿、顾震福，民国龙璋曾根据书所引《古今字诂》的文句，分别辑录有《古今字诂》。①

我们这里不再对此进行详细讨论。下面我们通过实际例子来谈谈古今字的特点。

一、古今字的读音

从古今字的读音来看，因为一组古今字是记录同一个词的，应该读音相同。最初本是这样的，但是随着这组古今字表词功能的发展，其读音有了分化，从后代的时间视点上来看，这些古今字并不同音。但是我们应该认识到，在阅读古代文献时，对于一个字的读音，应该读其所代表的词的音，这样看来，古今字就是完全同音的，不管它们后来读音有没有分化。例如：

(1)莫——暮

在表达傍晚这个意义上，这是一组古今字。《说文解字·茻部》："莫，日且冥也。从日在茻中。"《礼记·间传》："故父母之丧，既殡食粥，朝一溢米，莫一溢米。"《广雅·释诂》："暮，夜也。"王念孙《广雅疏证》："凡日入之以后，日出以前通谓之夜，故夕时亦谓之夜……夕、夜、莫三字同义。"《广韵·暮韵》："暮，日晚也。"《国语·晋语五》："范文子暮退于朝。"

在表示"傍晚"这个意义时，"莫"《集韵》音莫故切，明母暮韵，"暮"《广韵》莫故切，明母暮韵，这两个字同音，今音"mù"。但是"莫"后来借作否定的无定代词，《广韵》为慕各切，明母铎韵，今音"mò"。普通人只知道"莫"读"mò"音，"暮"读"mù"音。今天看来这组字古今字就不同音了，但是我们既然将它们确定为表示傍晚义的古今字，那么就应该都读"mù"，这样就是同音了。

(2)亦——腋

这两个字在表示腋窝、腋部意义上是古今字。《说文解字·亦部》："亦，人之臂亦也。从大，象两亦之形。"徐灏《说文解字注笺》："隶变作'亦'，即古'腋'字，从大，左右作点，指事。"《广雅·释亲》："胳谓之腋。"《玉篇·肉部》："腋，肘腋也。"《史记·赵世家》："吾闻千羊之皮不如一狐之腋。"

---

① 本段论述参考了洪成玉，《古今字》，语文出版社，1995 年，第 5～9 页。

这两个字《广韵》音羊益切，以母昔韵，同音。但是两字今音不同，“亦”读“yì”，“腋”读“yè”，这是因为“亦”借作频度副词，其本义用“腋”来表示，表示腋窝时应该读“yè”，那么也是同音的。

二、古今字的形体

从古字与今字的形体上来看，古今字之间的关系有三种。

（一）今字在古字的基础上增添构字部件形成，这有两种情况。

1.古字是今字的声符。如：

（3）其——箕，在表示簸箕意义上是古今字，“箕”从竹其声。

（4）反——返，在表示返回意义上是古今字，“返”从辵反声。

2.古字是今字的意符。如：

（5）晶——星（曐），在表示星星意义上是古今字，“星”从晶生声。

（6）𠚕——齿（齒），“𠚕”甲骨文作“”、“”，在表示门牙这个意义上，“𠚕”是“齿”的古字，后来添加了声符“止”。《说文解字 · 齿部》：“齿，口断骨也。象口齿之形，止声。，古文齿字。”《诗经 · 卫风 · 硕人》：“领如蝤蛴，齿如瓠犀。”

（二）今字是在古字的基础上改换意符形成的。如：

（7）说——悦，在表示喜悦意义上是古今字，《说文解字》还没有收录“悦”，先秦文献只有“说”而没有“悦”，后来因为古人认为喜悦和心相关，故改“说”的形符“言”为“心”形成今字“悦”。

（8）释——怿，在表示喜悦意义上是古今字，先秦文献喜悦义多用“释”而少用“怿”，“怿”是改形符“釆”为“心”形成的今字。

（三）古今字形体没有联系。如：

（9）谊——义（義），在表示正确的道理这一意义时为古今字。《说文解字 · 言部》：“谊，人所宜也。”《说文解字注》：“谊、义，古今字。周时用谊，汉时作义，皆仁义字。”这组古今字在形体上没有联系。

（10）罢（罷）——疲，在表示疲劳义上二字是古今字，也没有形体上的联系。

三、古今字的意义

一个字往往具有多个意义，或为本义，或为引申义，或为假借义。我们从古字和今字的整体意义上来看，古今字具有以下三种关系。

（一）今字承担的是古字的本义。如：

（11）止——趾，在表示脚的意义上是古今字。“止”甲骨文作“”、“”，金文作

“”,本义为脚。《广韵·止韵》:“止,足也。”《仪礼·士昏礼》:“御衽于奥,媵衽良席在东,皆有枕,北止。”郑注:“止,足也。”《汉书·刑法志》:“当斩左止者,笞五百。”颜师古注:“止,足也。”“止”《汉语大词典》列有24个义项,今字“趾”分担的是本义。

(12)要——腰,在表示人的腰部的意义时是古今字。“要”金文作“”,小篆为“”,本义为腰部,《汉语大字典》读平声时列有13个义项,今字“腰”承担的是本义。

(二)今字承担的是古字的引申义。如:

(13)取——娶,在嫁娶义上二字是古今字。“取”的甲骨文作“”,金文作“”,本义为捕取,引申义为嫁娶。今字分担的是引申义。

(14)景——影,在阴影义上二字是古今字。《说文解字·日部》:“景,光也。从日,京声。”班固《东都赋》:“岳修贡兮川效珍,吐金景兮歊浮云。”“景”的本义是日光。阴影本由光所形成,光所照射不到的地方即为阴影,因而“景”引申有阴影义,今字“影”分担的是古字的引申义。

(三)今字承担的是古字的假借义。如:

(15)禽——擒,在擒捉义上二字是古今字。“禽”本义为鸟兽类动物的总名,“擒拿”义没有专门造字,假借“禽”来记录,后来为了表意明确添加形符“手”造了今字“擒”,分担古字的假借义。

(16)师——狮,在狮子义上是古今字。“师”本义为一种军队编制名称,二千五百人为师。“狮子”是外来物,没有专门造字,假借“师”来记录,后来为了明确表意添加形符“犬”形成今字“狮”,分担古字的假借义。

四、古今字举例

(17)没——殁,在死亡义上是古今字。

(18)赴——讣,在报丧义上是古今字。

(19)孰——熟,在生熟义上是古今字。

(20)然——燃,在燃烧义上是古今字。

(21)为——伪,在人造义上是古今字。

(22)奉——俸,在俸禄义上是古今字。

(23)责——债,在债务义上是古今字。

(24)或——域,在地域义上是古今字。

(25)县——悬,在悬挂义上是古今字。

(26)采——彩,在文彩义上是古今字。

(27)竟——境,在边境义上是古今字。

(28)匈——胸，在胸部义上是古今字。

(29)弟——悌，在孝悌义上是古今字。

(30)属——嘱，在嘱咐义上是古今字。

(31)贾——价，在价格义上是古今字。

(32)共——供，在供给义上是古今字。

(33)昏——婚，在婚姻义上是古今字。

(34)益——溢，在溢出义上是古今字。

(35)辟——僻，在偏僻义上是古今字。

(36)辟——譬，在譬喻义上是古今字。

(37)辟——壁，在墙壁义上是古今字。

(38)辟——劈，在劈开义上是古今字。

(39)辟——避，在逃避义上是古今字。

(40)辟——臂，在手臂义上是古今字。

(41)辟——璧，在玉璧义上是古今字。

(42)辟——闢，在开辟义上是古今字。

(43)莫——幕，在幕布义上是古今字。

(44)莫——瘼，在疾病义上是古今字。

(45)大——太，在大义上是古今字。

(46)队——坠，在坠落义上是古今字。

(47)涂——途，在路途义上是古今字。

(48)陈——阵，在军阵义上是古今字。

(49)田——畋，在田猎义上是古今字。

(50)错——措，在放置义上是古今字。

第二节　通假字

一、通假字的特点

通假字是古代文献特别是上古文献上常见的文字现象，是指一个词有本字不用，而要借用一个同音字或是音近字来记录的用字现象，借用来的字叫作通假字，与其相对为本字。通假字和本字是用来记录同一个词的。对于通假字的意义，我们要根据读音找出本字，而不能把通假字的意义当作本字的意义来解释。如：

(1)蚤——早

《史记·项羽本纪》："旦日不可不蚤来谢项王。"表示早晨义应该用"早"，但借用本义为"跳蚤"的"蚤"来记录，"蚤"为通假字，"早"是本字。

(2)剥——扑

《诗经·豳风·七月》："八月剥枣，十月获稻。"打枣子应该用"扑"，但《诗经》不用，而要借用"剥"，"剥"为通假字，"扑"为本字。

一般说来，本字和通假字之间应该没有意义上的联系，如果有意义上的联系，就属于词汇学上讲的词义的引申（或者是同源词现象，同源词本是词义引申的结果），而不是文字上的通假。如：

(3)知——智

《礼记·中庸》："好学近乎知。""知"的本义为知识。《说文解字·矢部》："知，词也。"《说文解字注》："'词也'之上当有'识'字。"徐灏《说文解字注笺》："知，智慧即知识之引申，故古只作'知'。""智"本义为智慧，正是知识义的引申，后来这个字用"智"来记录，"智"这个词可以说是"知"通过词义引申方式分化出来的一个同源词，因而"好学近乎知"的"知"并非通假字。

一般所说的通假字，应该是有本字存在的，没有本字而借用同音字来记录新词，那是文字创造时使用文字的方法，我们称为假借字。如：

(4)而（胡须）——而（连词）

《论语·学而》："学而时习之，不亦说乎？"《易经·系辞下》："君子见几而作，不俟终日。""而"的本义为"络腮胡子"。《说文解字·而部》："而，颊毛。"《说文解字注》："颊毛者，《须部》所谓髯须之类耳……盖而为口上口下之总名；分之则口上为髭，口下为须，须本颐下之专称。"《周礼·考工记·梓人》："凡攫閷援噬之类必深其爪，出其目，作其鳞之而。"戴震补注："颊侧上出者曰之，下垂者曰而，须鬣属也。"上引《论语》、《系辞》"而"均为连词。语言中本没有为这个连词造字，就借用本义为"胡须"的"而"来记录，这是造字表词时不造字的用字方法，是造字时的假借，不是已经有了本字而借用同音字或音近字的通假现象。

一般说来，联绵词的书写形式是多样的，是无本字的，也就没有所谓的通假字。如："仿佛"，其文字形式还有髣髴、彷佛、俩佛三种；"徜徉"的文字形式还有相佯、倘佯、尚佯、常羊、尚羊、尚阳、倡佯、猖佯、相羊等九种。[①]

---

① 参见周秉钧，《古汉语纲要》，湖南教育出版社，1981年，第246～247页。

当不记录同一个词时，通假字的本来读音和本字是有一定联系的，这主要有以下两种情况：

（一）同音通假。通假字和本字的读音完全相同，即声、韵、调均相同。如：

（5）辩——辨

《庄子·秋水》："两涘渚崖之间，不辩牛马。"通假字"辩"与本字"辨"上古音同为並母元部，读音完全相同。

（二）音近通假。通假字和本字的读音在声韵调某方面有差异，但读音相近。如：

（6）惠——慧

《列子·汤问》："甚矣，汝之不惠！"通假字"惠"上古音匣母脂部，本字"慧"上古音匣母月部，声母、声调相同但是韵母不同，读音相近。

二、通假字举例

（7）归——馈

《论语·微子》："齐人归女乐，季桓子受之。"

（8）逝——誓

《诗经·硕鼠》："逝将去汝，适彼乐土。"

（9）故——固

《史记·项羽本纪》："义帝虽无功，故当分其地而王之。"

（10）强——疆

《荀子·劝学》："螾无爪牙之利，筋骨之强。"

（11）信——伸

《礼记·儒行》："身可危也，而志不可夺也。虽危，起居竟信其志。"

（12）阳——佯

《汉书·高帝纪》："阳尊怀王为义帝，实不用其命。"

（13）流——求

《诗经·关雎》："参差荇菜，左右流之。"

（14）后——後

《仪礼·聘礼》："君还而后退。"

（15）芸——耘

《论语·微子》："丈人曰：'四体不勤，五谷不分，孰为夫子？'植其杖而芸。"

（16）虞——娱

《左传·昭公四年》:“恃险与马,而虞邻国之难,是三殆也。”

(17)趣——取

《庄子·天地》:“趣舍滑心,使性飞扬。”

(18)要——邀

《诗经·鄘风·桑中》:“期我乎桑中,要我乎上宫。”

(19)从——纵

《诗经·国风·南山》:“艺麻如之何,衡从其亩。”

(20)寤——牾

《左传·隐公元年》:“庄公寤生,惊姜氏,遂恶之。”

(21)阙——掘

《左传·隐公元年》:“若阙地及泉,其谁曰不然?”

(22)详——佯

《战国策·魏策二》:“故为王计,太上伐秦,其次宾秦,其次坚约而详讲,与国无相雠也。”

第三节 异体字

异体字是一个字的几种不同书写形式。异体字的读音和意义以及用法均完全相同,在任何时候都应该可以相互替代。我们这里说意义完全相同是指概念意义和附加意义都完全相同。由于文字的创造不是一人一时一地完成的,在漫长的历史长河中,在广大的地域中创造的字汇集到一起,就形成大量的异体字。许慎在《说文解字》中就收录了大量异体字,当时他称为“重文”。

一、异体字的构形方式

一组异体字,从形体上来看,主要有以下几种情况。

(一)造字方式不同形成异体字。如:

(1)淚——泪,“淚”是从水,戾声的形声字,而“泪”是会意字。

(2)憑——凭,“憑”是从心,馮声的形声字,而“凭”是会意字。

(二)意符不同。如:

(3)睹——覩,二字同从者声,但一个意符为“目”,一个为“见”。

(4)嘆——歎,二字同从堇声,但一个意符为“口”,一个为“欠”。

(三)声符不同。如：

(5)煙——烟，两字意符均为火，但一个声符为“垔”，一个为“因”。

(6)蚓——螾，两字意符均为虫，但一个声符为“引”，一个为“寅”。

(四)意符和声符都不同。如：

(7)賸——剩，“賸”从贝，朕声，而“剩”从刀，乘声。

(8)麸——粰，“麸”从麦，夫声，而“粰”从米，孚声。

(五)部件的位置关系不同。如：

(9)和——咊，“和”左禾右口，“咊”与此相反。

(10)峰——峯，“峰”为左山右夆，“峯”为上山下夆。

(六)构字部件写法不一样。如：

(11)强——強，构字部件相同，但一作“口”，一作“厶”，这个部件本是“弘”所从的“厶”。

(12)船——舩，构字部件相同，只是“船”所从的“㕣”变形为“公”。

二、异体字举例[①]

(13)杯——桮　(14)悖——誖　(15)庵——菴　(16)暗——闇

(17)案——桉　(18)岸——屽　(19)翱——翶　(20)霸——覇

(21)柏——栢　(22)稗——粺　(23)坂——岅　(24)帮——幫

(25)膀——髈　(26)榜——牓　(27)刨——鉋　(28)褓——緥

(29)寶——寳　(30)褒——襃　(31)奔——犇　(32)绷——繃

(33)斃——獘　(34)秘——祕　(35)秕——粃　(36)遍——徧

(37)膘——臕　(38)鳖——鼈　(39)冰——氷　(40)钵——盋

(41)踩——跴　(42)参——叅　(43)草——艸　(44)册——冊

(45)厕——廁　(46)乘——椉　(47)翅——翄　(48)耻——恥

(49)雠——讐　(50)捌——捌　(51)窗——牕　(52)床——牀

(53)春——旾　(54)醇——醕　(55)词——䛐　(56)凑——湊

(57)粗——麤　(58)村——邨　(59)呆——獃　(60)朵——朶

① 摘自《第一批异体字整理表》。

第四节　繁简字

文字主要是由图画发展而来的，最先是画出物体的形体来见形知义，这样就不免繁复。在文字的演变过程中，为了便于书写，就需要简化形体，从文字单个构字部件、单字的笔画，以及整个字书写的便捷性来说，文字一直是沿着由繁复到简便的方向发展的。虽然其中也有个别相反的例子，但文字形体演变的总趋势是由繁到简则是毫无疑问的。

繁简字本是一种特殊的异体字，即笔画繁复和笔画简单的异体字，笔画繁复的称为“繁体字”，简单的称为“简体字”。现在中国大陆主要使用简体字，但简化现象并非新中国成立后才开始的，在殷商甲骨文里，一些字就有繁复和简便的不同形体，可以说简化字历代都有。由政府组织大规模简化文字，历史上曾记载过李斯、赵高、胡毋敬整理小篆，许慎记载这件事情说他们“皆取史籀大篆，或颇省改”，但据现存小篆和战国时期的文字比较来看，当时简省的规模并不大，至少一些字的简化并没有影响到构字部件的表意性。所以我们可以说，真正大规模简化汉字，使一部分汉字的构字部件规模化地失去表意性则是在新中国成立后。国家语言文字工作委员会在1986年发布《简化字总表》，共简化汉字2235个。2013年公布的《通用规范汉字表》又收录了不见于《简化字总表》的226个根据简化偏旁类推出来的简化字。下面我们主要来谈谈当代的简化字。

一、简化字的来历

（一）采用历代的简体字或俗体，如：亂——乱，體——体。

（二）采用人民群众创造的简化字：進——进，論——论。

（三）采用古字和笔画比较简单的异体字或通用字：雲——云，個——个。

（四）同音代替：醜——丑，裏——里。

（五）草书楷化：書——书，樂——乐。

（六）用简单的符号替代：漢——汉，對——对。

二、繁简字的对应关系

（一）一对一。即一个简体字对应一个繁体字，如：权——權；鸡——雞；国——國。这种一一对应的繁简字一般不容易弄混。

（一）一对多。即一个简化字对应多个繁体字。如：干——干、乾、幹、榦；洒——洒、灑。这种简化字在信息处理的时候可能会带来计算机无法识别的问题；在学习的过程中也可能会引起混乱。

三、简体字需要改进的地方

(一)避免同音替代

同音替代是造成一个简化字代替多个繁体字的主要原因，因而也是容易造成不便的主要原因。所以，如果今后能对简化字总表进行修正，避免同音替代应该是要考虑到的。而且《简化字总表》中的同音替代现象并不多，如果进行修正，无论是学术成本还是实践成本都不大，应该是可行的。

(二)避免用记号代替表意部件

汉字从萌芽一直到现在，始终没有完全脱离表意性，不过从最初的利用形体直接表意变为利用构字部件的意义进行表意，也就是由表形阶段发展到了表意阶段。但是汉字作为世界上硕果仅存的成熟的表意字，有其存在的文化价值。虽然在上世纪以来汉字表音化的呼声很高，也采取了一些措施促进汉字表音化的发展，但基本上汉字还是稳定在表意字阶段。现在对汉字表意性破坏比较大的就是在简化汉字时，采用了以简单记号来替代构字部件的做法。例如“又”作为一个构字部件，在汉字里可以独立成字“又”，记录副词；又在“受”中作为意符使用；又作为记号来代替了好几个构字部件：在“鸡(鷄)”中替代“奚”，在“权(權)”中替代“雚”，在“叹(嘆)”中替代“堇”。这虽然在书写上便捷了，但是在识记方面却加大了难度。汉字的构字部件主要是意符和声符，现在又加上了一类，如“又”这种记号，虽然记号在古代汉字里就有，但没有现代简化字这样多，并且在常用字里比较多，这必然会影响汉字的表意性。现在多以电脑输入代替手写汉字，书写上的便捷与否并不是当今需要考虑的。如果今后有可能对简化字总表进行修正，避免用记号来代替表意部件是应该予以考虑的。

(三)避免新造不符合汉字构形特点的简化字

例如将“進”简化为“进”，就有可争议之处。“进”读音为“jìn”，“井”读音为“jǐng”，以井为“进”的声符是不太合适的。今后若修订《简化字总表》，避免这类简化字也是应该予以考虑的。

四、繁体字的使用范围

目前，简化字的主要通行地域是中国大陆，新加坡也开始使用简化字。中国台湾、中国香港、中国澳门目前使用繁体字，至于日本、韩国等均使用繁体字。现在来大陆的留学生学习的是简体字。那么在中国大陆，繁体字还在哪些领域可以使用呢？

我国2000年时颁布了《国家通用语言文字法》，规定简化字为规范汉字，要推广使用简化字。在第十七条规定了可以使用繁体字和异体字的范围，主要有六点：第一是文物古迹；第二是姓氏中可以使用异体字；第三是书法、篆刻等艺术作品；第四是题词和招牌的手书字；第五是出版、教学、研究中需要使用的；第六是经国务院有关部门批准的特殊情况。

简化字已经作为规范汉字流通开来，半个多世纪以来，简化字运用情况良好，我们应该遵守国家法律，坚持用简化字，热爱简化字，保护简化字。

参考文献

一、工具书

《文渊阁四库全书》,台北:台湾商务印书馆,1986年影印。

(梁)萧统编,(唐)李善注,《文选》第三册,上海:上海古籍出版社,1986。

《历代石经研究资料辑刊》,北京:北京图书馆出版社,2005。

(清)段玉裁,《说文解字注》,上海:上海古籍出版社影印经韵楼版,1981。

北京大学出土文献研究中心编,《北京大学藏西汉竹简·二》,上海:上海古籍出版社,2012。

曹玮,《周原甲骨文》,北京:世界图书出版公司,2002。简称《周原》。

陈松长等编,《马王堆简帛文字编》,北京:文物出版社,2001。

董莲池,《新金文编》,北京:作家出版社,2011。

高明,《古陶文汇编》,北京:中华书局,1990。

高明,葛英会,《古陶文字征》,北京:中华书局,1991。

郭沫若主编,胡厚宣总编纂,《甲骨文合集》,北京:中华书局,1982。

胡厚宣主编,《甲骨文合集释文》,北京:中国社会科学出版社,1999。简称《合》。

李学勤,齐文心,艾兰,《英国所藏甲骨集》,北京:中华书局,1985。简称《英》。

李宗焜,《甲骨文字编》,北京:中华书局,2012。

李正光编,《马王堆汉墓帛书竹简》,长沙:湖南美术出版社,1988。

刘庆柱,段志洪,《金文文献集成》,北京:线装书局,2005。

刘钊,洪飏,张新俊,《新甲骨文编》,福州:福建人民出版社,2009。

罗福颐,《古玺汇编》,北京:文物出版社,1981。

罗福颐,《古玺文编》,北京:文物出版社,1981。

罗竹风主编,《汉语大词典(缩印本)》,上海:汉语大词典出版社,1997。

容庚著,张振林,马国权摹补《金文编》,北京:中华书局,1985。

孙海波,《甲骨文编》,北京:中华书局,1965。

宋镇豪,段志洪,《甲骨文献集成》,成都:四川大学出版社,2001。

王恩田,《陶文图录》,济南:齐鲁书社,2007。

王恩田,《陶文字典》,济南:齐鲁书社,2007。

吴良宝,《先秦货币文字编》,福州:福建人民出版社,2006。

徐中舒主编,《甲骨文字典》,成都:四川辞书出版社,1989。

徐中舒主编,《汉语大字典》(第二版),武汉:湖北辞书出版社,成都:四川辞书出版社,2010。

徐在国,《传抄古文字编》,北京:线装书局,2006。

许进雄,《怀特氏等收藏甲骨文集》,加拿大皇家安大略博物馆,1979。简称《怀》。

张守中,《睡虎地秦简文字编》,北京:文物出版社,1994。

甘肃省博物馆、中国科学院考古研究所编,《武威汉简》,北京:文物出版社,1964。

山西省文物工作委员会,《侯马盟书》,北京:文物出版社,1976。

天津市历史博物馆编,《天津市博物馆藏中国历代货币(先秦部分)》,天津:天津杨柳青书画社,1990。

中国社会科学院考古研究所编,《小屯南地甲骨》,北京:中华书局,1983。简称《屯》。

中国科学院考古研究所编,《殷周金文集成》,北京:中华书局,1985～1995。

中国社会科学院考古研究所编,《殷周金文集成释文》,香港:香港中文大学出版社,2001。

中国科学院考古研究所编,《殷周金文集成(修订增补本)》,北京:中华书局,2007。

吴镇烽,《商周青铜器铭文暨图像集成》,上海:上海古籍出版社,2012。简称《商周》。

二、论著

(一)国外论著

(俄)B.A.伊斯特林著,左少兴译,《文字的产生和发展》,北京:北京大学出版社,2002。

(美)摩尔根著,杨东莼,马雍,马巨译,《古代社会》,北京:商务印书馆,1977,第1版。

(瑞士)索绪尔著,高名凯译,岑麒祥,叶蜚声校注,《普通语言学教程》,北京:商务印书馆,1980。

(二)国内论著

曹伯韩,《文字和文字学》,《中国语文》,1958年第5、6期。

曹先擢,《汉字的表意性和汉字的简化》,中国社会科学院语言文学应用研究所编,《汉字问题学术讨论会论文集》,北京:语文出版社,1988。

陈梦家,《解放后甲骨的新资料和整理研究》,《文物参考资料》,1954年第6期。

陈全方,《陕西岐山凤雏村西周甲骨文概论》,《古文字研究论文集》(《四川大学学报丛刊》第十辑),1982。

陈炜湛,《关于殷墟甲骨文的两个基本数字》,《中国文物报》,2002年1月8日。

陈炜湛,唐钰明,《古文字学纲要》,广州:中山大学出版社,2009,第2版。

崇冈,《汉语音韵学的回顾与前瞻》,《语文研究》,1982年第2期。

丁晓红,《论汉字发展的阶段性》,《浙江师范大学学报》,1991年第2期。

方国瑜,《纳西象形文字谱》,昆明:云南人民出版社,1981。

傅懋勣,《中国诸民族文字》,《中国大百科全书·语言文字》,北京:中国大百科全书出版社,1988。

傅懋勣主编,《中国民族古文字图录》,北京:中国社会科学出版社,1990。

高明,《中国古文字学通论》,北京:文物出版社,1996。

高明,《略谈古代陶器符号、陶器图像和陶器文字》,《学术集林》卷二,上海:上海远东出版社,1994。

高明,《侯马盟书载主考》,《古文字研究》第一辑,北京:中华书局,1979。

高文,《汉碑集释》,开封:河南大学出版社,1997。

胡厚宣,《八十五年来甲骨文材料之再统计》,《史学月刊》1984年第5期。

胡厚宣,《90 年来甲骨资料的新情况》,《中国文物报》1989 年 9 月 1 日。

胡朴安,《中国文字学史》,北京:商务印书馆,1937 年,1998 年影印第 1 版。

胡志明,《汉字性质研究》,福建师范大学硕士论文,2007。

黄延祖辑,《黄侃文集》,北京:中华书局,2006。

洪成玉,《古今字》,北京:语文出版社,1995。

姜洪波,《结绳记事》,《黑龙江民族丛刊》,1994 年第 3 期。

李均民,刘国忠,刘光胜,邬文玲,《当代中国简帛学研究》,北京:中国社会科学文献出版社,2011。

李家瑞,《云南几个民族记事和表意的方法》,《文物》,1962 年第 1 期。

李学勤,《古文字学初阶》,北京:中华书局,1985。

李行健,费锦昌,《语言文字规范使用指南》,上海:上海辞书出版社,2001。

李运富,张素凤,《北京师范大学学报》,2006 年第 1 期。

刘光汉(刘师培),《小学发微补》,《国粹学报》第七期,1905。

刘又辛,方有国,《汉字发展史纲要》,北京:中国大百科全书出版社,2000。

刘正成主编,《中国书法全集》,北京:荣宝斋出版社,1993。

罗君惕,《六书说》,《语文论丛》第一辑,上海:上海教育出版社,1981。

裘锡圭,《汉字的性质》,《中国语文》,1985 年第 1 期。

裘锡圭,《文字学概要》(修订本),北京:商务印书馆,2013。

裘锡圭,《说字小记》,《北京师院学报》,1988 年第 2 期。又载《裘锡圭学术文集·金文及其他古文字卷》,上海:复旦大学出版社,2012。

容庚,《商周彝器通考》,上海:上海人民出版社,2008。

宋永培,《当代中国训诂学》,广州:广东教育出版社,2000。

孙宏开,胡增益,黄行主编,《中国的语言》,北京:商务印书馆,2007。

孙宏开,《尔苏沙巴图画文字》,《民族语文》,1982 年第 6 期。

田笑霞,《汉字性质研究述评》,吉林大学硕士论文,2008。

唐兰,《古文字学导论》,济南:齐鲁书社,1981。

唐兰,《中国文字学》,上海:上海古籍出版社,2001。

唐兰,《关于江西吴城文化遗址与文字的初步探索》,《文物》,1975 年第 7 期。

汪宁生,《从原始记事到文字发明》,《考古学报》,1981 年第 1 期。

王伯熙,《文字的分类和汉字的性质——兼与姚孝遂先生商榷》,《中国语文》,1984 年第 2 期。

王宁,《汉字构形学讲座》,上海:上海教育出版社,2002。

王宇信,《中国甲骨学》,上海:上海人民出版社,2009。

王宇信,杨升南,聂玉海,《甲骨文精粹选读》,北京:语文出版社,1996。

王元军,《怀素评传》,西安:三秦出版社,2000。

王蕴智,《汉字为意音文字证说》,《许昌师专学报》,1986年第1期。

王蕴智,《六十年来关于汉字性质问题的探讨》,《河南大学学报》,1993年第2期。

文武,《关于汉字评价的几个问题》,《语文建设》,1987年第2期。

吴永章,《南方民族原始记事方法论略》,《中央民族学院学报》,1990年第4期。

吴玉章,《新文字与新文化运动》,《文字改革文集》,北京:中国人民大学出版社,1978。

伍铁平主编,《普通语言学概要》,北京:高等教育出版社,1993。

魏亮珍,《汉字性质研究之研究》,南昌大学硕士论文,2008。

徐宝贵,《石鼓文整理研究》,北京:中华书局,2008。

徐锡台,《汉字探源》,西安:三秦出版社,1994。

姚孝遂,《古文字的形体结构及其发展阶段》,《古文字研究》第四辑,北京:中华书局,1980。

尹斌庸,《给汉字正名》,《中国语文通讯》,1983年第6期。

杨树达,《杨树达文集》,上海:上海古籍出版社,2006。

于省吾,《关于古文字研究中的若干问题》,《文物》,1973年第2期。

殷孟伦,《子云乡人类稿》,济南:齐鲁书社,1985。

赵诚,《二十世纪金文研究述要》,太原:书海出版社,2003。

赵丽明,《女书与女书文化》,北京:新华出版社,1995。

赵元任,《语言问题》,北京:商务印书馆,1980。

詹鄞鑫,《20世纪汉字性质问题研究评述》,《华东师范大学学报》,2004年第3期。

章太炎,《论语言文字之学》,《国粹学报》第2卷,第12、13号,1906。

张舜徽,《〈说文解字〉导读》,北京:中国国际广播出版社,2008。

张政烺,《中山王書壶及鼎铭考释》,《古文字研究》第一辑,北京:中华书局,1979。

张震泽,《许慎年谱》,沈阳:辽宁大学出版社,1980。

郑林曦,《汉字是什么性质的文字》,《河南教育》,1981年第9期。

郑振峰,《20世纪关于汉字性质问题的研究》,《河北师范大学学报》,2002年第3期。

周秉钧,《古代汉语纲要》,长沙:湖南教育出版社,1981。

周大璞,《假借质疑》,《武汉大学学报》,1982年第2期。

周有光,《文字演进的一般规律》,《中国语文》,1957年第7期。

周有光,《世界文字发展史》,上海:上海教育出版社,1997。

周有光,《比较文字学初探》,北京:语文出版社,1998。

朱芳圃,《殷周文字释丛》,北京:中华书局,1962。

朱宗莱,《文字学形义篇》,台北:台湾学生书局影印,1978。

《翰墨林影印历代丛帖》编写组编,《元赵文敏急就章真迹》,武汉:武汉市古籍书店,1991。

语文出版社编,《语言文字规范手册》(第四版),北京:语文出版社,2006。

后 记

我们的初衷是编写一部适合本科生、函授本(专)科生、远程教育本科生或相当文化程度的读者需要的教材。在反复协商后达成了一致的编写意见，自2012年以来即开始编写工作，至2014年初终于编成这本稿子。书稿的章节编排、字形的选择、图片的处理、内容的择取、文字的表达，均是我们共同努力的结果。

这里有两点需要说明。第一，本书古文字字形一般是从拓片上择取的，如果没有合适的拓片就从摹本上选取，这样就造成少量字形最终是以阳文方式呈现的。第二，本书使用简体字，但是为了字形分析的需要，并避免语音方面的误解，本书个别地方用了繁体字，如第七章“形声字”直接引用《说文解字》的个别地方，还有第八章第三节“《说文解字》部首今读”的个别地方。这是想请读者理解并谅解的。

今书稿初成，谨对曾给予我们指导和帮助的西南大学文学院、文献所的领导和同仁，一直关注我们成长的师长和亲友，认真负责的西南师范大学出版社领导和编辑表达我们诚挚的谢意！

杨怀源　孙银琼

2014年3月28日